Python을 이용한 빅데이터 분석 기초

백현기

KNOWLEDGE COMMUNITY 공동체

머리말

학문을 하다 보면 전공하는 영역은 물론 인접 분야에 대해서도 심도 있게 공부해야 할 필요성을 느끼게 된다. 특히 학제 간 연구가 강조되고 있는 시점에서, 다양한 학문 분야를 두루 섭렵하여 학자로서의 통찰력을 배양한다는 것은 상당히 어려운 일이다. 하지만 이러한 노력과 병행하여 최선의 연구 성과나 결과 최적화를 위해 공통적으로 요구되고 빈번하게 사용되는 것이 바로 통계학일 것이다.

논리적 구조 속에서 정량적인 분석을 통해 규명하고자 하는 연구 문제에 대한 보다 심도 있는 해답을 도출하고, 자신의 연구 결과에 객관성을 부여하는 강력한 도구로서 통계학은 그 중요성에도 불구하고 다수 학생이나 연구자들이 개별 기법들의 실질적인 적용이라는 측면에서 상당한 어려움을 호소하고 있음도 사실이다. 이는 통계학이 지니고 있는 다양한 이론의 복잡성에도 기인하지만, 수리적 사고에 어려움을 느끼는 연구자들의 막연한 두려움이나 컴퓨터화된 프로그램 사용에 따른 생소함도 커다란 작용을 하고 있는 것으로 판단된다.

이 책에서 제시하고 있는 빅데이터 분석도구는 Python 프로그램이다.

Python 프로그램은 전 세계적인 커뮤니티 덕분에 최신 통계기법의 개발 · 적용 속도가 매우 빠르다. 그리고 다양한 통계 도구를 제공해주는 편리함이 있어, 사용 시 불편함이 있을지라도 분석력의 장점이 많아 매력적이라고 할 수 있다. Python은 오픈소스 기반의 프로그램으로 최신 통계기법의 적용이 빠르며, 1만여 개에 달하는 다양한 통계분석 패키지(라이브러리)를 제공하기 때문에 거의 모든 분석이 가능하다.

그러면 빅데이터 분석은 어떤 분야에 필요한 것인가?

빅데이터를 분석하는 작업은 많은 시간과 노력이 요구되는 힘든 과정이다. 데이터를 수집하고, 정리하고, 분석하고, 시각화하는 등 모든 작업은 혼자서 하기 어려운 일이다. 또한 필요한 데이터를 혼자서 다 찾을 수 있는 것도 아니다. 따라서 무엇보다도 중요한 역량 중의 하나는 타인들과 함께 작업할 수 있는 커뮤니케이션 능력이다. 다른 사람들과 협업을 통해 더 나은 결과를 찾아낼 수 있다. 그렇기 때문에 다른 사람을 이해하고, 문제없이 소통할 수 있는 소통능력은 매우 중요한 역량이다. 아울러 타인이 나와 다르다는 것을 인정하고, 존중해주는 배려심 또한 중요하다. 내 생각만을 고집하다 보면, 현상을 제대로 보지 못하는 독선과 아집에 빠질 수 있다. 그러다 보면 중요한 문제들을 놓치게 되는 우를 범하게 된다. 내 생각, 내 지식만을 고집하기보다는 타인의 의견과 생각도 소중하게 여기는 배려심이 중요하다.

빅데이터 전문가들에게 요구되는 또 다른 역량은 인내심과 실험정신이다. 원하는 분석결과에 도달하기까지 지치지 않는 인내심이 필요하다. 또한 분석결과에 대해 꼬리에 꼬리를 무는 질문을 던지며 다양한 데이터 세트를 다양한 시각에서 여러 번 분석해보는 끊임없는 실험정신도 필요하다. 한 번 분석해보고 결과가 나왔다고 좋아하면서 컴퓨터의 전원을 끄는 것이 아니라 다른 각도에서 또다시 짚어보는 다각적인 접근 노력이 필요하다.

따라서, 빅데이터 분석은 한 집단의 특성을 이해할 수 있도록 간단하게 요약해 주고 연구설계를 위한 기초적인 소양으로 반드시 필요하다.

이 책의 목적은 Python 프로그램을 활용하는 빅데이터 분석을 이해하기 쉽게 풀어내는 데 있다. 여기서는 총 11장으로 나누어 2장부터 11장까지 한 장씩 실습하는 과정에서 Python 프로그램을 활용하는 방법을 익히게 된다. 이 책은 처음에 빅데이터란 무엇인가?, Python 프로그램 설치하기, 스파이더(Spyder)프로그램 설치하기, Python 기초 사용법, 데이터 유형을 소개하였다. 또한, 외부 데이터 읽어오기, 신뢰도 분석, 타당도 분석, 상관분석, 평균비교 : t-검정, 분산분석, 회귀분석, 교차분석을 소개하였다.

모쪼록 이 책이 독자들에게 빅데이터에 대한 개념과 관련 산업에 대한 미래 전망을 이해하는 데 도움이 되길 바라며, 더불어 21세기 성장 동력으로서 빅데이터 산업기반 구축에 필요한 인재를 양성하는 데 자그마한 힘이라도 될 수 있기를 기대한다.

끝으로 본서 출판에 도움을 주신 공동체 출판사 관계자 여러분께 감사의 마음을 전한다.

차 례

chapter 01

빅데이터란 무엇인가?

1.1. 빅데이터 시대의 특징

1.2. 빅데이터의 분석 방법

1.3. 빅데이터의 영역과 활용

학습개요

빅데이터 분석가는 도출된 결과를 통해서 정의하는 역할을 한다. 빅데이터 분석가는 요구 사항을 이해하고 이를 해결하기 위한 역할을 수행한다. 이 부분이 불명확하게 되면 쓸모없는 데이터가 지나치게 많아지게 되어 요구 사항에 불명확한 목표를 수립하게 되어 원래 의도했던 방향으로 서비스의 목표가 수립되기 어렵게 된다.

이 장에서는 빅데이터 분석에 대한 기초 개념과 이론을 다룬다. 초보자를 위한 빅데이터 분석을 이해하기 위해 일반적인 내용을 제시한다.

학습목표

- 빅데이터 시대의 특징에 대해서 간략히 이해한다.
- 빅데이터 분석 방법을 이해한다.
- 빅데이터의 영역과 활용에 대하여 이해한다.

1.1. 빅데이터 시대의 특징

빅데이터(bigdata)란 기존 데이터베이스로 처리할 수 있는 역량을 넘어서는 초대 용량(테라바이트 또는 페타바이트급)의 정형, 비정형 데이터를 생성, 수집, 저장, 관리 및 분석하여 가치를 추출하고 지능화 서비스의 기반을 지원하는 기술이다.

데이터 수집 · 저장 · 처리 등 빅데이터 플랫폼 운영기술과 빅데이터 분석 · 예측 기술을 활용하여 빅데이터를 활용할 수 있도록 가공하거나, 분석한 데이터를 시각화하여 새로운 통찰력과 비즈니스 가치를 창출하는 빅데이터 분석 · 활용 기술로 분류 가능하다.

인터넷에서 온라인 사용자들의 시공간을 초월한 대량의 다양한 정보들은 사진, 동영상, 텍스트와 같은 많은 형태로 데이터를 생성하고 저장하고 사용자들 사이에 공유하게 되었다. 이러한 현상은 대중들이 만들어 놓은 자료와 정보를 사용자의 필요와 목적에 맞춰 데이터화하고 그 데이터를 분석하여 많은 사람들의 행동과 심리를 예측할 수 있게 되었다. 우리들이 핸드폰의 위치정보나 페이스북, 인스타그램에 매일 올리는 사진과 동영상들, 포털에 올린 댓글들, 블로그의 자료들, 방문한 포털 사이트와 검색어들, 온라인 쇼핑몰 및 구매 내역, 심지어 카카오톡, 라인 등 어플의 대화내용까지 모두 다 데이터화된다. 이렇게 데이터화된 것들이 모두 빅데이터라고 할 수 있다.

빅데이터는 고급 IT 기기, 소셜 미디어 서비스, 기업의 정보시스템 등 지속적으로 구조화된 데이터와 구조화되지 않은 데이터들이 기존의 데이터시스템으로 처리하기 어려운 속도로 생산되기 시작하면서 등장하게 되었다.

현재 빅데이터에 대한 표준 정의는 없으나 보편적으로 세 가지 특징으로 설명한다.

첫째, 데이터양이 많다.

둘째, 생성된 데이터들이 일반적인 데이터베이스로 분류가 어렵다.

셋째, 데이터가 자동으로 생성되고 저장되는 속도가 엄청나게 신속하다. 다양한 빅데이터 개념에 대한 정의를 종합해 보면 빅데이터는 '새로운 처리와 분석 방법을 활용한 적은 비용으로 큰 가치를 창출할 수 있는 대규모 데이터'라고 할 수 있다.

[표 1-1] 빅데이터의 분류

기 술	내 용
빅데이터 수집/유통	• 빅데이터 수집/정제/융합/가공 • 데이터 생성/증강 • 민간정보 은닉, 비식별화 및 필터링 • 센서/머신 데이터 수집 및 정제 • 웹/소셜 데이터 수집 및 정제 • 데이터 품질 및 생명주기 관리 • 데이터 유통 및 공유
빅데이터 저장/처리/관리	• 대규모 데이터 분산 저장 • 대규모 데이터 분산 처리 • 인메모리 기반 실시간 데이터 관리 • 운영/분석 통합형 데이터 관리 • 데이터 큐레이션 자동화 • 가상 데이터맵 관리
빅데이터 분석/예측	• 통계 분석 및 데이터 마이닝 • 대규모 기계학습/딥러닝 • 모델링 및 시뮬레이션 • 추론 및 예측 분석 • 고속 데이터 스트림 실시간 분석 • 계층형 협업 분석 • 지시적 분석 • 이상치 검출
빅데이터 활용/시각화	• 데이터 시각화 구성(인포그래픽스) • 소셜 데이터 분석 및 응용 • 자동화 시설 오류 예측 및 최적화 • 이슈 탐지 및 트렌드 예측 • 빅데이터 서비스

출처 : 중소기업 전략기술로드맵 (2019-2021). 빅데이터, 중소벤처기업부.

1.2. 빅데이터의 분석 방법

빅데이터 분석은 다양한 분석기술과 도구를 활용하기 때문에 분석결과는 다각도로 해석될 수 있다. 빅데이터 분석은 데이터 마이닝, 통계학 및 기계학습 분야에서 사용되는 분석이다. 최근에는 소셜 네트워크 서비스를 통해 일정한 틀이 없는 비정형 데이터의 증가로 인해 분석 기술 중 텍스트 마이닝, 오피니언 마이닝, 사회연결망 분석, 군집 분석 등이 주목을 받고 있다.

빅데이터 분석에 사용할 수 있는 대표적인 분석 기술은 다음과 같다.

① 데이터 마이닝(Data Mining)

데이터 마이닝(Data Mining)은 빅데이터의 일정한 틀이 있는 데이터를 분석하는 대표적인 기법으로 자료로부터 숨겨진 내용의 연관성을 파악하여 새로운 가치있는 정보를 만드는 분석 기술로 의사결정 과정에 적용할 수 있다.

② 텍스트 마이닝(Text Mining)

텍스트 마이닝(Text Mining)은 비정형 혹은 무정형의 특징을 지닌 자연어 텍스트를 특정한 목적에 유용한 정보 추출을 위해 분석하는 과정을 의미하고 사람들이 말하는 언어를 이해할 수 있는 자연언어 처리기술에 기반한다. 그리고 대량의 텍스트를 활용할 수 있어 이미 존재하는 연구자의 역량에 의존하여 일부분의 텍스트에 대해 제한적으로 접근하므로 이전에 볼 수 없었던 숨은 지식을 찾아내는 것에 연구방법으로서의 핵심적인 가치가 있다.

③ 오피니언 마이닝(Opinion Mining)

오피니언 마이닝(Opinion Mining)은 어떤 시안이나 인물, 이슈, 이벤트에 대한 사람들의 의견이나 평가, 태도, 감정 등을 분석하는 것을 말하고 특정 주제에 대해 사람들의 주관적인 의견이 모아진 각종의 문장을 분석한다. 문장 분석에서는 사실과 의견을 구분하여 의견만을 뽑아내며 그 결과를 긍정과 부정으로 나누어 그 강도를 측정한다.

④ 사회연결망 분석(Social Network Analysis)

사회연결망 분석은 보통 개인 및 집단들 간의 관계를 노드와 링크로 모델링하여 그 위상구조, 확산과 진화과정을 계량적으로 분석하는 방법론으로 설명한다. 또는 수학의 그래프 이론을 바탕으로 행위자를 포함한 모든 개체간의 관계를 분석하는 정량적인 분석방법론으로 그 관계를 시각적으로 표현하고 그 구조를 한 눈에 파악하기 위한 분석 방법이다.

⑤ 군집분석(Cluster Analysis)

군집분석(Cluster Analysis)은 유사한 관측자들을 동일한 집단으로 묶는 통계적 방법으로 변화가 많은 대상 집단을 일정한 군집으로 나누어 특성을 분석하고 각 데이터 간의 거리를 분석하여 비슷한 유형에 대한 성향을 파악하거나 타 집단 간의 차이점을 관측하기 위한 목적으로 활용되는 기법이다.

⑥ 소셜 마이닝(Social Mining)

소셜 마이닝은 소셜 네트워크 분석이라 한다. 소셜 네트워크 분석은 수학적 그래프 이론에 뿌리를 두고 있다. 소셜 네트워크 분석은 소셜 네크워크 연결강도 및 연결구조 등을 바탕으로 하여 대상의 영향력을 측정한다. 소셜 네트워크 상에서 중심적인 역할을 할 수 있는 대상을 찾는데 주로 활용 된다. 소셜 네트워크 분석은 SNS상 비정형 데이터를 대상으로 사용자간의 연결구조 및 영향력, 트렌드를 분석하고 추출하는 기술을 사용한다.

⑦ 클러스터 마이닝(Cluster Mining)

클러스터 마이닝은 군집 분석 및 클러스터 분석(Cluster Analysis)으로 칭하며, 비슷한 특성을 가진 개체를 합쳐가며 최종적으로 가장 유사한 특성을 가지고 있는 그룹을 찾는데 사용된다. 소셜 네트워크 상에서 사용자들이 이야기하는 내용을 바탕으로 분석하여 비슷한 관심사를 가진 사용자 군을 생성하는 기술이다. 즉 Facebook, instargram과 같은 SNS계정에서 여행에 대하여 이야기하는 사용자 군, 맛집에 관심이 있는 사용자 군이 있을 수 있는데, 이러한 관심사나 취미에 따라 만들어진 사용자 그룹을 클러스터 마이닝을 통해 분류할 수 있다.

1.3. 빅데이터의 영역과 활용

1) 공공영역에서의 빅데이터 활용

정부가 사회적 문제를 해결하는 가장 효율적인 방법은 사회적 문제의 해결하기 위한 정책 결정을 내리는 것이라 할 수 있겠다. 따라서 공공분야에서의 빅데이터 활용은 매우 중요한 문제이다.

빅데이터 영역의 사전적 의미는 대용량의 데이터를 저장, 수집, 발굴, 비즈니스화 하는 일련의 과정을 말한다. 빅데이터의 영역은 다양한 디지털 기기에서 기록, 저장된 데이터 속에서 가치 있는 정보를 찾아 알기 쉽게 표현하고 전달한 후 원하는 사람과 기관에 정보를 판매하는 비즈니스 과정까지 전부 포괄한다. 따라서 빅데이터 초기 활용의 핵심은 데이터에서 가치를 추출하여 활용하는 데이터의 상용화에 있었다.

그러나 빅데이터는 하드웨어부터 소프트웨어, 컴퓨터 공학에서 인간 공학, 심지어 뇌과학과 언어학까지 망라되는 기술이 모두 적용된다. 따라서 전 세계 국가들은 공공분야 서비스에서 빅데이터를 활용할 방법에 많은 투자를 하고 개발하고 있다. 이는 빅데이터가 공공부분에서 가져올 혁신과 패러다임의 전환에 주목하고 있다는 것을 의미한다.

빅데이터는 공공영역에서 활용가치와 효율적인 활용방법을 모색하고 있다. 이는 이제 빅데이터가 단순히 경제영역에서 이윤창출의 도구로 사용되는 것을 넘어 정치·사회적 영역에서 활용가치가 높게 평가되고 인정받은 것으로 이해할 수 있다.

빅데이터 기술의 발전과 더불어 국가 안보와 위험관리 또한 주요 화두로 떠오른다. 단순한 개인정보 유출만이 아닌 국가 핵심 기술의 보안과 테러와 재난 등의 위험을 관리하기 위한 제도가 시행되고 있다.

공공기관에서의 빅데이터를 통한 직접적인 서비스는 사회 곳곳에 적용되고 있다. 사회적 비용의 감소와 공공 서비스 품질 향상이라는 정부정책의 가장 큰 목표는 빅데이터를 통한 서비스로 해결이 가능할 것이라 예측하고 있다.

빅데이터를 활용해 실제로 이루어지고 있는 공공서비스로는 대표적으로 도로교통공단에서 개발한 교통사고 위험 예측 시스템이다. 단순히 사고통계를 제시하는 것이 아닌 교차로의 형태나 도로의 종류 등 환경 요인과 교통량 및 기상 상태 등을 통해 실시간 관리·감독하는 서비스로 사고 발생 가능성과 예상 위험 요인을 산출 한다.

정치과정 중 선거에서 후보자들의 빅데이터 활용은 선거운동방식의 선택과 효율성을 높여주는 역할을 한다. 빅데이터 분석을 통해 유권자들의 정책요구를 파악하고, 인구사회학적 특성에 따른 유권자 성향파악을 통해 선거공약을 수립하거나 선거운동방식을 결정하는데 활용될 수도 있다.

2) 민간영역에서의 빅데이터 활용

민간영역에서의 빅데이터는 기업의 주도하에 이루어지고 있다. 기업별로 서비스, 유통, 판매, 생산까지 모든 부분에서 빅데이터를 활용한다. 이를 통해 기업의 이익 창출과 생산성에 까지 많은 영향을 미치며 시간이 지날수록 빅데이터를 통한 경제시스템이 더욱 확대되고 있다.

① 제품 개발과 서비스

민간기업에서의 빅데이터 선두주자로 아마존을 꼽을 수 있다. 아마존은 빅데이터 분석을 통해 고객의 선호를 파악하는 통찰력 및 기업의 탄탄한 운영능력으로 형성된 고객 충성도 덕분에 다양한 산업 분야의 제품을 판매할 수 있게 된 모범적 사례이다. 아마존은 고객의 소비패턴을 데이터화함으로써 누가, 언제, 어떤 상품을 구매할 것인지 예측하여 구매하기 전 미리 배송 준비를 하는 프로그램 등을 통해 유통업계의 최고가 되었다.

두 번째로 자라(ZARA)도 빅데이터를 통한 분석으로 다품종 소량생산을 마케팅 전략으로 삼고 있다. 오더에서 생산, 매장의 입점까지 수요예측을 통해 상품의 재고와 가격을 결정하고 운송한다. 자라는 이러한 시스템 구축을 위해 MIT 연구팀과 연계해 빅데이터를 활용하고 있다.

세 번째로 빅데이터의 선두주자 구글을 볼 수 있다. 구글의 '플루 트렌드'는 홈페이지에서 독감 증상이 있는 사람이 감기와 관련된 어휘를 검색하는 빈도가 늘어나는 것을 발견하고, 시간별 지역별 독감 관련 검색을 지도에 띄워 독감을 예보 할 수 있었다.

② 맞춤형 서비스

맞춤형 서비스는 빅데이터를 기반으로 생산자 중심에서 소비자 중심으로 개개인의 입맛에 맞는 데이터 축적, 분석에 기반한 의사결정의 과학화 등의 조건에 힘입어 등장한 개념으로 볼 수 있다.

기업들의 맞춤형 서비스를 통한 매출 확대의 사례는 위의 글과 같이 아마존을 대표적으로 꼽을 수 있다. 또한 아마존과 유사한 방식으로 구글과 페이스북의 이용자 검색 조건, 인스타의 사진과 동영상 태그 등의 정보를 통해 사용자가 원하는 정보를 추론하여 메인에 제공하거나 지인을 찾아주는 프로그램까지 실행되고 있다.

민간영역에서 빅데이터를 활용하는 사례들은 대부분 생산·유통·판매의 효율성을 높이기 위한 것이다. 상업적 영역에서의 빅데이터 활용이 생산성과 효율성을 제고하는 것에 머무르지 않고, 개인에 대한 맞춤형 서비스로 발전하고 있는 것은 개인생활에 영향을 미치는 것이다. 이는 결국 개인의 사회적 행태를 변화시키게 되고, 이러한 개인의 사회적 행태가 다시 빅데이터화 되어 사회현상을 예측하는 도구로 활용되어질 것으로 기대된다.

chapter 02

Python 프로그램 설치하기

학습개요

Python은 범용 프로그래밍 언어로써 통계 계산과 그래픽을 위한 프로그래밍 언어이자 소프트웨어 환경이자 프리웨어이다. 통계 소프트웨어 개발과 자료 분석에 널리 사용되고 있으며, 패키지 개발이 용이해 통계 소프트웨어 개발에 많이 쓰이고 있다.

이 장에서는 Python 프로그램의 개념, 특징과 이론을 다룬다. 그리고 Python 프로그램을 설치할 수 있도록 제시한다. Python을 가상환경에서 손쉽게 구축할 수 있도록 개발 및 테스트를 효율적으로 극대화 할 수 있는 프로그램인 스파이더를 제시한다.

학습목표

- ㅇ Python 프로그램의 개념과 중요성을 파악할 수 있다.
- ㅇ Python 프로그램을 설치할 수 있는 능력을 기른다.
- ㅇ 스파이더(Spyder)를 설치할 수 있는 능력을 기른다.

2.1. Python 소개

파이썬이란 1990년 암스테르담의 귀도 반 로섬에 의해 만들어진 인터프리터 언어이다. 현재 파이썬은 국내에서는 많이 알려져 있지 않지만 외국에서는 학습의 목적뿐만 아니라 실용적인 부분에서도 많이 사용되고 있다. 그 대표적인 예를 보면 레드햇 리눅스의 설치 프로그램인 아나콘다, 구글(Google)이나 인포시크(Infoseek)에서 사용되는 검색 프로그램, 야후의 많은 인터넷 서비스 프로그램 등이 파이썬으로 개발되었다.

파이썬의 특징을 살펴보면 다음과 같다.

첫째, 파이썬은 범용 프로그래밍 언어로써 컴퍼넌트들을 아주 효과적인 방법으로 연결한다. 프로그램의 기본 기능으로 사용할 수 있는 표준묘듈을 많이 제공하며 이 모듈들은 다른 파이썬 프로그램에서 재사용이 가능하다. 또한 C나 C++이외에도 다른 언어를 이용하여 새로운 모듈을 작성할 수 있고 이러한 모듈들을 쉽게 파이썬 프로그램에서 사용할 수 있다. 파이썬은 프로그램 가능한 인터페이스를 사용하는 응용을 위한 확장 언어로서 사용 가능하다.

가장 큰 장점으로는 매우 간단한 문법을 가지면서도 강력한 기능 구현이 가능하다. 파이썬 모듈, 클래스, 예외 그리고 매우 고수준의 동적인 데이터 형과 동적 형 변환을 지원한다. 다양한 윈도우 시스템들을 비롯한 많은 시스템콜과 라이브러리를 위한 인터페이스를 지니고 있다. 또한 파이썬은 여러 플렛폼에서 동작한다.

둘째, 파이썬은 간단한 문법 및 빠른 실행성을 제공한다. 프리프로세서 언어이므로 컴파일 없이 테스트가 가능하고 이로 인해 다른 언어에 비해 개발 시간이 현저히 감소된다. 또한 한번 작성된 모듈은 다음 코드의 작성을 위해 다시 사용할 수 있다. 전통적인 컴파일 언어가 가지는 자료형의 선언부, 문자열 연산 집합, 메모리 관리에 대해 고려할 필요 없이 프로그래밍이 가능하다.

셋째, 컴파일시의 오류검사 기능이 없어도 큰 프로그램의 작성이 가능하다. 프로그램은 다수의 모듈로부터 만들어질 수 있다. 각 모듈은 독립된 변수 영역(namespace)를 가지며, 캡슐화를 지원하도록 클래스를 사용할 수 있다. 예외처리는 에러 검사로 코드를 혼란스럽게 만들지 않고도 필요한 부분의 에러의 감지가 가능하다. 파이썬은 또한 자기 자신의 코드를 자체적으로 검사할 수 있기 때문에 디버거나 프로파일(profiler)를 파이썬 자신으로 기술한다. 또한, 목적 코드를 바이트열로 변환하거나 그 반대의 변환을 하여 다양한 분산 목적 모델 뿐 아니라 목적 코드 일관성을 유지하는데 사용된다.

❒ 파이썬의 장점을 살펴보면 다음과 같다.

- 객체 지향적 언어
- 가독성(간결하고 가독성이 좋다)
- 다른 언어로 작성된 모듈들을 포함시켜 쉽게 사용이 가능하다.
- 인터프리터를 이용하기 때문에 정적타입이 아닌 동적타입을 이용한다.
- 연구용으로도 많이 사용하기 때문에 연산관 관련된 강력한 라이브러리들이 많다.
- 풍부한 라이브러리(광범위한 라이브러리가 기본으로 포함되어 있고 외부 라이브러리가 풍부하며 확장이 쉽다)
- 접착성(쉽게 라이브러리를 추가할 수 있다. C로 구현된 부분을 사용하거나 반대로 할 수 있다)
- 유니코드(파이썬에서 문자열은 모두 유니코드로 한자, 한글을 쉽게 표현할 수 있다)
- 동적 타이핑 언어(프로그램이 실행하는 시점 프로그램이 가지고 있는 데이터에 대한 타입 검사를 통해 메모리 관리)

2.2. Python 프로그램 설치하기

- Python은 Python Software Foundation 웹 사이트 https://www.python.org/ 에서 구할 수 있다.
- 컴퓨터 및 운영 체제에 맞는 설치 프로그램을 다운로드하여 컴퓨터에서 설치한다.

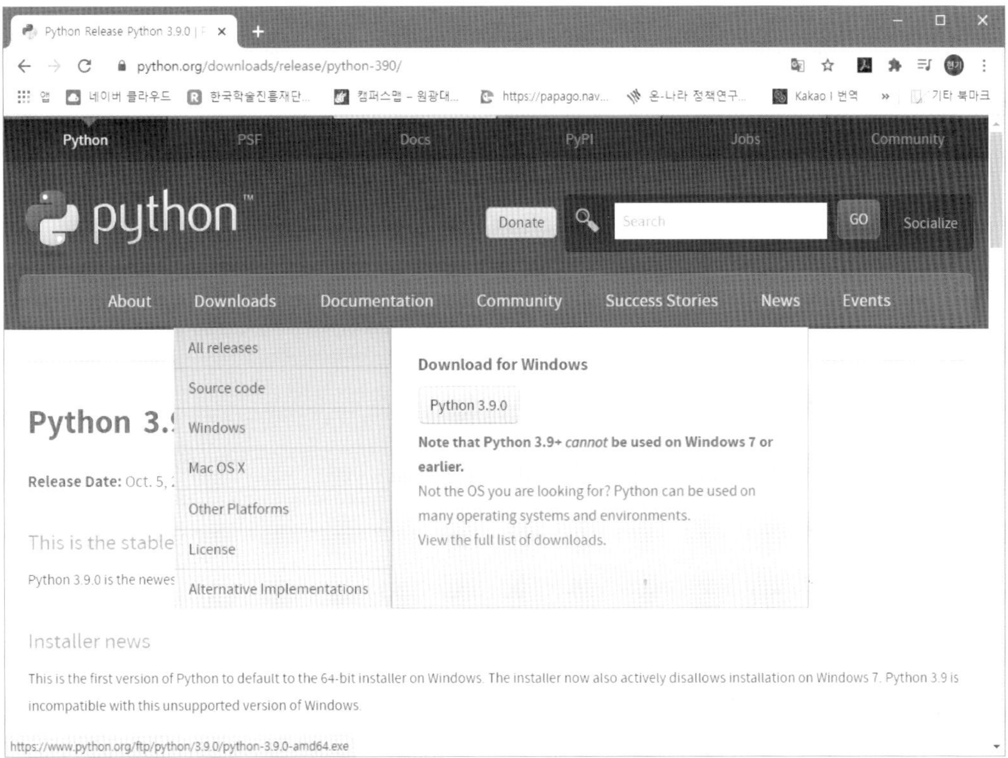

- Windows의 경우 32비트 또는 64비트 설치 프로그램을 선택할 수 있다.
- 두 가지의 차이점은 다음과 같다.
- 시스템에 32비트 프로세서가 있는 경우 32비트 설치 프로그램을 다운로드 해야 한다.
- 64비트 시스템에서는 설치 프로그램이 실제로 대부분의 용도로 작동한다.
- 32비트 버전은 일반적으로 메모리를 적게 사용하지만 집중적인 계산이 필요한 응용 프로그램의 경우 64비트 버전이 더 잘 수행된다.
- 선택할 버전이 확실하지 않은 경우 64비트 버전을 다운로드 한다.

1) 설치 프로그램 실행

① Windows 설치 대화 상자

- 그림과 같이 Python 3.x를 경로를 추가하는 체크박스를 선택하여 인터프리터(실행 프로그램)가 입력한 경로에 배치되도록 한다.

② 고급 옵션 기능 : 기본값으로 설정

- 그림과 같이 경로를 C:PythonPythonXXX 와 같이 설정하기를 권장한다.

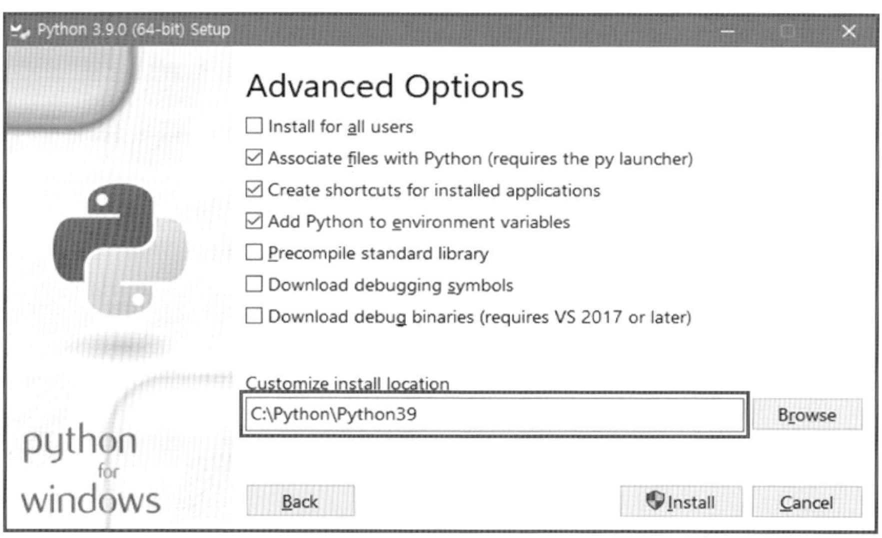

③ 설치 진행

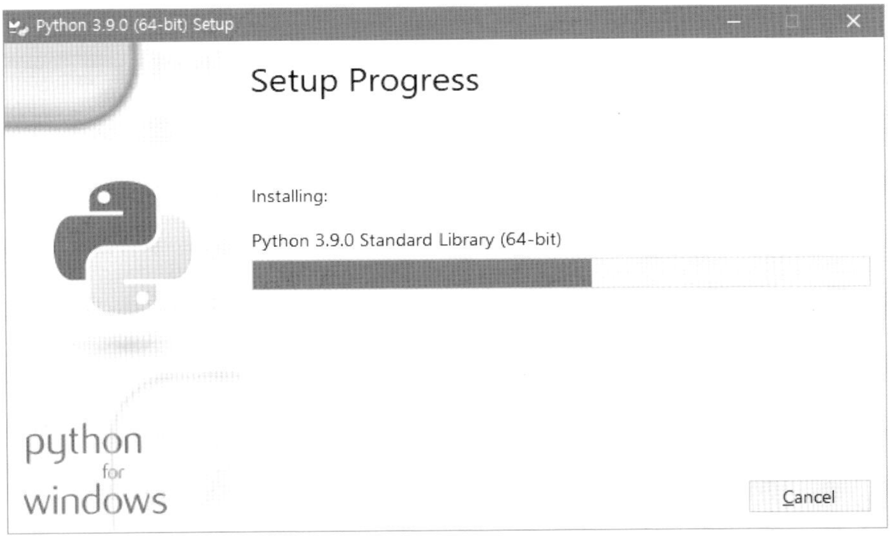

④ 설치위치 디렉토리로 이동하여 확인해 본다.

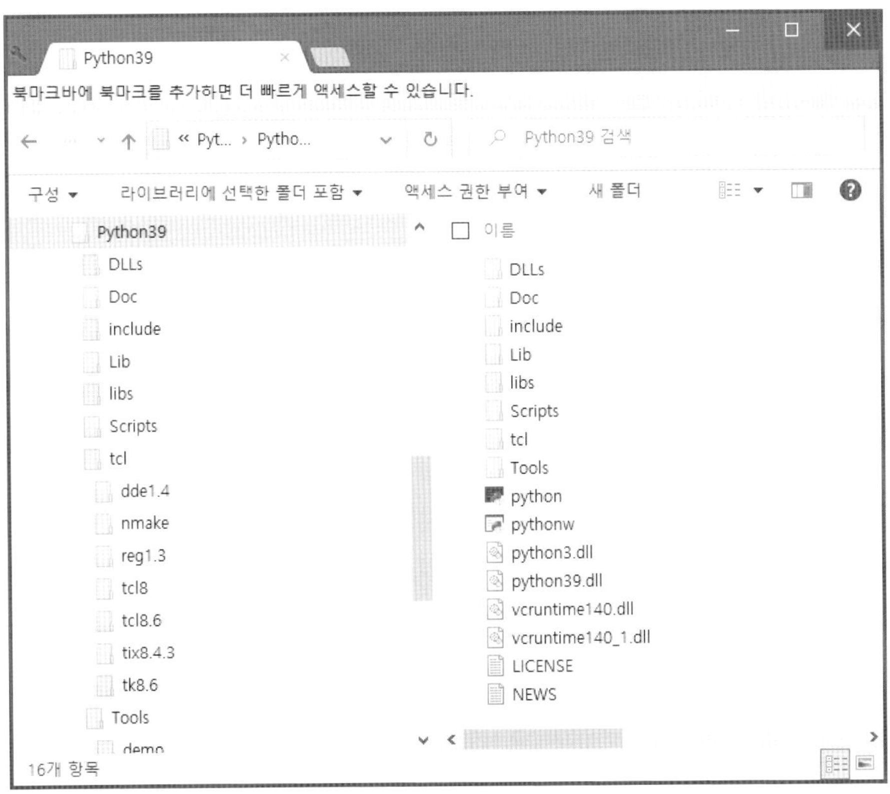

- 설치 완료후에 다른 경로에서 파이썬 명령어가 실행되지 않는다면 파이썬 환경 변수를 재설정 해주어야 한다.

❒ pip 버전 업그레이드

- 경우에 따라 모듈 설치 프로그램을 업그레이드해야 한다.

```
python –m pip install —upgrade pip
```

- 명령 프롬프트(cmd) 창을 열어 아래와 같이 실행 시킨다.

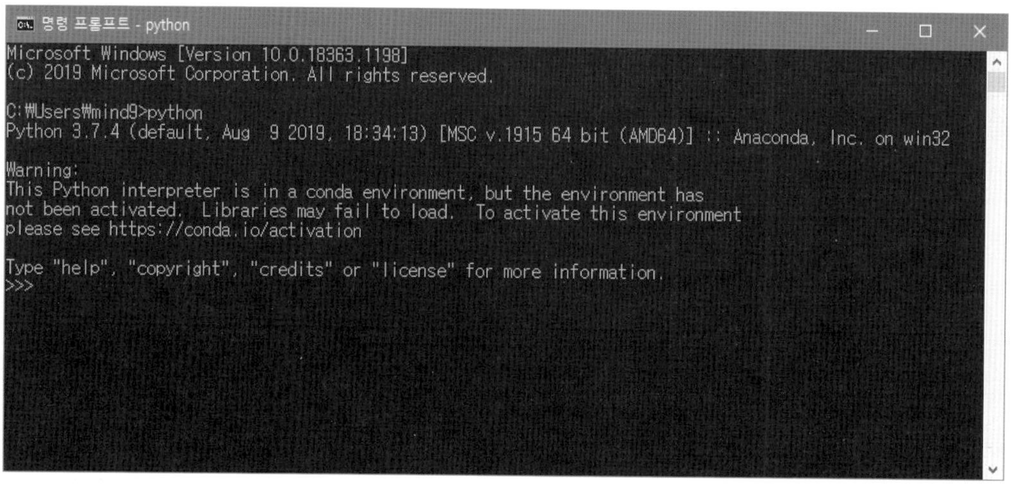

❑ 파이썬(Python) 설치 확인

- cmd.exe 창을 켜시고 python을 입력하여 python script 창이 나오면 설치가 성공적으로 완료된 것이다.

2) 파이썬(Python) 환경 변수 재설정

- 환경 변수를 설정 안하고 파이썬을 설치하였거나 환경변수를 재설정한다.
- '윈도우즈 시작' 오른쪽 버튼을 누르면 시스템(Y)이라는 메뉴가 보입니다. 클릭하여 시스템 설정 창을 연다
- "시스템 설정 - 정보" 창에서 우측 상단의 관련 설정 "시스템 정보" 메뉴를 클릭하게 되면 "컴퓨터에 대한 기본 정보 보기" 창이 열린다.

❐ 시스템 속성창 열기

- "고급시스템 설정" 을 클릭하면 시스템 속성창이 열린다.
- 하단의 "환경변수 (N)" 버튼을 클릭한다.

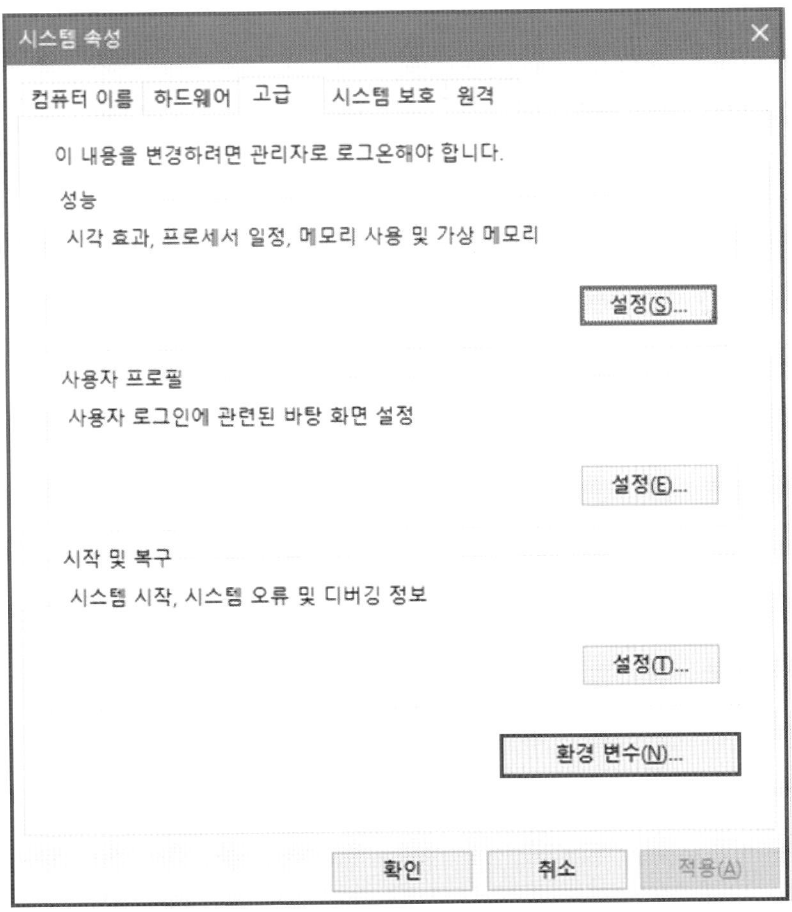

❒ 경로가 존재하지 않으면 '새로 만들기 (N)' 버튼을 클릭하여 입력한다.

❒ 환경변수

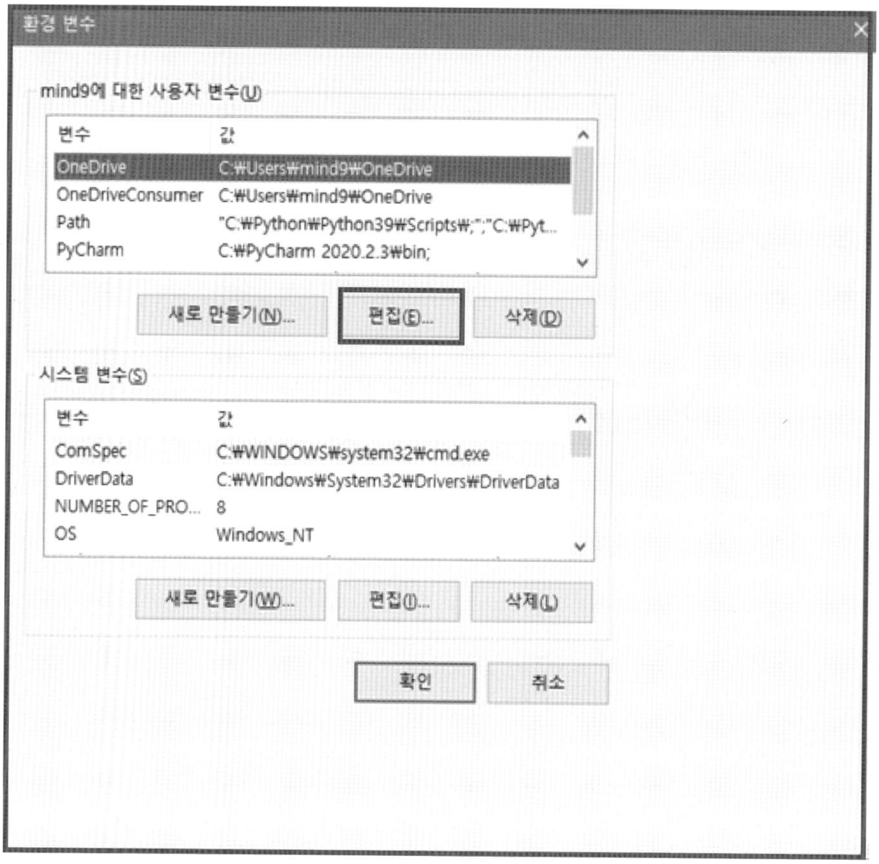

- 현재의 그림과 같이 C:PythonPython39Script;C:PythonPython39경로가 존재하면 사용자 정의 설치시 생성된 것이다.
- 사용자 변수 목록에서 변수 Path 를 선택하고 "편집 (E)" 버튼을 클릭 확인 해본다.
- 경로가 존재하지 않으면 '새로 만들기 (N)' 버튼을 클릭하여 아래와 같이 입력한다.

2.3. 스파이더(Spyder) 설치하기

- Spyder(스파이더, Scientific PYthon Development EnviRonment)는 Anaconda 설치 시, 함께 설치되는 프로그램들 중 하나로 Python을 프로그래밍 하는데 필요한 도구들을 제공하는 무료 통합개발환경(IDE)이다.

1) Anaconda 설치하기

① Anaconda installer download

- https://www.anaconda.com/products/individual

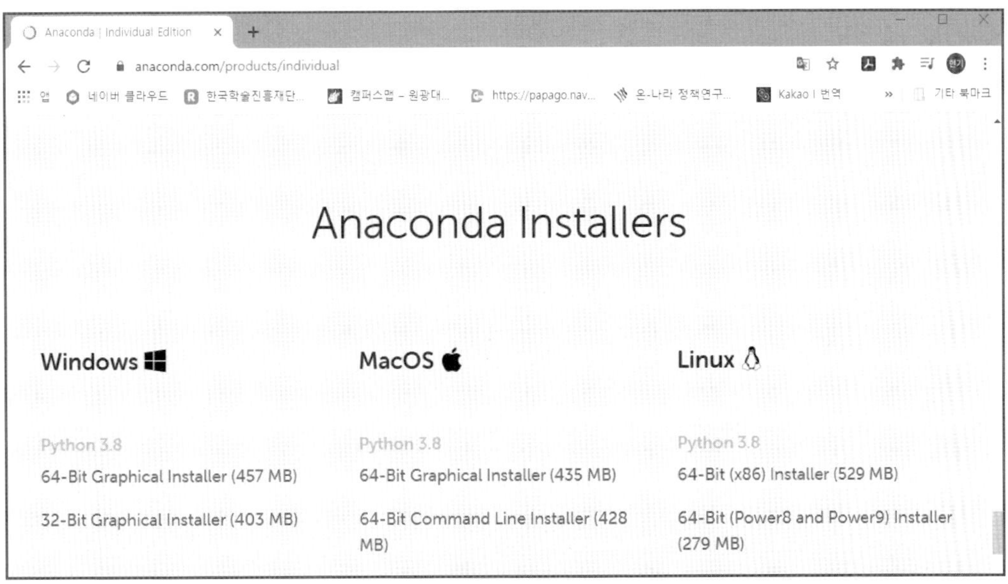

- 아나콘다를 이용하면 파이썬에서 다양한 가상환경을 손쉽게 구축할 수 있기 때문에 파이썬으로 개발 및 테스트를 진행하는데 있어서 효율을 극대화 할 수 있다.
- 아나콘다에는 파이썬 및 주로 사용되는 1,400개의 패키지와 데이터 과학 패키지들이 포함되어 있다.
- 파이썬을 설치하고 나서 여러 패키지들을 설치해야 하는 수고를 덜어 주고 윈도우즈 환경에서 쉽게 가상환경을 만들고 버전 관리를 할 수 있는 유일한 도구이다.

② Anaconda installer 계속 'Next' 단추 누르면서 설치 진행

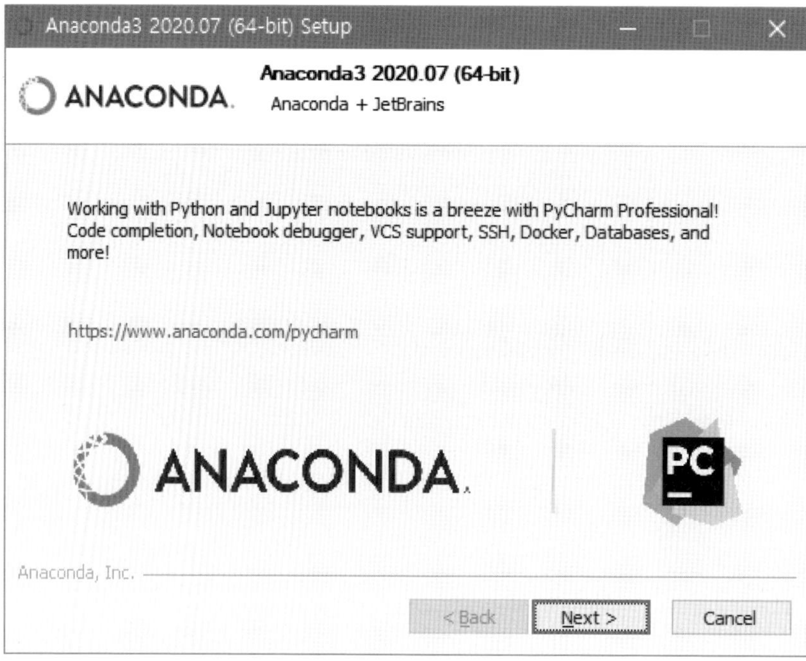

③ Anaconda installer I Agree

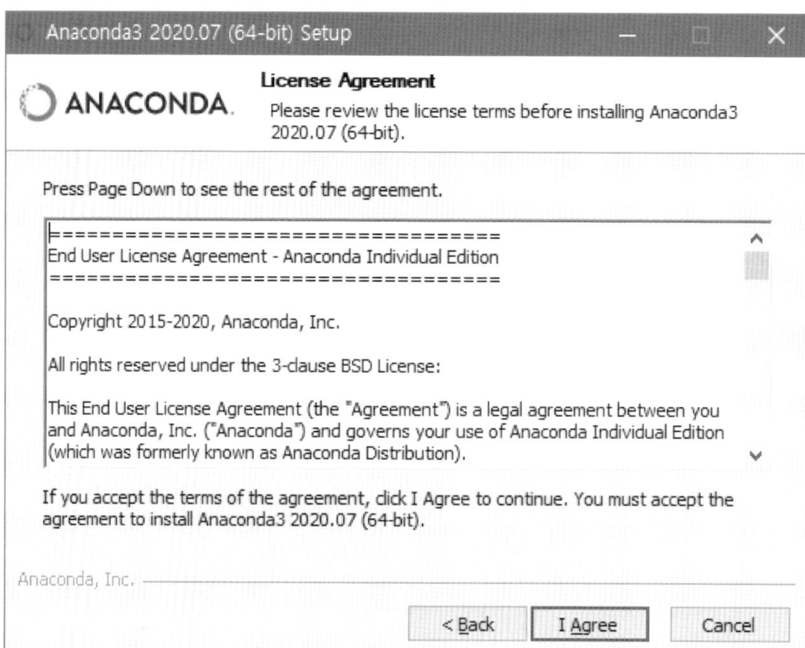

④ 윈도우 시작 메뉴에 설치된 것을 확인

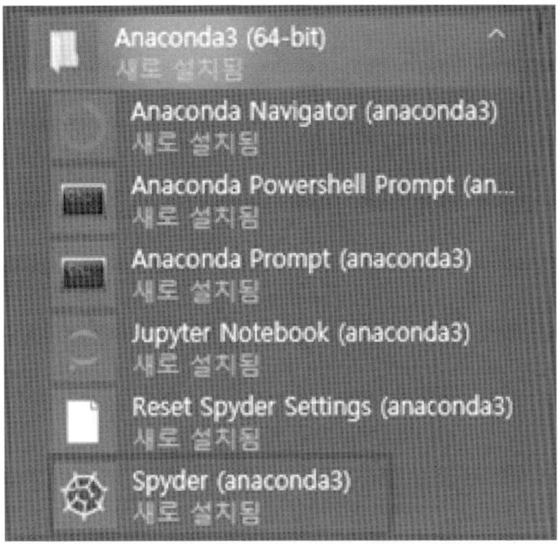

⑤ Spyder 시작

- Windows 시작 단추를 누르면 'Anaconda3 (64-bit)' 폴더 아래에 'Spyder' 아이콘을 클릭하면 Spyder가 시작한다.

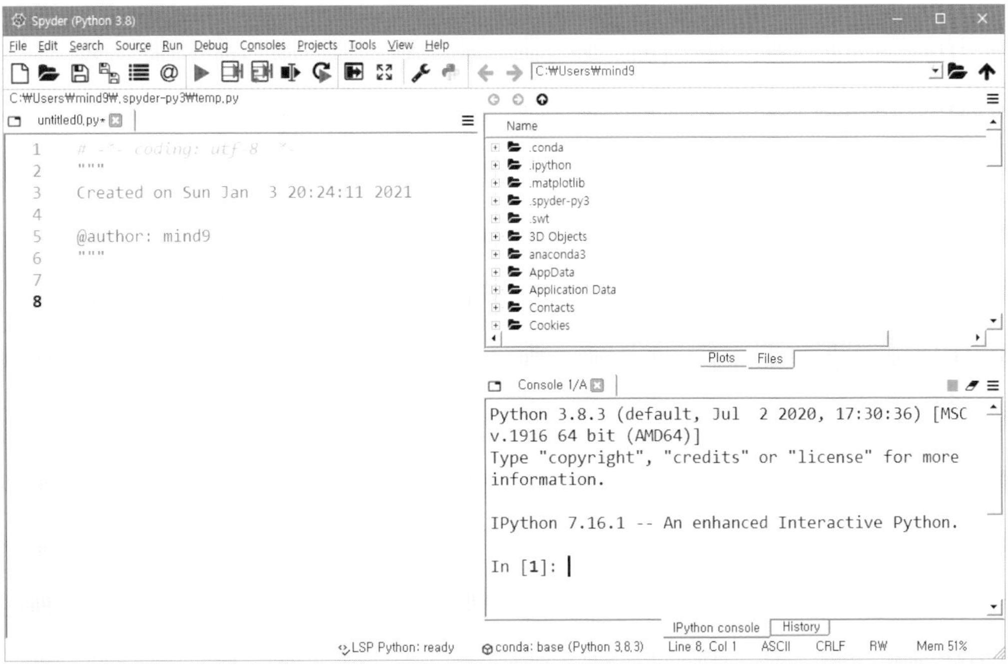

⑥ Spyder 창 구성(windows layout)

- 아래 화면캡처한 Spyder 창의 왼쪽은 ① script Editor 이다.
- 오른쪽 상단에는 ② Variable Explorer, File Exployer, Help tab 이 차례대로 있다.
- 오른쪽 하단에는 ③ Python console, History log, Ipython console 이 차례대로 있다.
- 마우스로 특정 창을 drag 해서 원하는 위치에 이동시킬 수 있다.

⑦ Spyder default layout

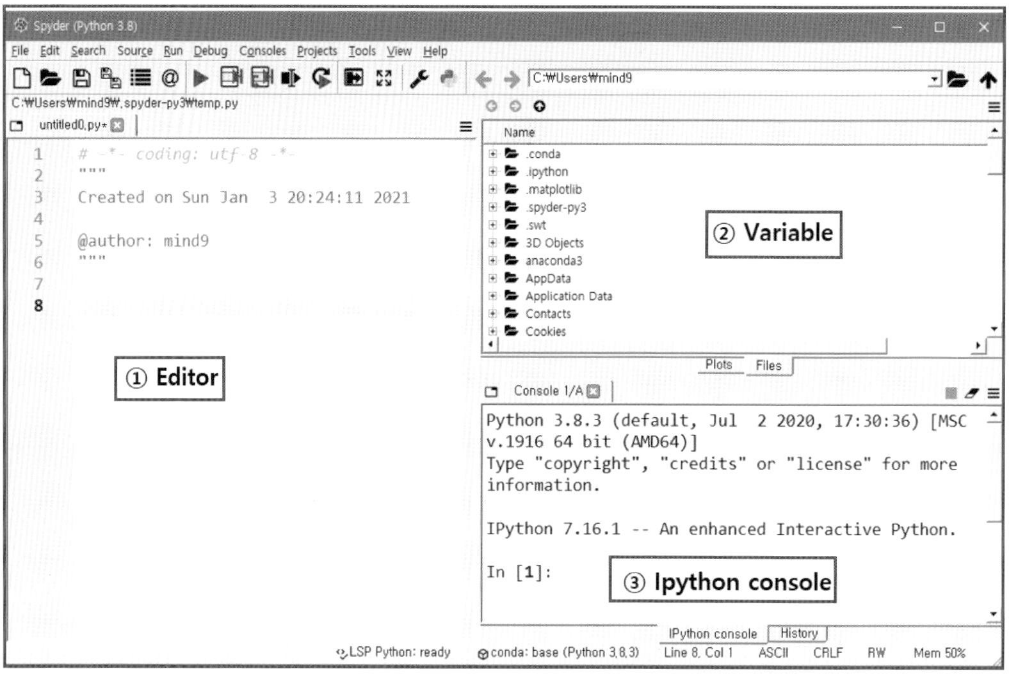

- ① Editor 창에서 작성한 script는 F9나 ctl+Enter 등을 사용해 명시적으로 실행을 시켜야만 실행이 됩니다.
- 길게 프로그래밍 해야 하고 저장해 두었다가 반복적으로 사용해야 하는 상황이라면 Editor 창에서 script를 작성하고 파일로 저장을 해두어야 한다.
- 반면에 ③ Ipython console 에서는 script 작성하고 Enter를 치면 interactive 하게 실행이 되서 결과를 반환한다.

⑧ 키보드 단축키(Keyboard shortcuts)

- 'Tools 〉 Preferences 〉 Keyboard shortcuts'를 선택한 후에 default keyboard shortcuts을 살펴본 후에 '나만의 맞춤형 키보드 단축키'를 설정한다.

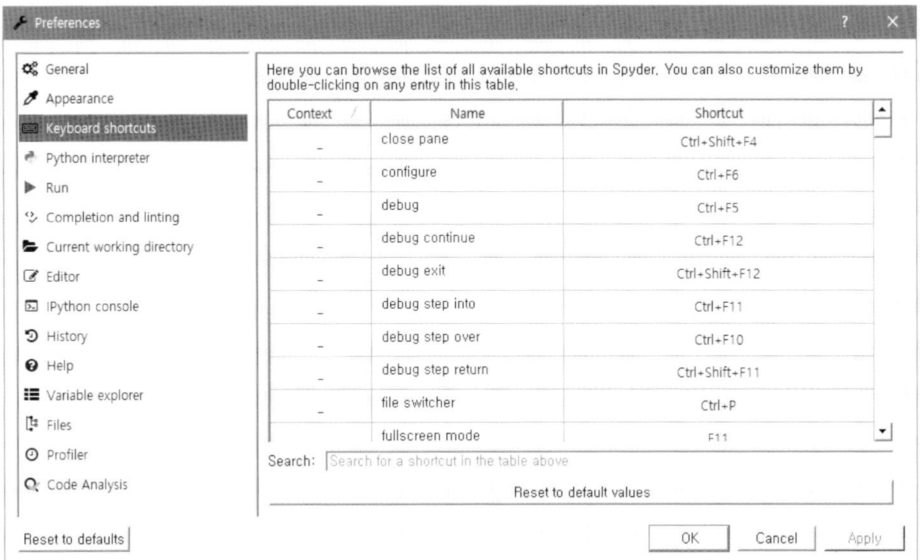

⑨ Spyder : 편집 화면 Syntax 색깔 지정(Syntax coloring)

- 'Tools 〉 Preferences 〉 Syntax coloring'에서 마음에 드는 Systax coloring을 선택한다.

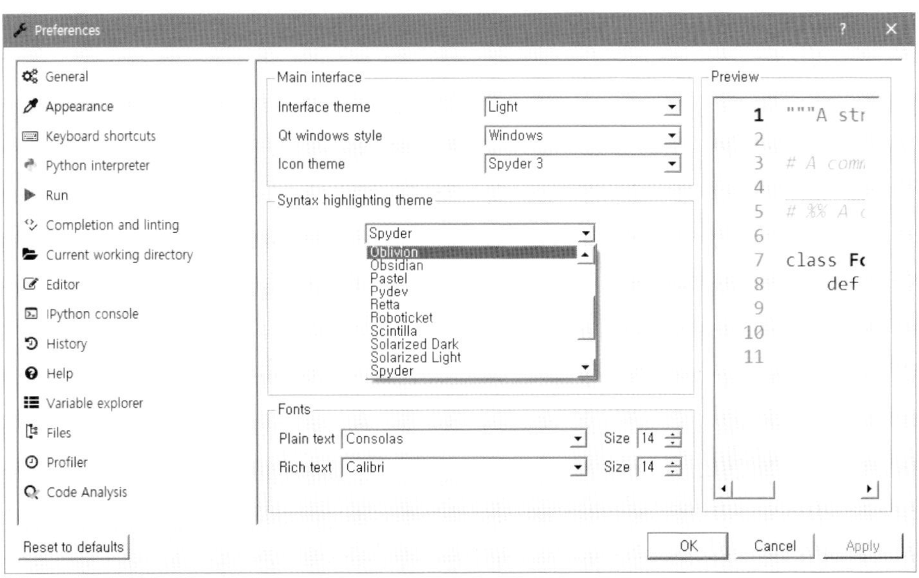

⑩ Spyder : 실행(Run)

- 저장한 파일 전체를 처음부터 끝까지 한꺼번에 실행(Run file) : F5
- 현재 커서가 위치한 cell 전체를 실행(Run current cell) 후 커서 현 cell에 위치 : Ctrl + Enter
- 여기서 cell 은 '#%%'로 구분이 된, 위/아래로 '선(line)'으로 구분이 된 덩어리를 말한다.
- 현재 커서가 위치한 cell 전체를 실행 후 다음번 cell로 커서 이동(Run current cell and go to the next one) : Shift + Enter
- 현재 커서가 위치한 행(row) 또는 선택한 행 전체를 실행(Run selection) : F9

⑪ 부가설명 달기 :

- 여러 개의 줄에 한꺼번에 코멘트 기호 '#'을 붙이고 싶다면 먼저 마우스로 '#'을 붙이고 싶은 여러개의 줄을 블록으로 선택한 후에 'ctrl+1'(Mac OS의 경우 'command+1')을 눌러주면 된다.

⑫ Spyder 최신 버전으로 upgrade(update) 하기

- cmd 창에 conda upgrade spyder를 입력하면 됩니다.

```
〉conda upgrade spyder
```

chapter 03

Python 기초

학습개요

빅데이터 분석을 위한 Python의 기본 문법을 이해하고 조작할 수 있도록 산술연산자, 비교연산자 등을 설명해주고 있다. Python에는 데이터의 유형(type of data)이 있다. 즉 데이터가 어떤 값으로 이루어져 있는가를 의미한다. 데이터 유형에는 기본적인 것과 특수한 형태로 구성되어 있다. 기본적인 데이터 유형이 많이 사용된다.

이 장에서는 Python의 기본 문법과 변수의 개념을 익히고, 이해할 수 있도록 제시한다. 그리고 Python의 데이터 유형을 이해할 수 있도록 제시한다.

학습목표

- Python의 기본 문법을 이해하고 활용할 수 있다.
- Python의 데이터 유형을 이해하고 활용할 수 있다.
- Python의 문자열을 이해하고 활용할 수 있다.
- Python의 집합을 이해하고 활용할 수 있다.

3.1. Python 기초

1) 키워드(Keyword)

- 키워드(Keyword)는 파이썬 언어에서 이미 예약되어 있는 문자열이어서, 변수나 함수의 이름 등으로 사용할 수 없다. 파이썬에는 33개의 키워드가 있다.

❐ 아래 목록과 같다.

False, None, True, and, as, assert, break, class, continue, def, del, elif, else, except, finally, for, from, global, if, import, in, is, lambda, nonlocal, not, or, pass, raise, return, try, while, with, yield

- 파이썬에서 아래의 코드를 실행하면 키워드를 리스트의 형태로 확인할 수 있다.

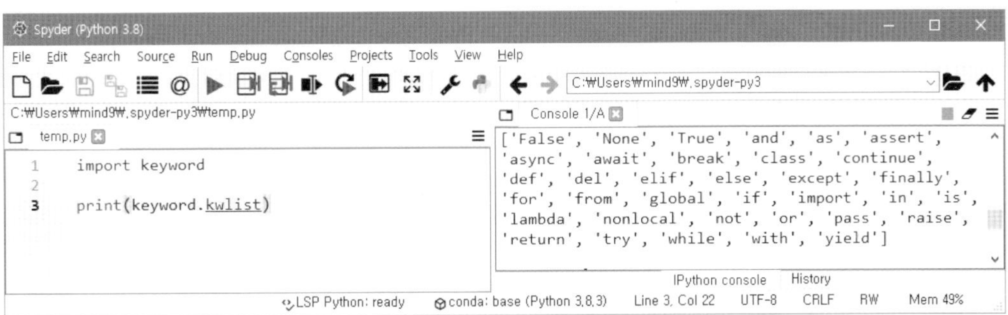

2) 식별자(Identifier)

- ■ 식별자(Identifier)는 변수, 함수, 클래스와 같은 대상을 식별하기 위해 사용한다.
- ■ 식별자를 선택할 때 아래와 같은 몇 가지 규칙이 있다.
- ▫ 식별자는 소문자 (a~z), 대문자 (A~Z), 숫자 (0~9), 언더스코어 (_)의 조합으로 이루어져야 한다.
- ▫ 식별자는 숫자로 시작할 수 없다.
- ▫ 식별자에 키워드를 사용할 수 없다.
- ▫ 식별자에 !, @, #, $, %와 같은 특수문자는 사용할 수 없다.

- 아래 예제와 같이 파이썬 키워드를 변수의 이름으로 사용하면, SyntaxError가 발생한다.

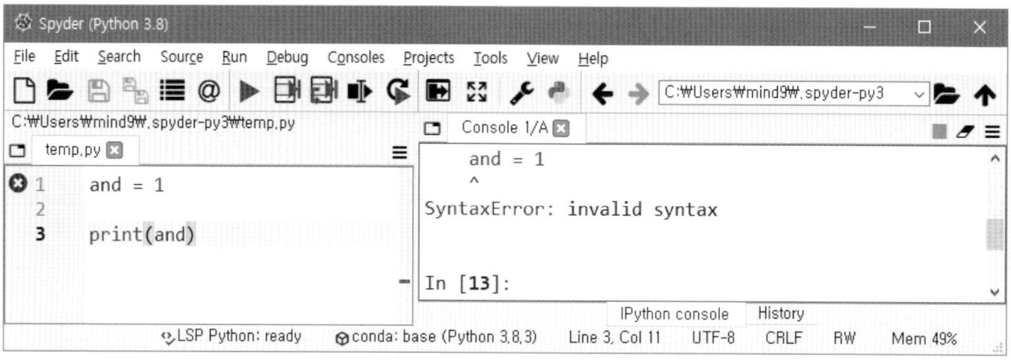

3) 들여쓰기(Indentation)

- C, C++, Java와 같은 프로그래밍 언어에서 { }와 같은 괄호를 사용하는 것과 달리 파이썬에서는 들여쓰기를 사용한다.
- 탭 (tab) 키 또는 두 칸 또는 네 칸의 공백을 이용해서 if 문, for 문, 함수의 내부 영역을 구분한다.
- 들여쓰기는 코드의 가독성을 높이고 깔끔해 보이도록 한다.

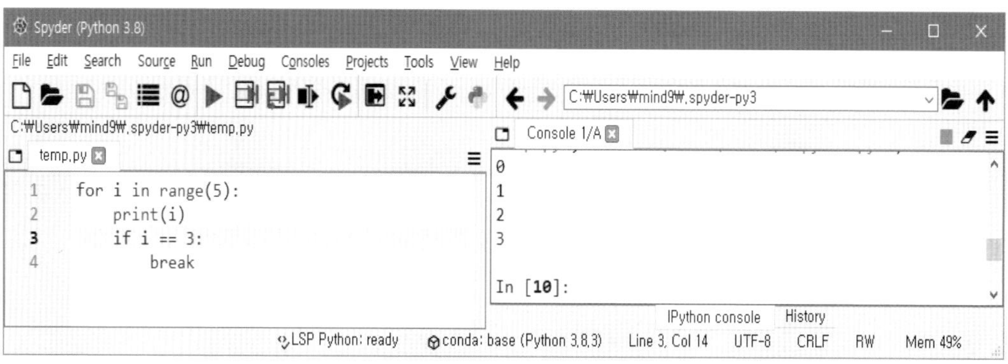

4) 주석(Comment)

- 주석(Comment)은 실행되지 않는 코드 부분을 말한다.
- 주로 코드의 의미를 설명하고, 이해하기 쉽게 하기 위해서 사용한다.
- 파이썬에서 주석을 사용할 때는 아래와 같이 해시 기호(#)를 사용한다.

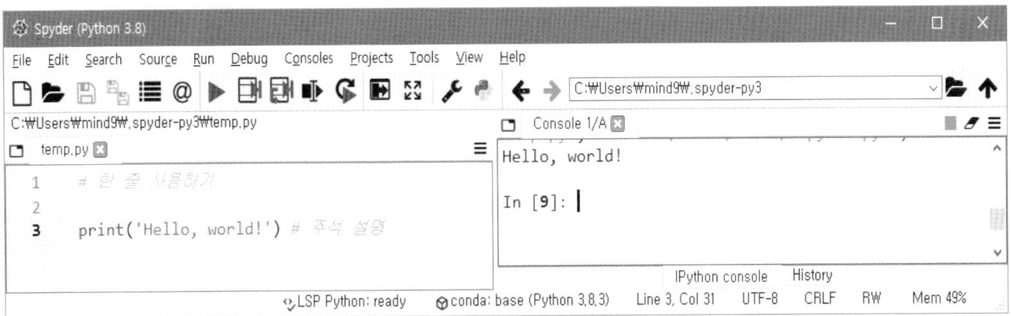

5) 변수(Variables)

- 변수(Variable)는 메모리에 데이터를 저장하는데 사용되는 공간의 이름이다.
- 변수에 저장되는 데이터 또는 객체는 프로그램 안에서 계속해서 변할 수 있다.

① 변수 선언과 할당

- 파이썬에서는 변수의 선언과 할당이 동시에 이루어진다.

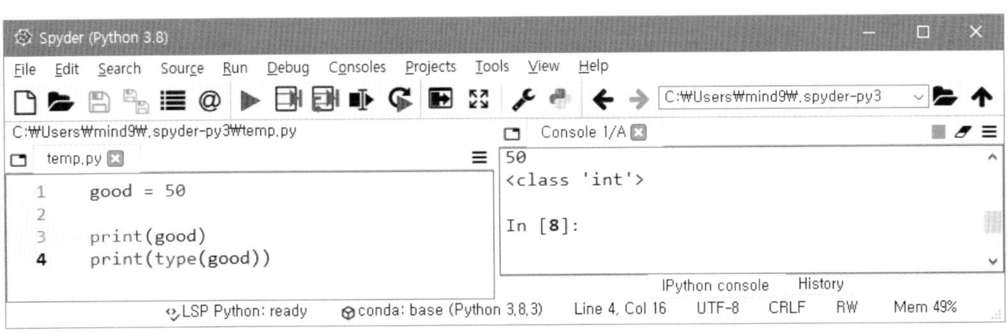

- good라는 변수에 숫자 50을 할당했다.
- 파이썬에서는 변수의 자료형을 따로 지정해주지 않아도 값에 따라 자동으로 결정된다.
- 파이썬 내장함수 type()을 이용해서 변수의 자료형을 확인해보면 int 형인 것을 알 수 있다.

② 변수 이름 정하기

- 의미를 알 수 있게 한다.
- 소문자 l은 숫자 1과 구분하기 어려울 수 있다.
- 대문자 O는 숫자 0과 구분하기 어려울 수 있다.
- 대문자 I는 소문자 l과 구분하기 어려울 수 있다.
- 변수와 함수의 이름은 기본적으로 소문자로 지정한다.
- 가독성을 높이기 위해서 단어 간의 연결은 언더스코어 (_)를 사용한다.
- 파이썬에서 사용하는 상수에는 모두 대문자를 사용한다.
- 클래스의 이름을 정할 때에는 CapWords와 같이 단어의 첫 글자에만 대문자를 사용한다.

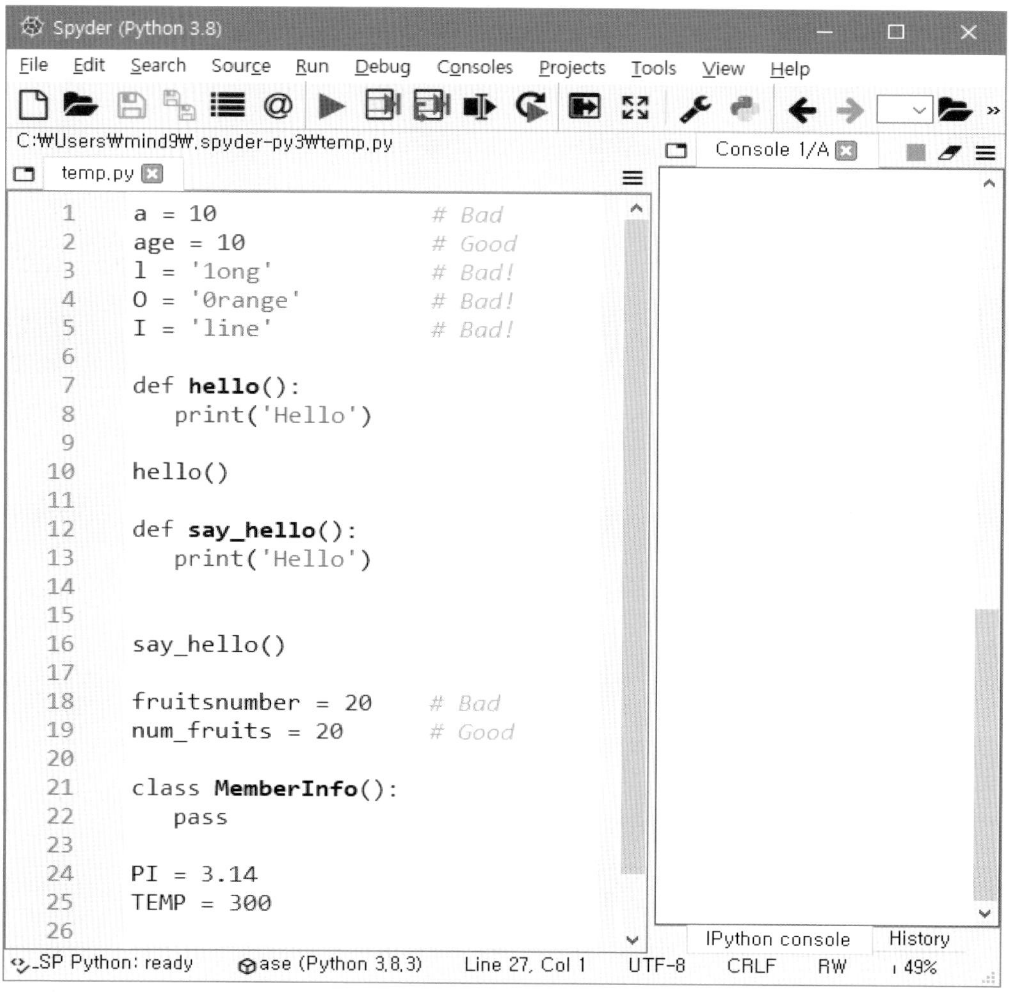

6) 연산자(Operators)

① 산술 연산자(Arithmetic operator)

- 산술 연산자(Arithmetic operator)는 더하기, 빼기, 곱하기, 나누기 등과 같은 수학 연산을 수행하는데 사용한다.

❒ 산술 연산자 종류

\+ : 두 피연산자를 더하거나 (add), 단항 더하기 (unary plus) 연산을 수행한다.

– : 두 피연산자를 빼거나 (subtract), 단항 빼기 (unary minus) 연산을 수행한다.

* : 두 피연산자를 곱한다.

/ : 왼쪽 피연산자를 오른쪽 피연산자로 나눈다. (결과는 항상 float)

% : 모듈러스. 왼쪽 피연산자를 오른쪽 피연산자로 나눈 나머지.

// : 버림 나눗셈 (floor division).

** : 지수 (exponent) 연산.

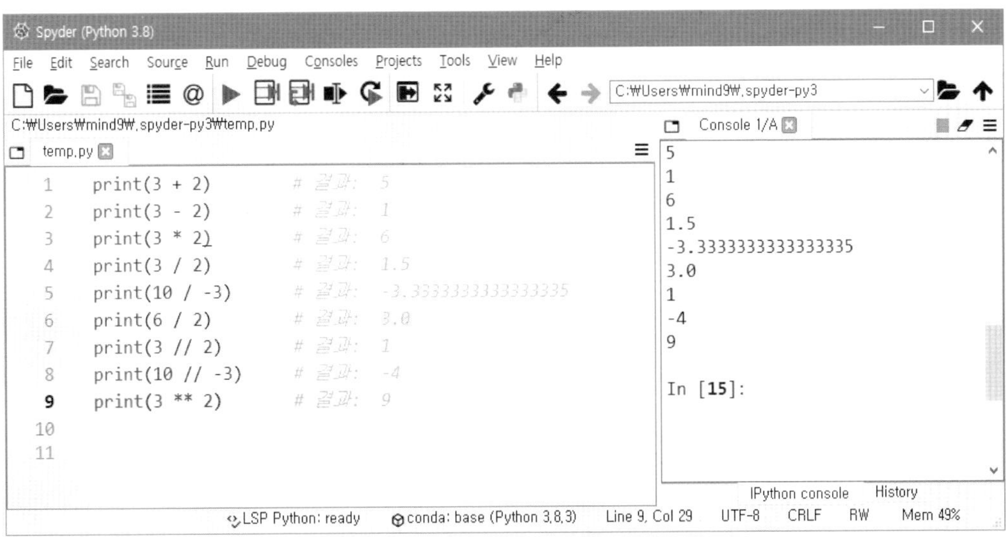

② 비교 연산자(Comparison operator)

- 비교 연산자(Comparison operator)는 값을 비교하는데 사용한다.
- 조건에 따라 True 또는 False를 반환한다.

❒ 비교 연산자 종류

〉 : 왼쪽 피연산자가 오른쪽 피연산자보다 크다.
〈 : 왼쪽 피연산자가 오른쪽 피연산자보다 작다.
== : 두 피연산자가 같다.
!= : 두 피연산자가 같지 않다.
〉= : 왼쪽 피연산자가 오른쪽 피연산자보다 크거나 같다.
〈= : 왼쪽 피연산자가 오른쪽 피연산자보다 작거나 같다.

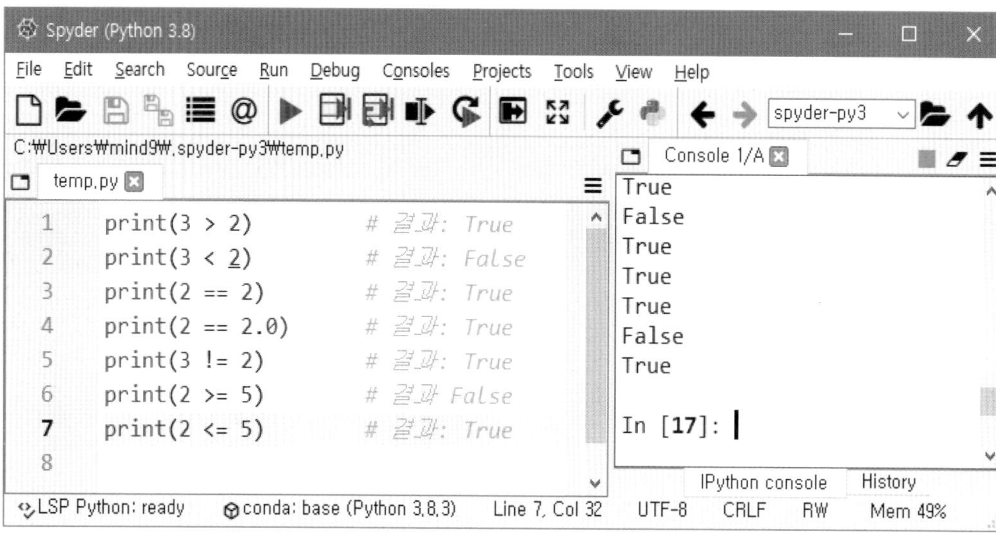

③ 논리 연산자(Logic operator)

- 논리 연산자(Logic operator)는 and, or, not이다.

❒ 논리 연산자 종류

and : 두 피연산자가 모두 참일 때, True. or : 두 피연산자 중 하나가 참일 때, True. not : 피연산자가 참이면, False, 거짓이면 True.

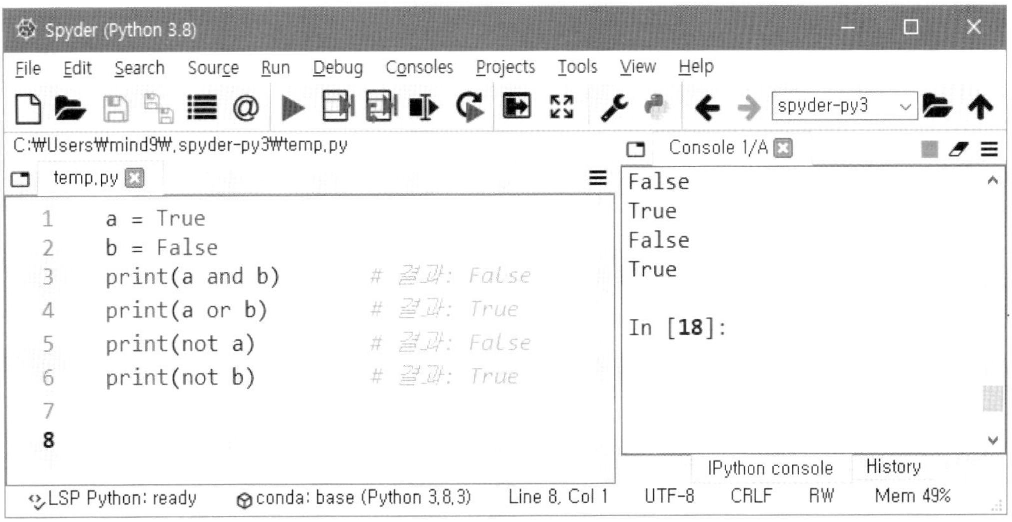

④ 비트 연산자(Bitwise operator)

- 비트 연산자(Bitwise operator)는 2진수 문자열 피연산자에 대해 비트 단위의 연산 작업을 수행한다.
- 파이썬 내장함수 bin()을 이용해서 10진수를 2진수로 변환하면 10진수 12는 $1010_{(2)}$, 10진수 5는 2진수로 $101_{(2)}$ 임을 알 수 있다.

비트 연산자 &는 비트 AND 연산을 수행한다.
비트 연산자 |는 비트 OR 연산을 수행한다.
비트 연산자 ~는 피연산자가 하나인 단항 연산자로서 비트 NOT 연산을 수행한다.
비트 연산자 ^는 비트 XOR 연산을 수행한다.
비트 연산자 >>는 비트 오른쪽 쉬프트 연산을 수행한다.
비트 연산자 <<는 비트 왼쪽 쉬프트 연산을 수행한다.

❒ 비트 연산자 종류

& : 비트 AND
| : 비트 OR
~ : 비트 NOT
^ : 비트 XOR
>> : 비트 오른쪽 쉬프트
<< : 비트 왼쪽 쉬프트

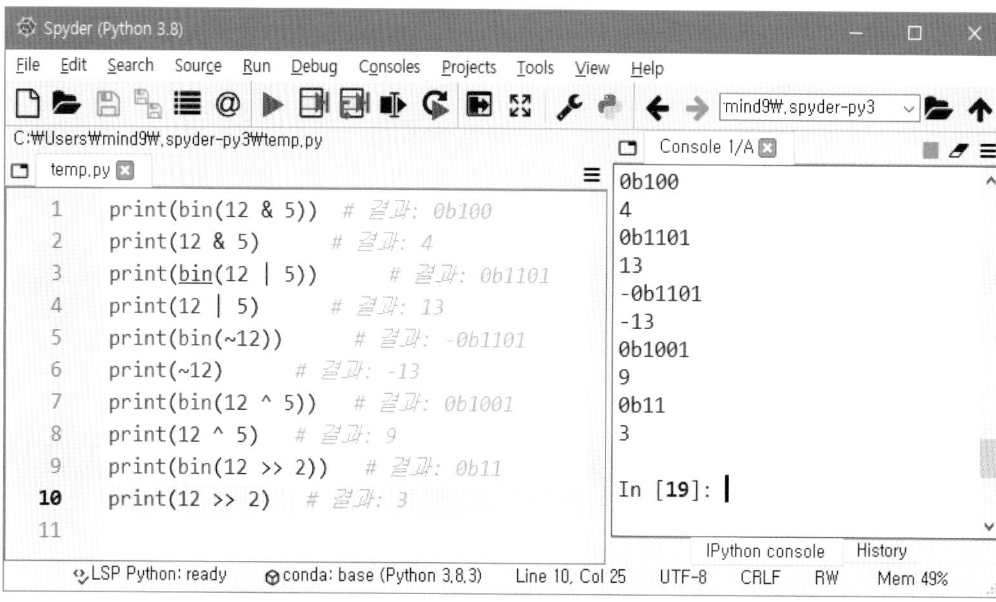

⑤ 할당 연산자(Assignment operator)

- 할당 연산자(Assignment operator)는 변수(variable)에 값을 할당할 때 사용한다.
- 예를 들어 x = 10
- 위의 코드에서 변수 x에 값 10을 할당하기 위해 할당 연산자 =를 사용한다.

❒ 할당 연산자 종류

= : 변수에 값을 할당
+= : 변수에 값을 더한 결과를 할당
-= : 변수에 값을 뺀 결과를 할당
*= : 변수에 값을 곱한 결과를 할당
/= : 변수에 값을 나눈 결과를 할당
%= : 변수를 값으로 나눈 나머지를 할당
//= : 변수를 값으로 나눈 몫 (floor division)을 할당
**= : 변수를 값으로 제곱한 결과를 할당

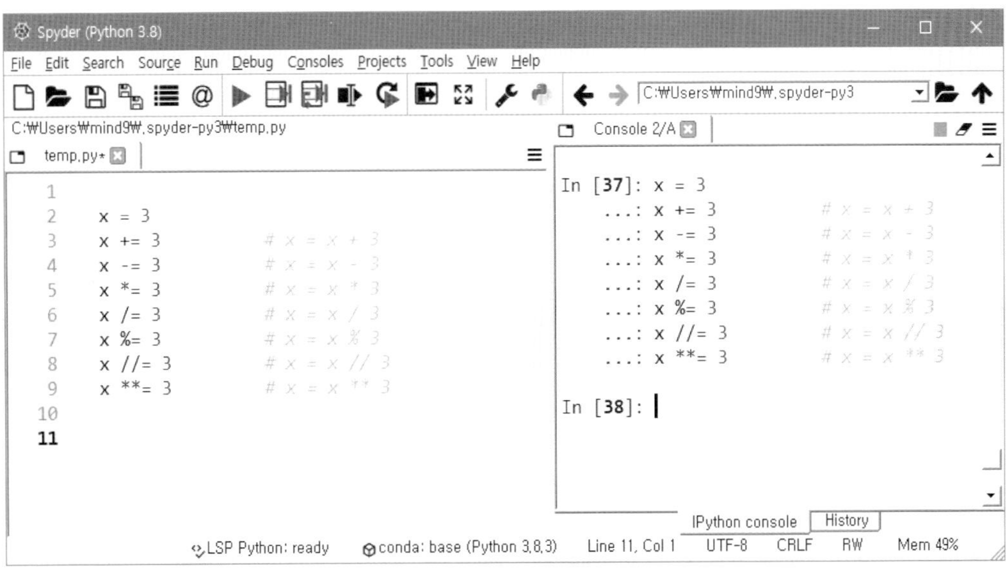

⑥ 특수 연산자(Special operator)

ㅁ 파이썬은 식별 연산자(identity operator)와 멤버 연산자(membership operator)와 같은 특수 연산자(special operator)를 제공합니다.

❒ 식별 연산자 종류

식별 연산자는 두 값 또는 변수가 동일한 객체인지 확인하는데 사용된다.
is : 두 연산자가 동일하면 True.
is not : 두 연산자가 동일하지 않으면 True.
x1과 y1이 같으므로 x1 is y1는 참이 된다.
x2와 y2는 같으므로 x2 is not y2는 거짓이 된다.
x2와 z2는 같지 않으므로 x2 is not z2는 참이 된다.

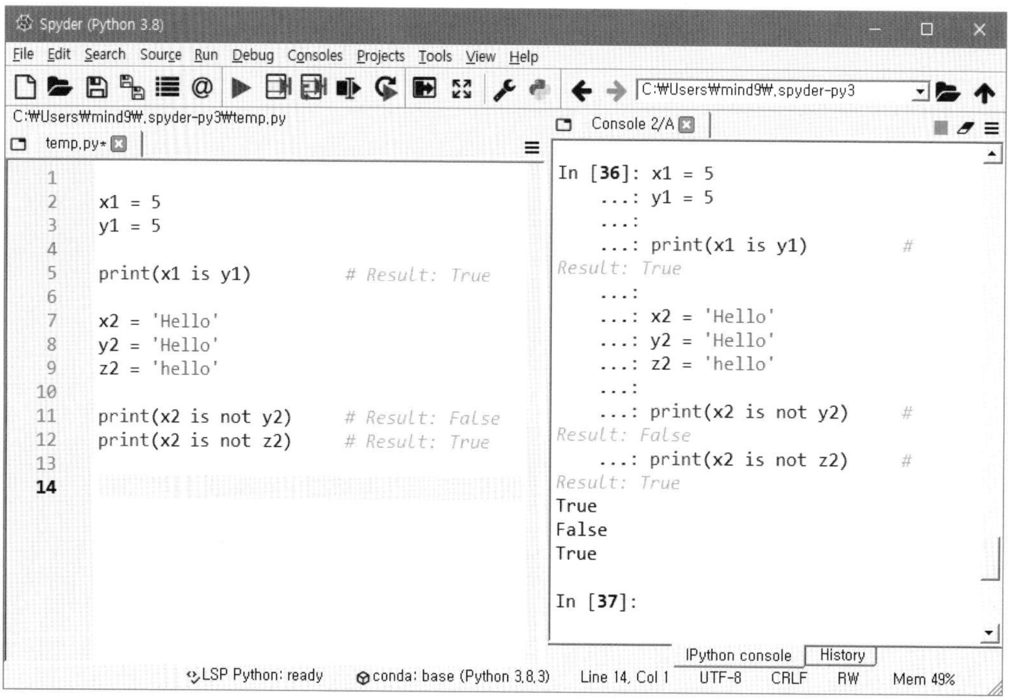

- 멤버 연산자는 값 또는 변수가 문자열, 리스트, 튜플, 집합, 딕셔너리 등에 포함되어 있는지 확인하는데 사용한다.

❒ 멤버 연산자 종류

in : 값 또는 변수가 포함되어 있으면 True.
not in : 값 또는 변수가 포함되어 있지 않으면 True.
문자 'p'가 'Python'에 포함되어 있지 않으므로, 'p' in x는 거짓이 된다.
문자 'y'가 'Python'에 포함되어 있으므로, 'y' in x는 참이 된다.
정수 1이 리스트 [1, 3, 2, 5]에 포함되어 있으므로, 1 in y는 참이 된다.
정수 4가 리스트 [1, 3, 2, 5]에 포함되어 있지 않으므로, 4 in y는 거짓이 된다.

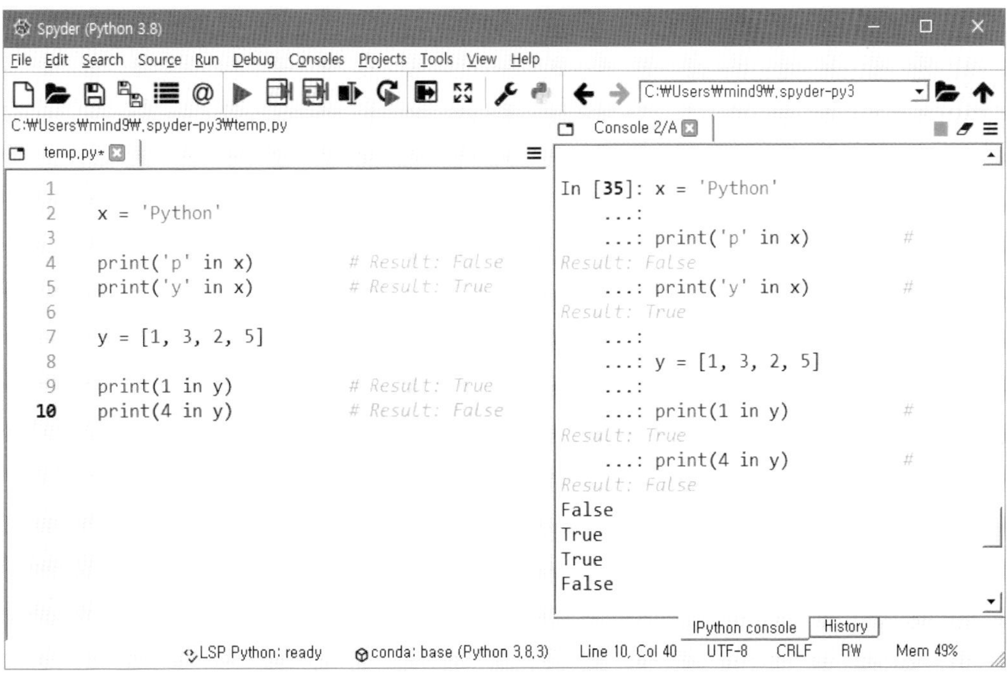

7) 리스트(List)

① 리스트 기초

- 파이썬의 리스트는 대괄호 사이에 콤마로 구분되는 값들의 목록이다.
- 리스트를 한번에 출력하거나, 인덱스를 이용해서 요소를 각각 출력할 수 있다.
- 순서대로 a[0], a[1], a[2]는 리스트의 첫번째, 두번째, 세번째 요소이다.
- len( )은 리스트의 길이, 즉 요소의 개수를 반환하는 파이썬의 내장함수이다.

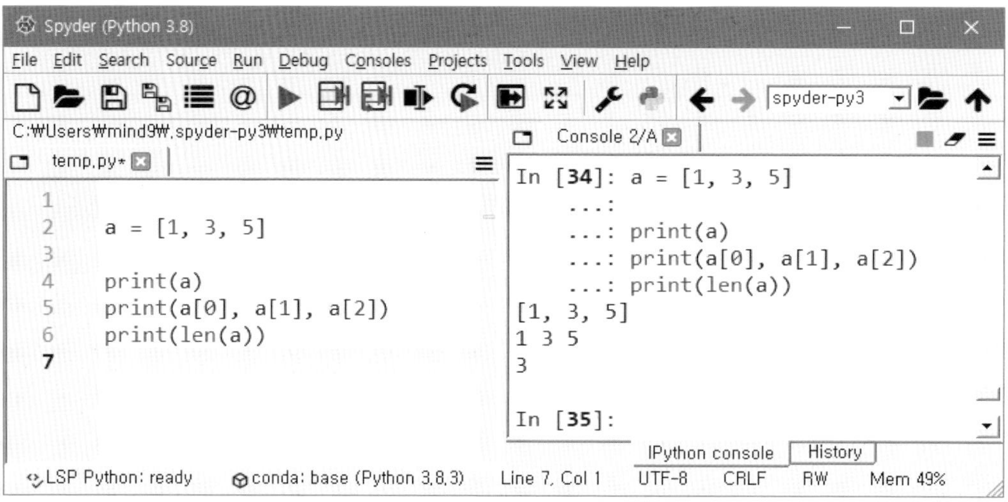

- 인덱스를 이용해서 요소의 값을 할당할 수 있다.

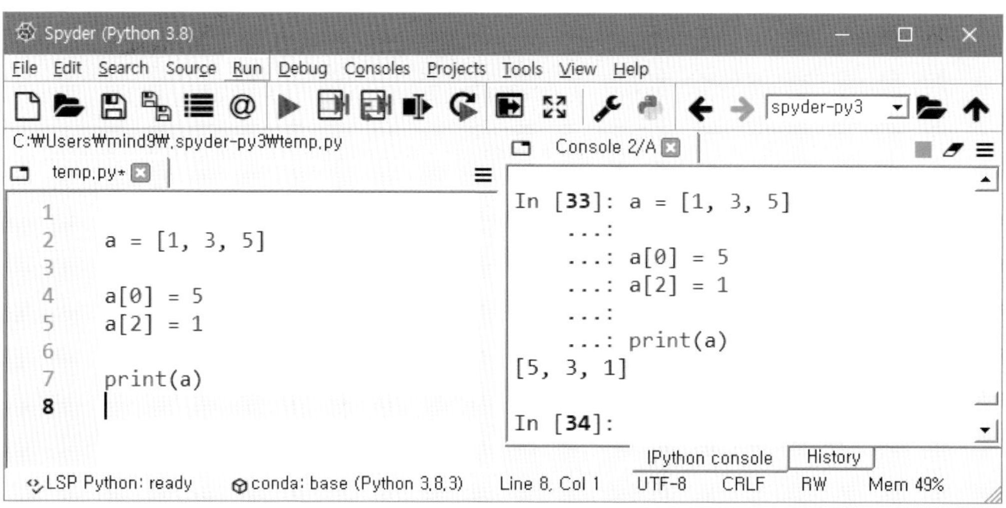

□ list(reversed( ))는 순서를 뒤집은 새로운 리스트를 반환한다.

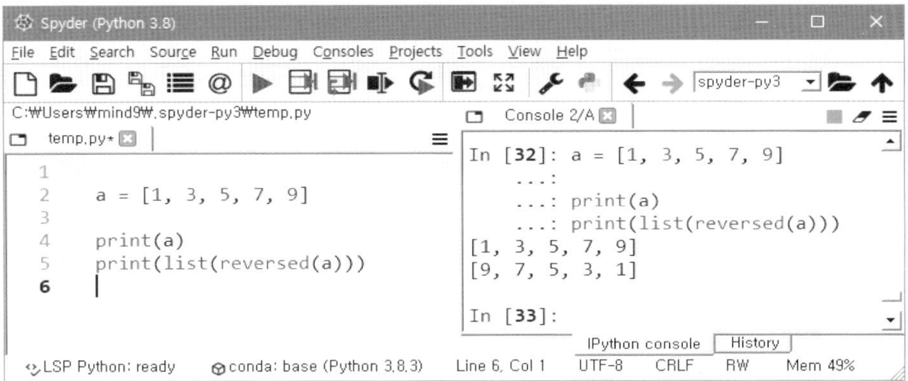

□ append( )는 리스트에 새로운 값을 추가한다.

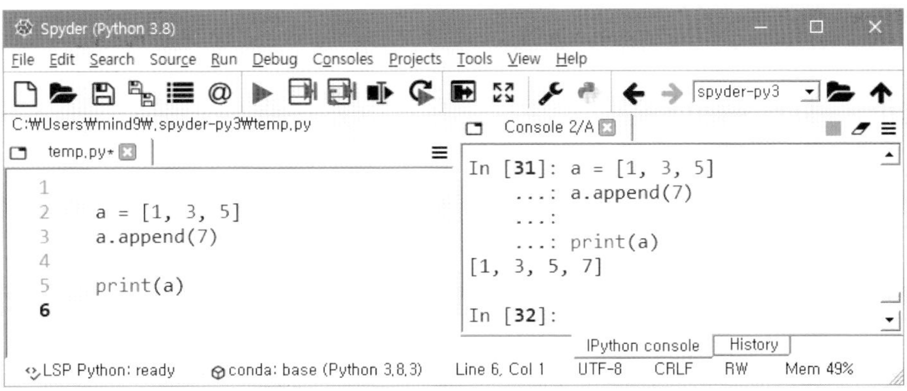

□ extend( )는 리스트에 새로운 리스트를 연결한다.

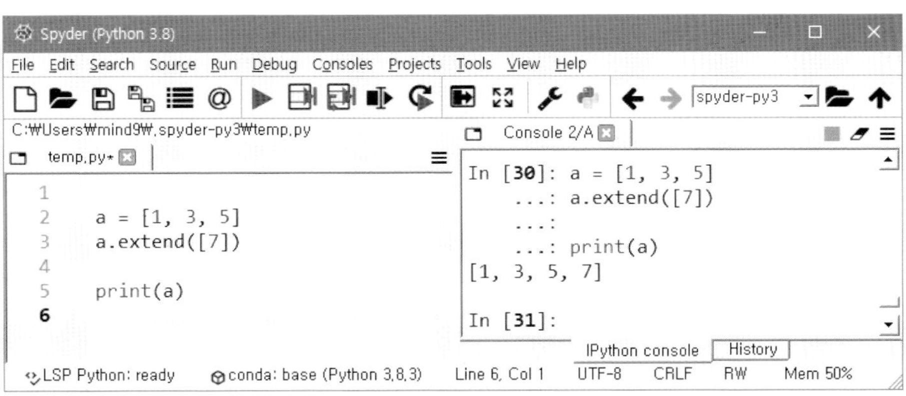

ㅁ extend( )는 문자열을 문자 단위로 추가한다.

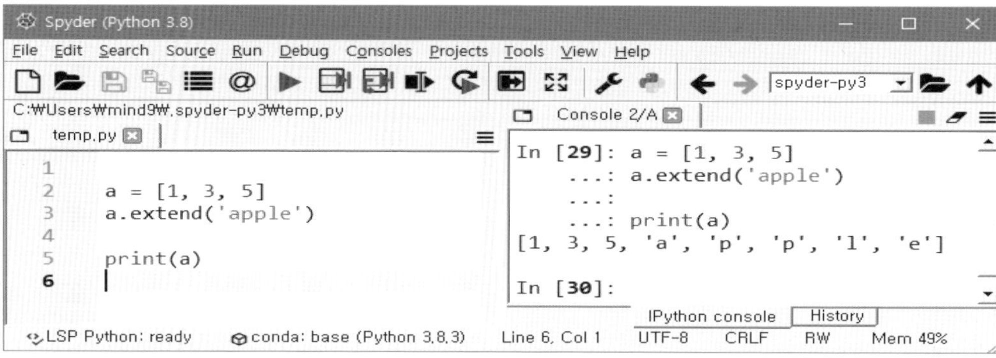

② 리스트 정렬

ㅁ 리스트 객체의 sort( ) 메서드는 리스트를 크기순으로 정렬한다. 기본적으로 오름차순으로 정렬한다.

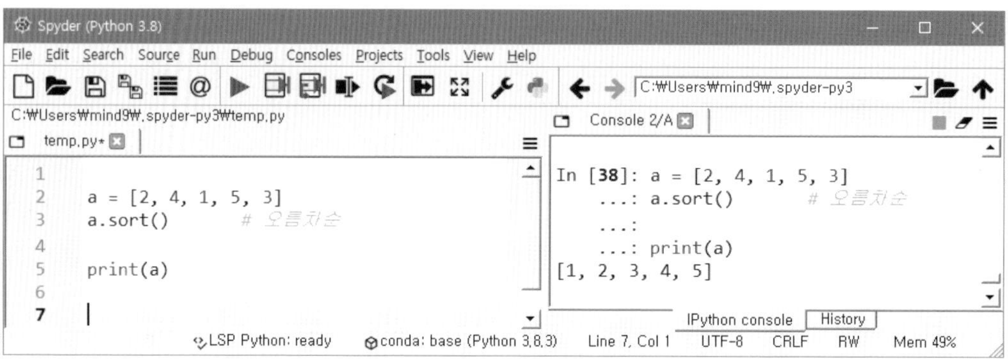

ㅁ reverse=True 로 설정해주면 내림차순으로 정렬한다.

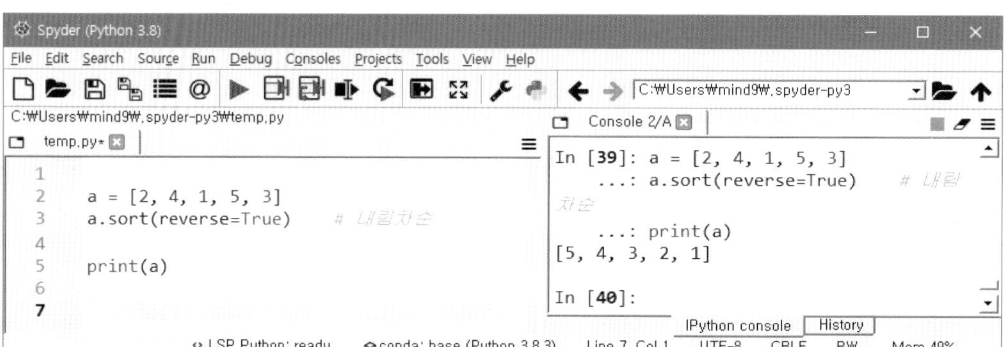

□ 문자에 대해서는 기본적으로 알파벳순이지만 대문자가 소문자보다 우선 정렬된다.

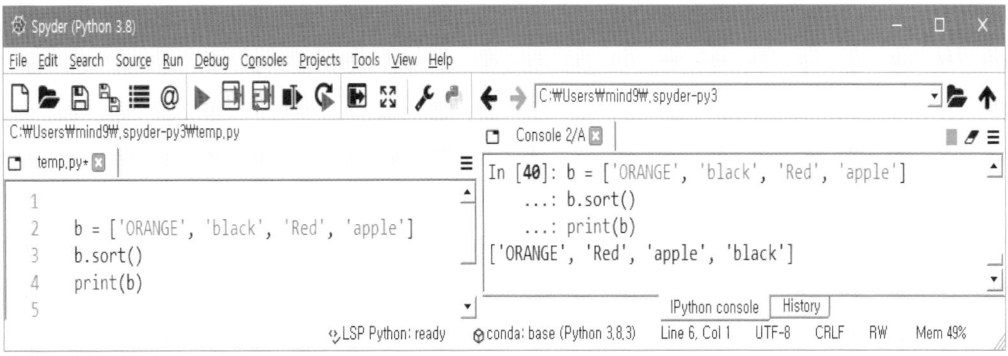

□ sort( )가 해당 리스트의 순서를 정렬하는 반면, sorted() 함수는 리스트를 그대로 두고 정렬된 리스트를 반환한다.

□ sort( ) 메서드가 리스트에만 정의되는 반면, sorted( ) 함수는 모든 반복 가능한(iterable) 객체에 대해 적용된다.

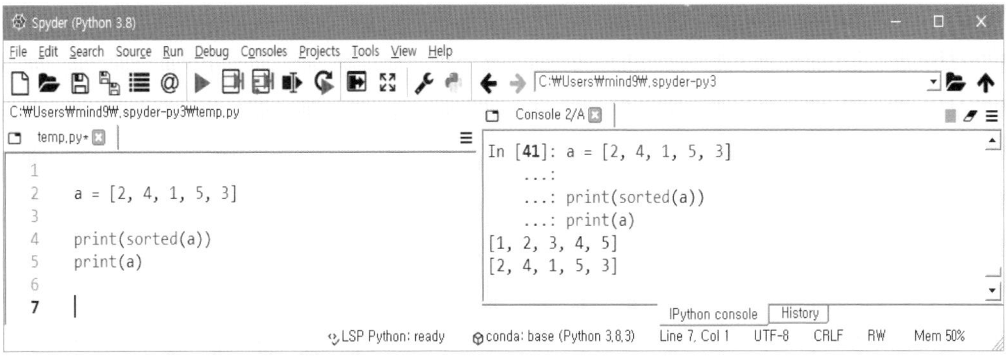

③ 리스트 슬라이싱

□ 리스트의 일부 구간 또는 요소를 가져오고 싶을 때 슬라이싱을 사용한다.

□ a[3:5]는 a[3], a[4]를 포함하는 리스트이다.

□ a[:4]는 a[0]~a[3]을 포함하는 리스트이다.

□ a[7:]은 a[7]부터 마지막 요소를 포함하는 리스트이다.

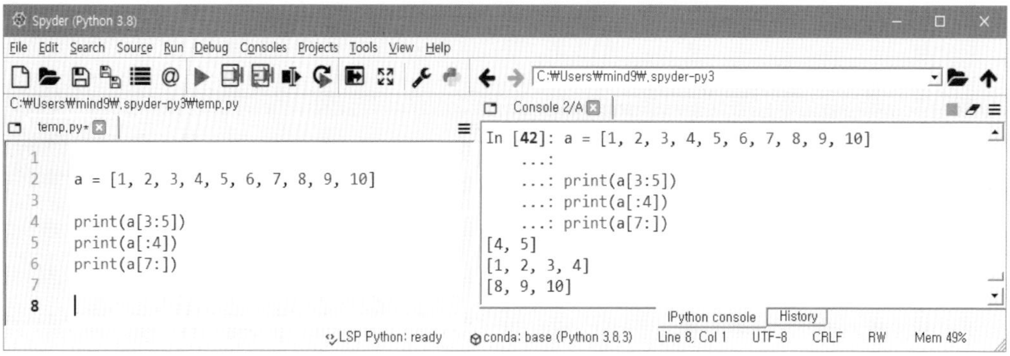

▫ 두 코드(a[len(a)-1], a[-1])는 똑같이 리스트의 마지막 요소를 가져온다.

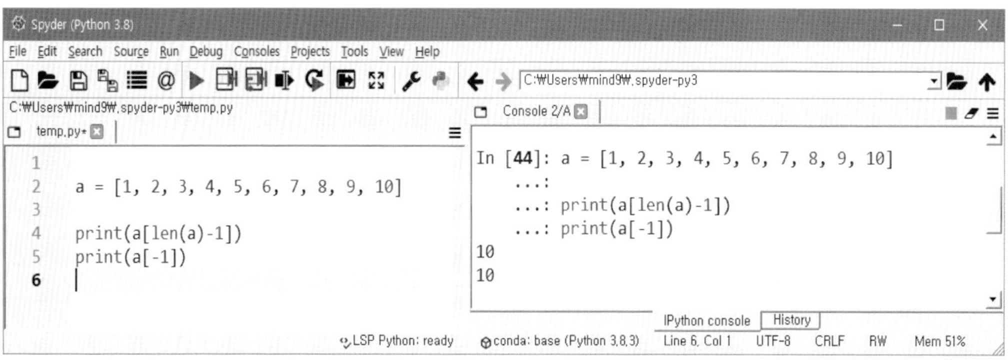

▫ a[:]는 a와 같다.

▫ a[::2]는 step을 2로 해서 리스트 [1, 3, 5, 7, 9]가 된다.

▫ a[-1::-2]는 마지막 요소부터 시작해서 앞으로 하나 건너 하나씩 요소를 가져온다.

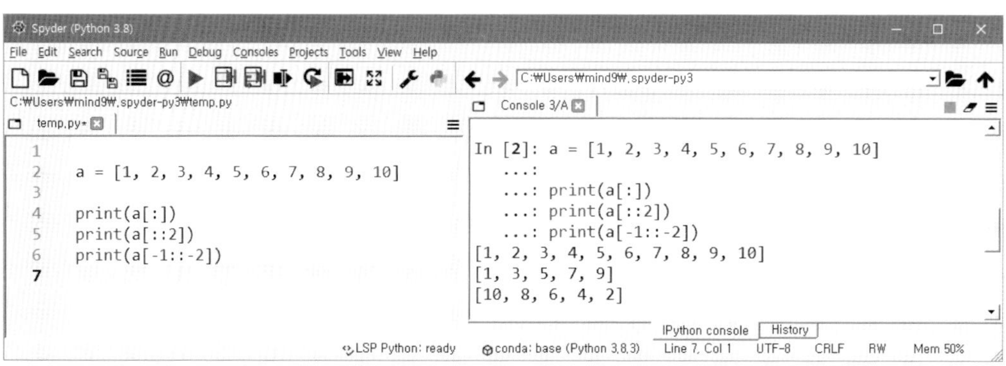

ㅁ 아래 세가지 방식은 모두 순서가 뒤집어진 리스트가 된다.

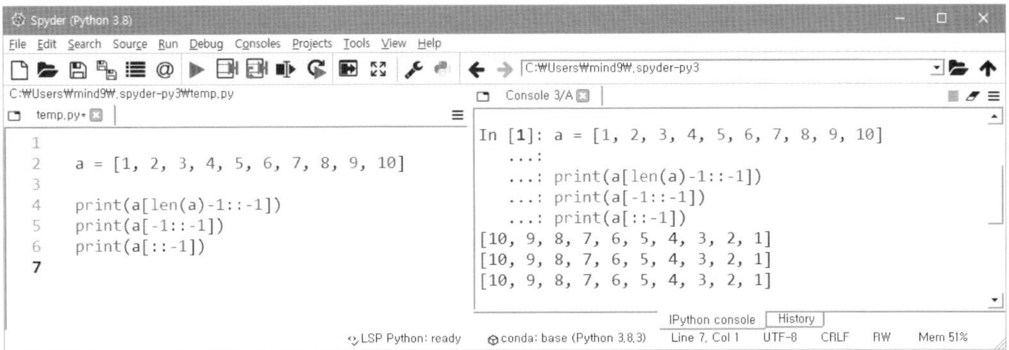

ㅁ 리스트 슬라이싱을 이용해서 여러개의 요소를 하나의 요소로 바꿀 수 있다.

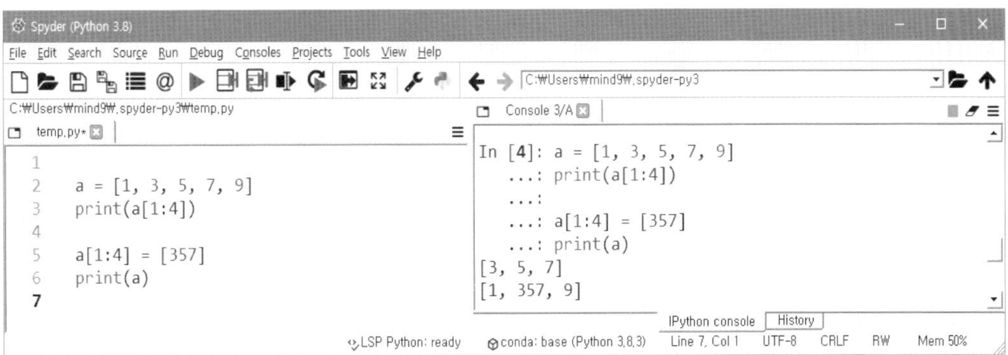

ㅁ 하나의 요소를 리스트로 바꾸거나 특정 구간 리스트를 다른 리스트로 바꿀 수 있다.

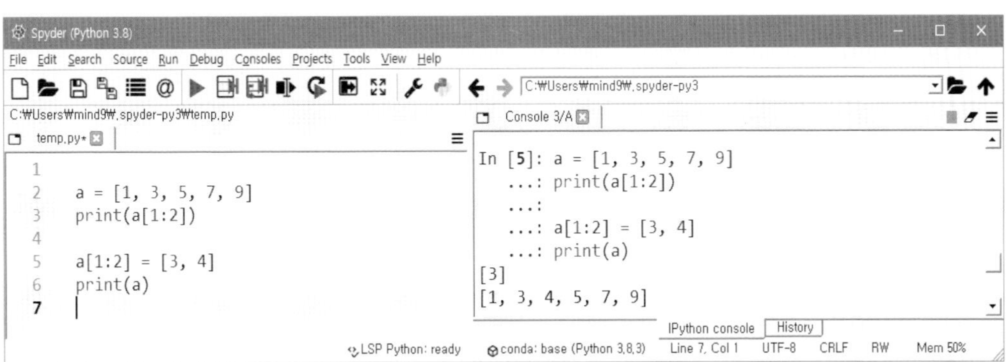

④ 리스트 컴프리헨션

- 리스트 컴프리헨션은 파이썬 리스트를 만드는 간결한 방법이다.
- a라는 리스트에 대해 각 요소의 제곱의 값을 갖는 a_square와 같은 새로운 리스트를 만들 수 있다.

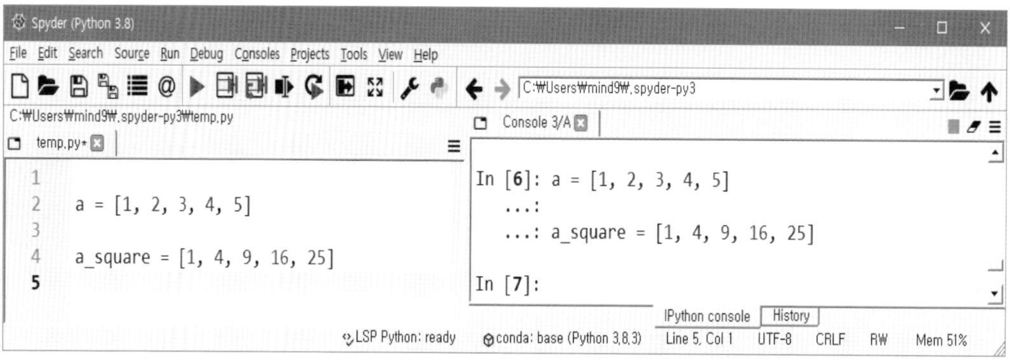

- 리스트 컴프리헨션을 사용하지 않는다면 아래와 같이 코드를 작성할 수 있다.
- b 리스트의 각 요소의 제곱의 값을 갖는 새로운 리스트 b_square가 만들 수 있다.

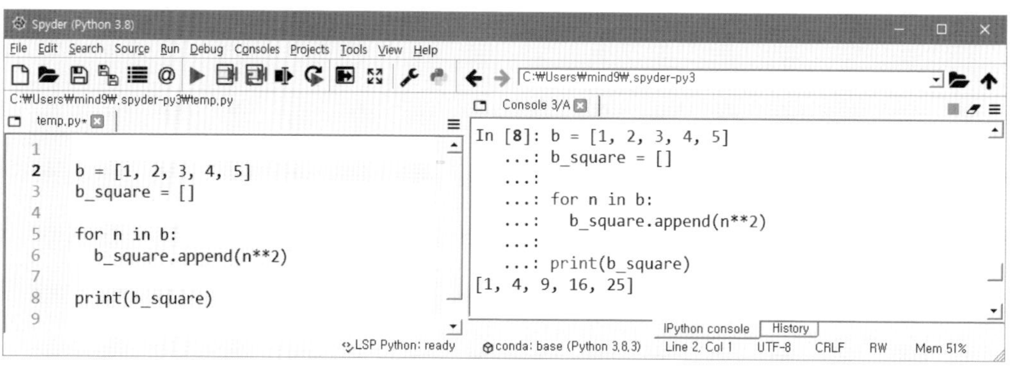

⑤ 리스트 메서드

- 파이썬의 리스트 객체는 다양하고 유용한 메서드를 제공한다.
- list.method() 의 형태로 사용할 수 있다.

❒ append( )

- 리스트의 끝에 새로운 요소를 추가하는 함수이다.

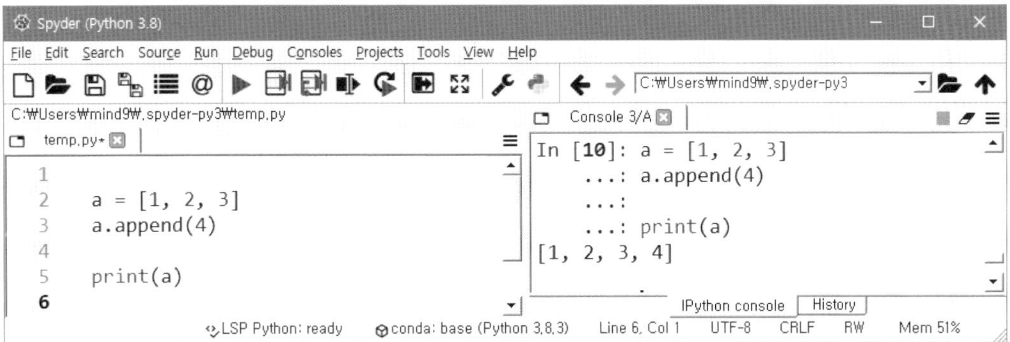

❒ extend( )

- 리스트에 다른 리스트의 요소를 추가하는 함수이다.

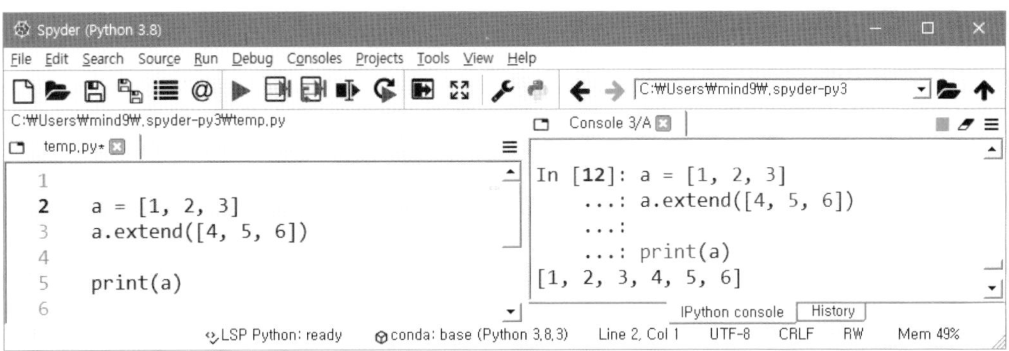

❒ insert( )

- 지정된 위치에 아이템을 삽입하는 함수이다.

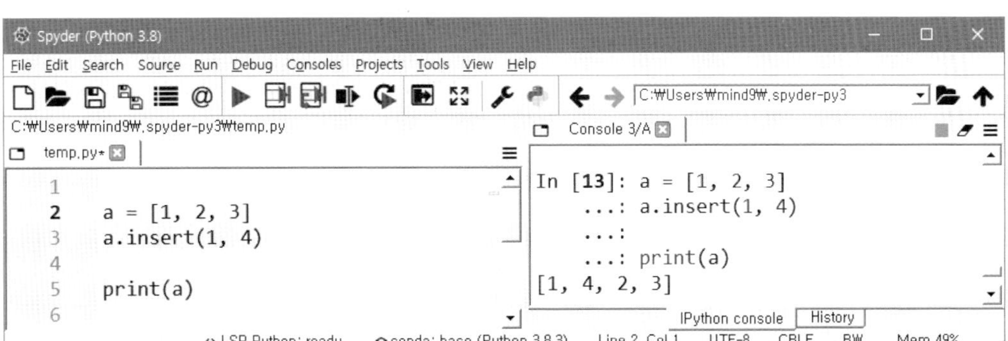

❒ remove( )

- 리스트에서 입력한 값을 삭제하는 함수이다.
- 입력값 3과 같은 요소가 두 개 이상이라면 첫번째 요소만 삭제한다.

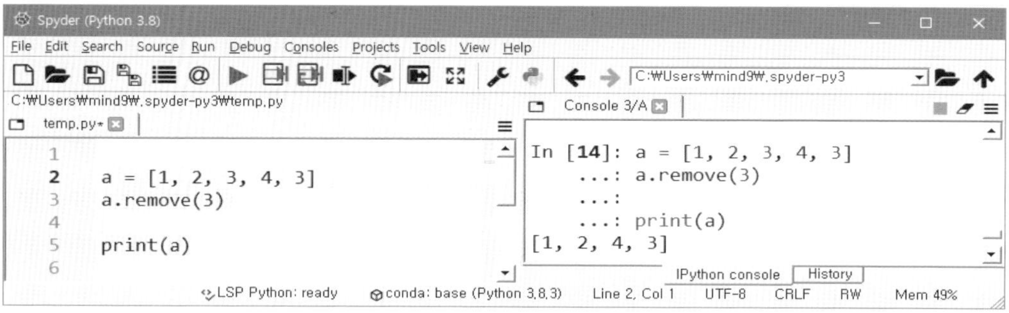

❒ pop( )

- 입력한 인덱스 위치에 있는 요소를 리스트에서 삭제하고 그 값을 반환하는 함수이다.
- pop()에 인덱스를 입력하지 않으면 마지막 요소를 리스트에서 삭제하고 값을 반환한다.

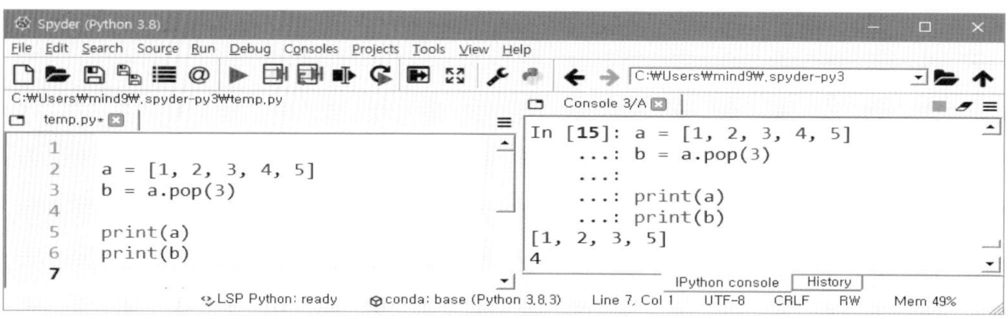

❒ clear( )

- 리스트의 모든 요소를 삭제하는 함수이다.

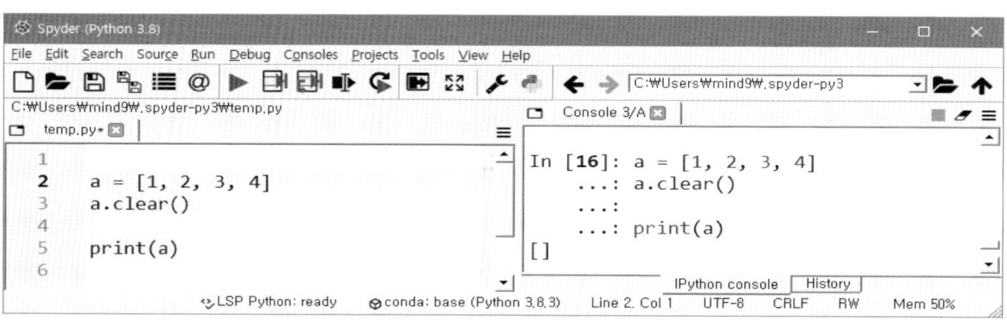

❐ index( )

▫ 입력값과 일치하는 리스트 요소의 인덱스를 반환하는 함수이다.

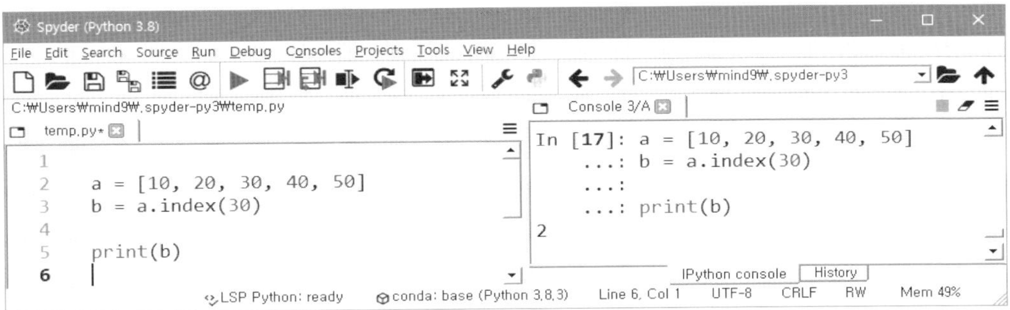

▫ 만약 여러 개가 있다면 첫번째 요소의 인덱스를 반환한다.

❐ count( )

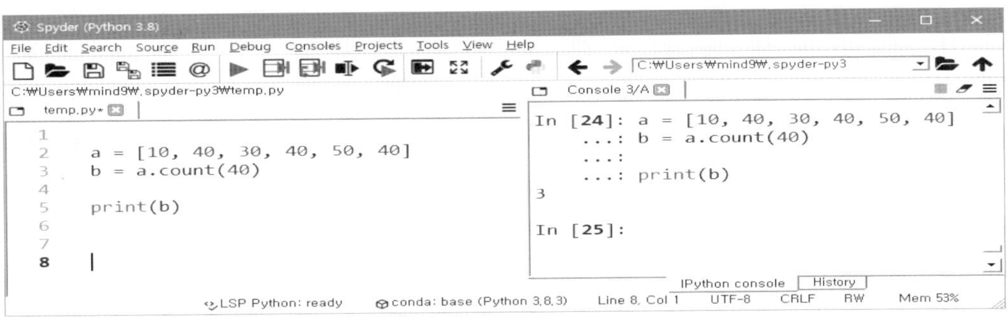

▫ 리스트에서 입력한 값이 등장하는 횟수를 반환하는 함수이다.

❐ sort( )

▫ 리스트 요소들을 오름차순으로 정렬하는 함수이다.

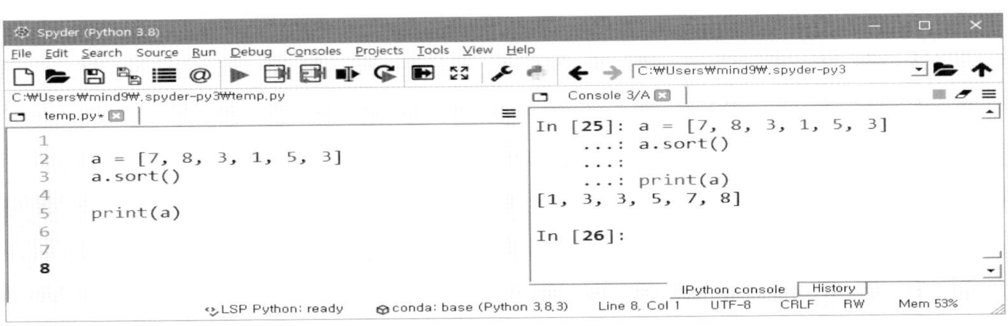

❒ reverse=True로 설정하면 내림차순으로 정렬하는 함수이다.

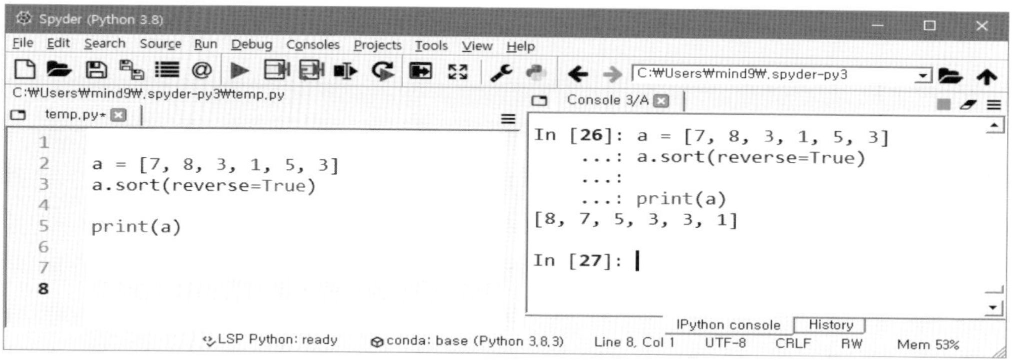

❒ reverse( )

▫ 리스트의 순서를 뒤집는 함수이다.

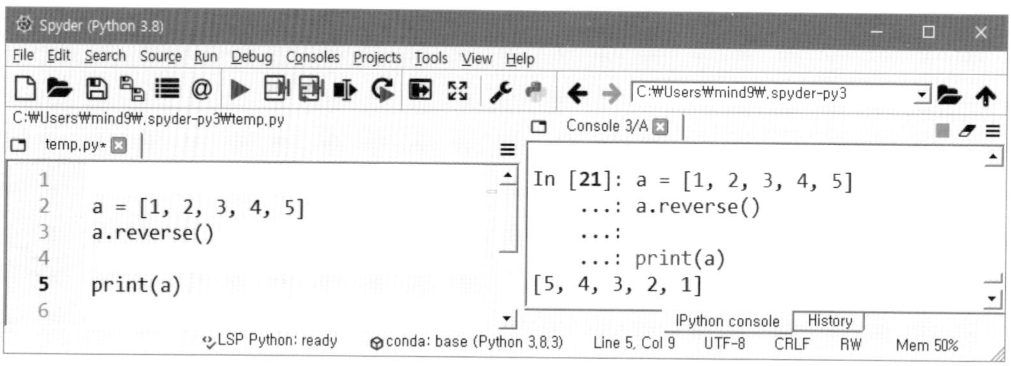

❒ copy( )

▫ 리스트의 얕은 사본(shallow copy)를 반환하는 함수이다.

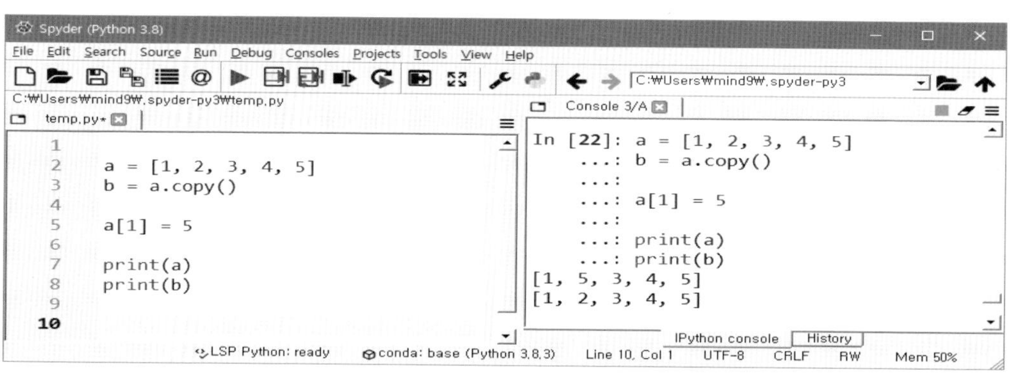

3.2. Python 튜플(Tuple)

- 리스트, 튜플, 문자열은 파이썬의 기본적인 시퀀스 자료형이다.
- 시퀀스 자료형은 인덱싱, 슬라이싱, 반복 등의 연산을 수행할 수 있고, 파이썬의 내장함수 len( )을 사용하면 그 크기를 확인할 수 있다.
- 튜플(Tuple)은 소괄호 사이에 콤마로 구분되는 값들의 목록이다.
- 리스트와 마찬가지로 다양한 자료형을 포함할 수 있지만, 한 번 만들어지면 새로운 값을 할당할 수 없다는 차이가 있다.

1) 튜플 만들기

- nums1과 같이 튜플은 괄호 안에 콤마로 값들을 연결함으로써 만들 수 있다.
- nums2와 같이 괄호를 사용하지 않아도 콤마로 연결된 값들은 튜플이 된다.
- 튜플의 값들이 꼭 같은 자료형일 필요는 없습니다. 문자열, 숫자, 불 값 등 여러 자료형을 포함할 수 있다.
- 리스트나, 또 다른 튜플을 포함할 수 있다.

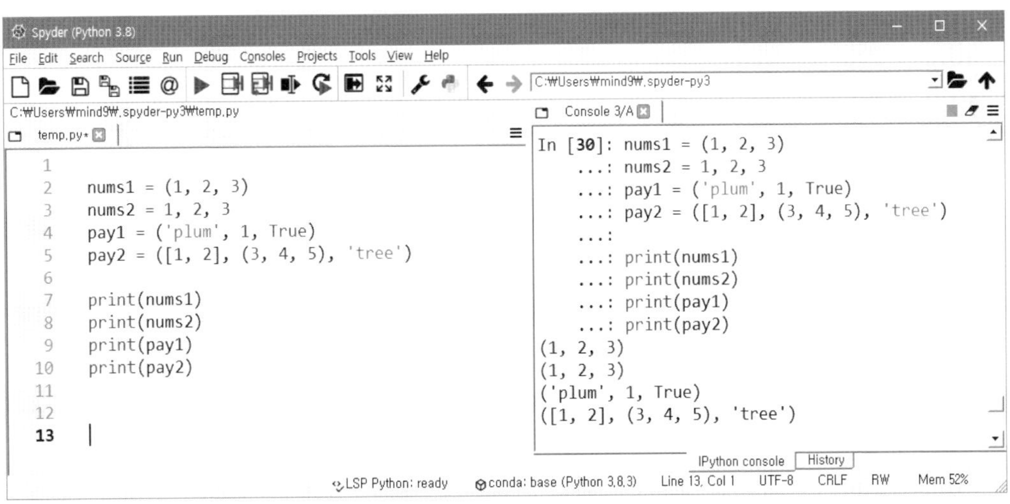

2) 튜플 인덱싱

- 리스트와 마찬가지로 양 또는 음의 인덱스를 이용해서 튜플의 값에 접근할 수 있다.
- -1 인덱스를 사용해서 튜플의 맨 마지막 값에 쉽게 접근할 수 있다.

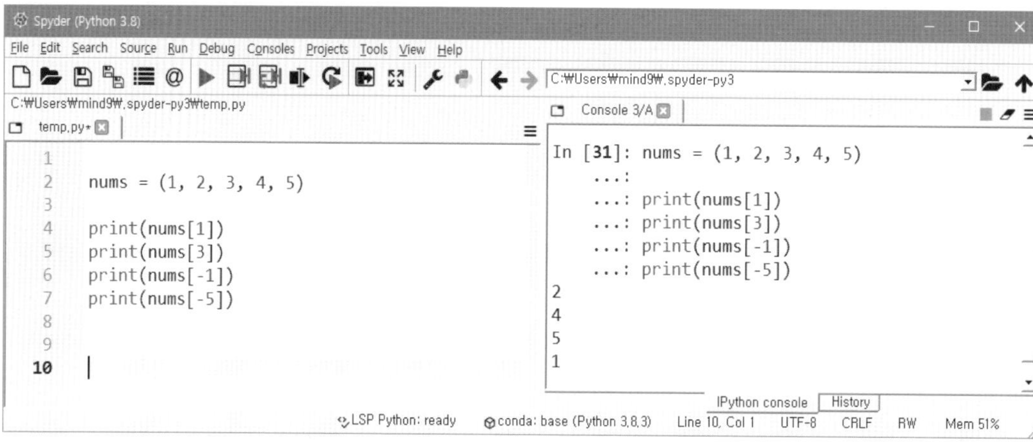

- 튜플의 인덱싱 그림

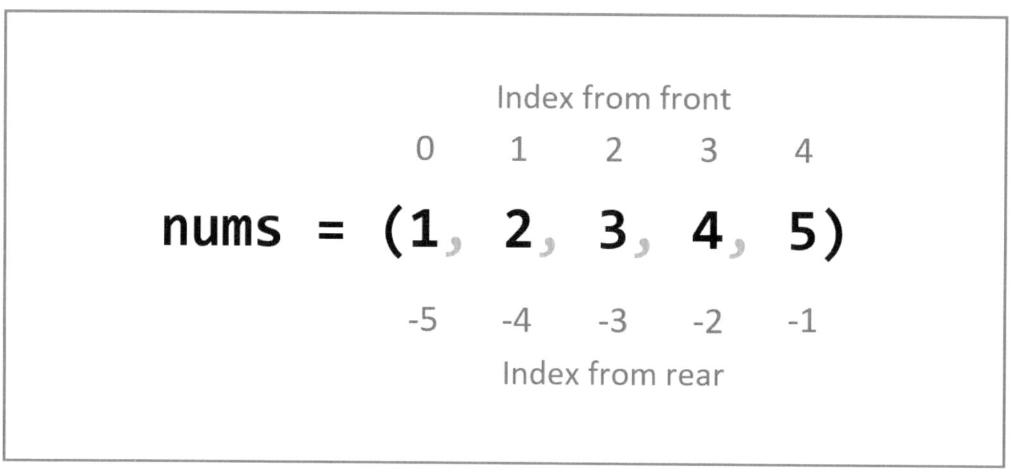

3) 튜플 슬라이싱

- 리스트와 마찬가지로 튜플의 일부 구간 또는 값을 가져오고 싶을 때 슬라이싱을 사용할 수 있다.
- 콜론 (:)의 앞이나 뒤에 숫자를 입력하지 않으면 맨 앞 또는 맨 뒤를 의미한다.
- 음의 인덱스를 사용해서 슬라이싱을 할 수 있고, 스텝을 지정할 수 있다.

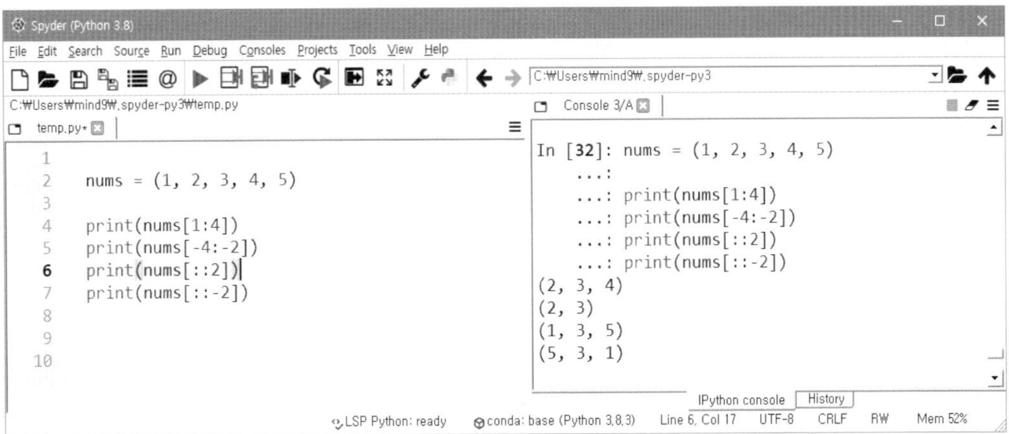

- 튜플의 슬라이싱 그림

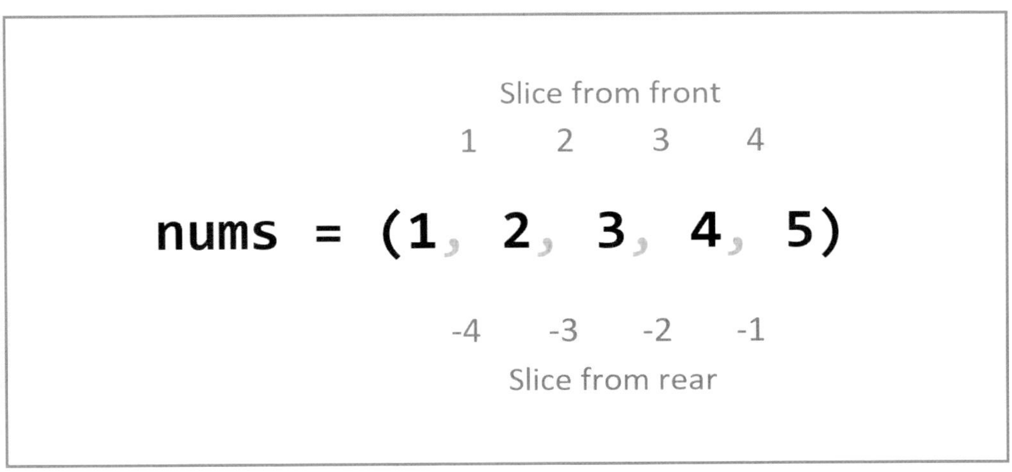

4) 튜플 값 변경하기

- 리스트와 달리, 튜플은 값을 변경할 수 없다.

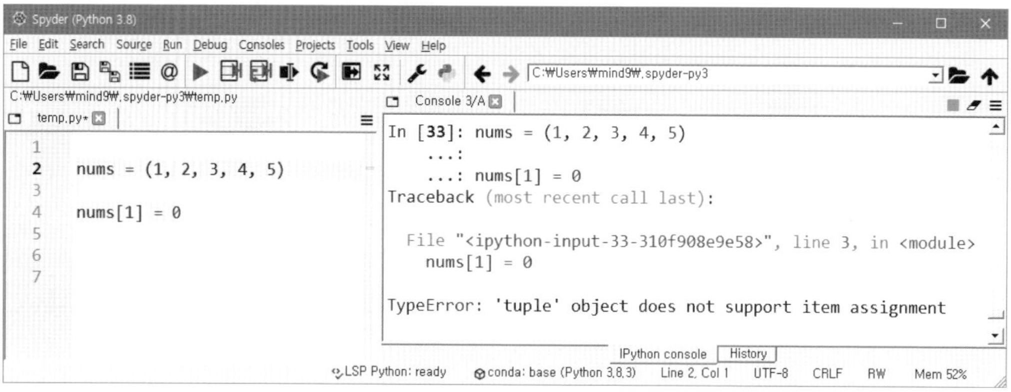

5) 튜플 값 삭제하기

- del 키워드를 사용해서 리스트의 값을 삭제했던 것과 달리, 튜플의 값은 삭제할 수 없다.
- 하지만 튜플 자체를 삭제하는 것은 가능하다.

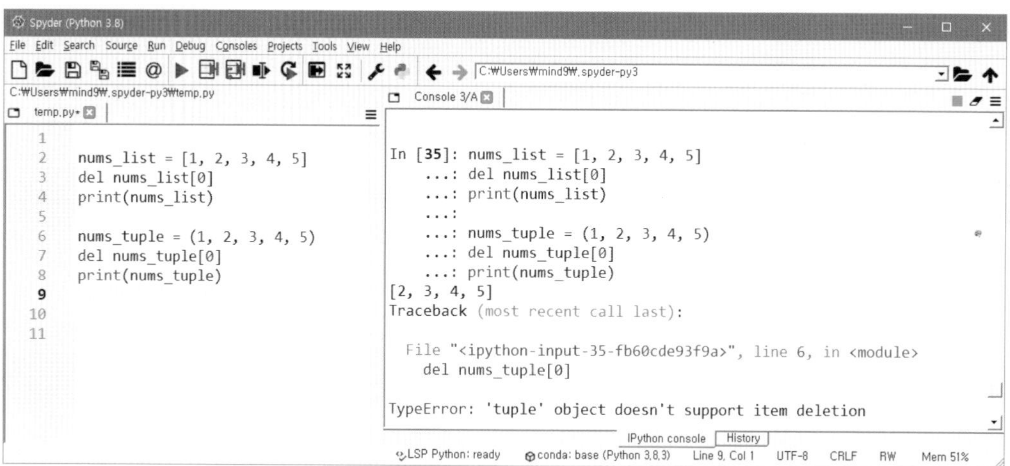

6) 튜플 메서드(count(), index())

- count(x) 메서드는 튜플에서 값 x가 몇 개 있는지 반환한다.
- index(x) 메서드는 튜플에서 값 x의 인덱스를 반환한다.
- 여러개인 경우 가장 먼저 발견되는 값의 인덱스를 반환한다.

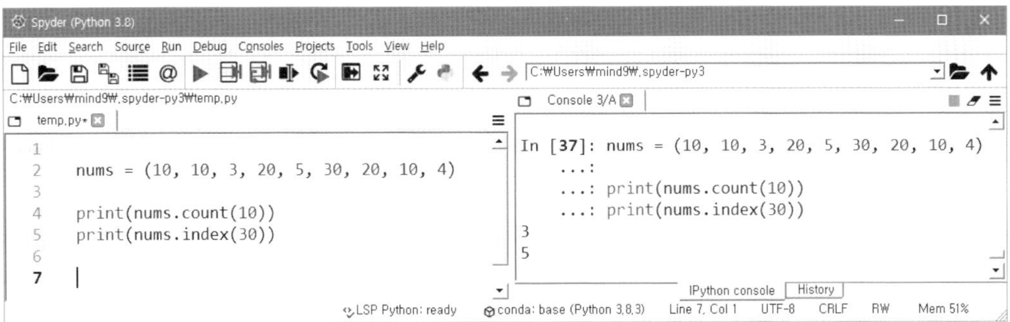

3.3. Python 문자열(Strings)

- 문자열 (String)은 하나 이상 연속된 문자 (character)들의 나열이다.
- 파이썬에서 문자열 자료형은 큰따옴표 (" ") 또는 작은따옴표 (' ') 사이에 위치한다.

1) 문자열을 변수에 할당하기

- 문자열 "dog"과 'rabbit'를 각각 string1, string2에 할당하고 출력한다.

```
string1 = "dog"
string2 = 'rabbit'

print(string1)
print(string2)
```

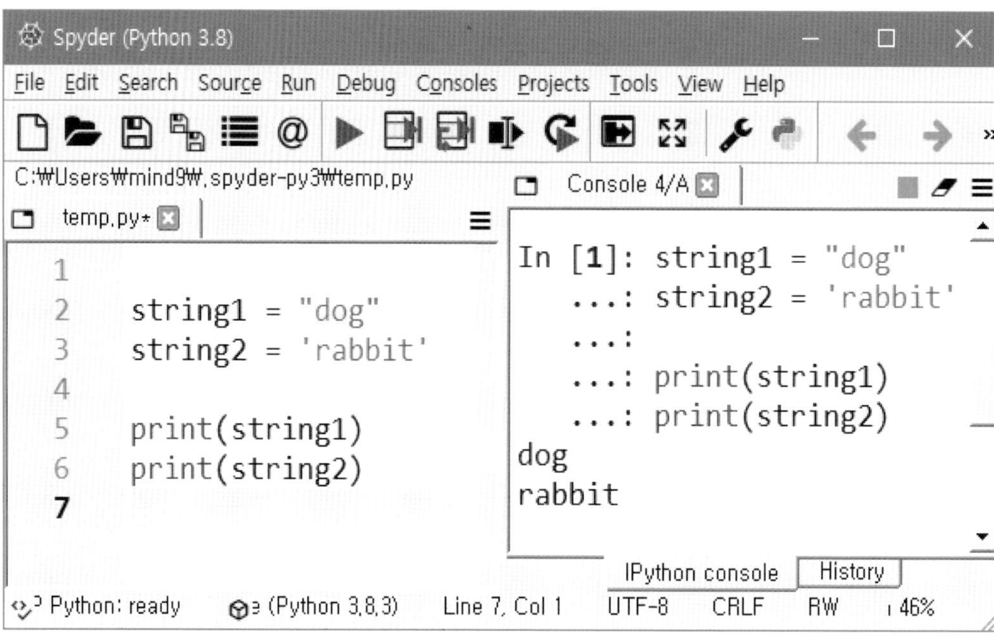

• 큰따옴표와 작은따옴표를 사용하는 것에 차이는 없지만 위의 예제와 같이 두 종류의 따옴표를 사용해서 따옴표를 그대로 출력할 수 있다.

```
string3 = "'goat'"
string4 = '"sheep"'

print(string3)
print(string4)
```

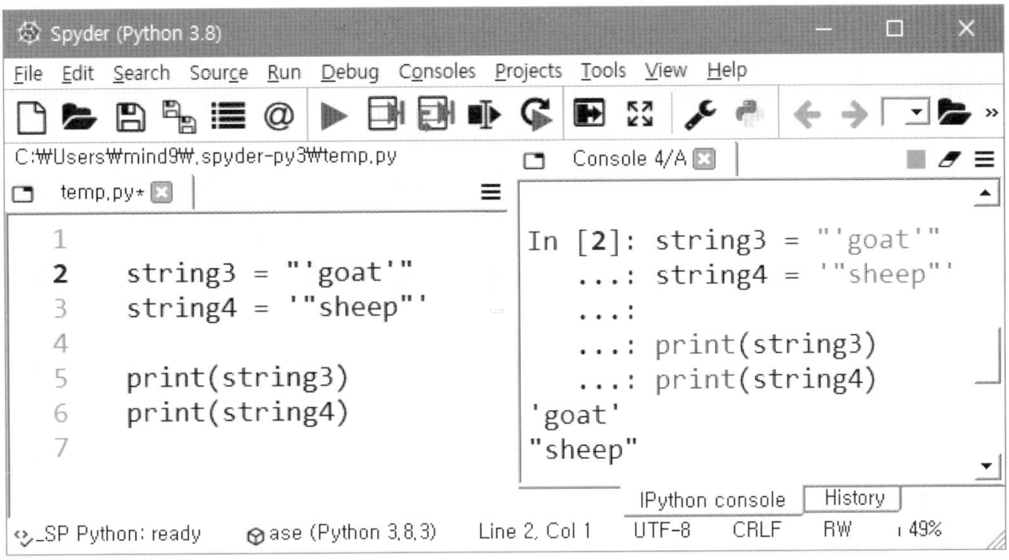

• 따옴표 세 개를 사용하면 여러줄의 문자열을 사용할 수 있다.

```
string5 = """Happiness depends upon ourselves.
Joy is not in things. It is in us.
Waste no fresh tears over old griefs."""

string6 = '''Learning to live in the present
          moment is part of the path of joy.'''

print(string5, '₩n')
print(string6)
```

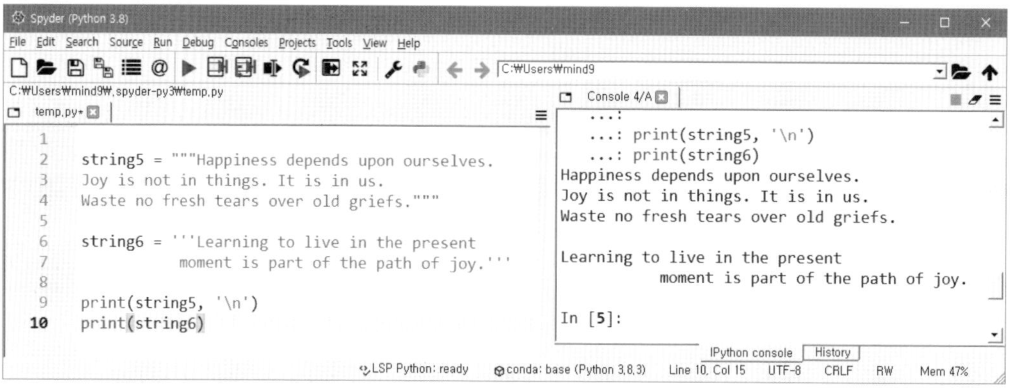

2) 문자열 인덱싱

- 앞에서 다루었던 리스트, 튜플과 마찬가지로 문자열에서도 인덱스를 사용할 수 있다.

```
string7 = 'Good Morning!'

print(string7[0])
print(string7[3])
print(string7[4])
print(string7[-1])
```

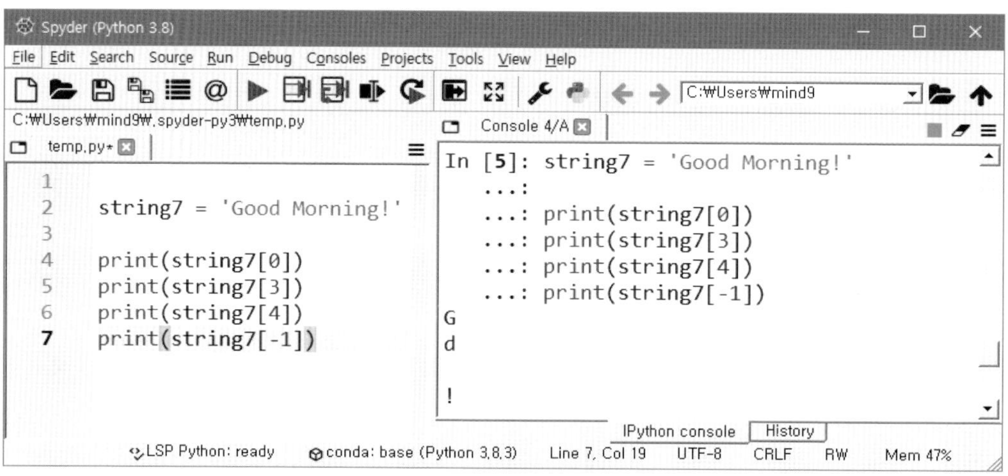

- 다섯번째 문자인 string7[4]는 공백 (' ')이다.
- 마지막 문자 ('!')는 string7[-1]와 같이 음의 인덱스를 사용해서 접근할 수 있다.

3) 문자열 슬라이싱

- 리스트, 튜플과 마찬가지로 문자열에 대해서도 슬라이싱 기능을 사용할 수 있다.

```
string8 = 'Good Morning!'

print(string8[2:7])
print(string8[:4])
print(string8[5:])
```

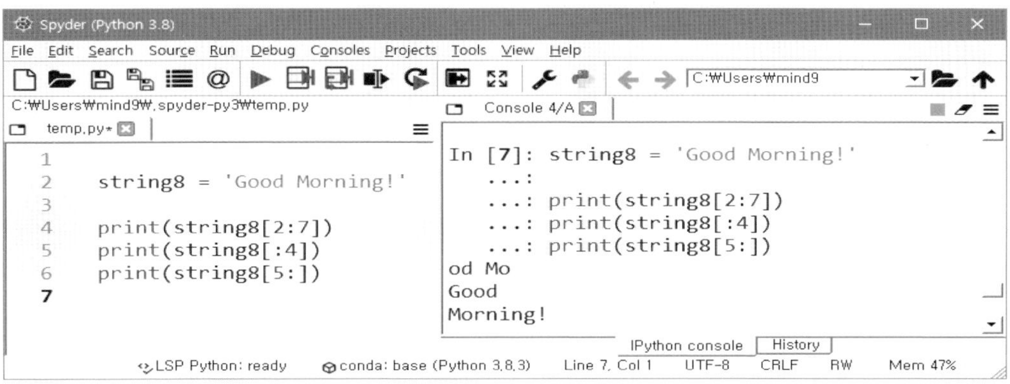

- string8[2:7]은 세번째부터 일곱번째 문자를 슬라이스한다.
- string8[:4]은 처음부터 네번째 문자를 슬라이스한다.
- string8[5:]은 여섯번째부터 마지막 문자까지 슬라이스한다.

4) 문자열 연결하기

- 파이썬에서는 더하기 연산자를 이용해서 문자열을 연결할 수 있다.

```
string9 = 'Good'
string10 = 'Morning!'

print(string9 + string10)
print(string9 + ' ' + string10)
print(string9, string10)
```

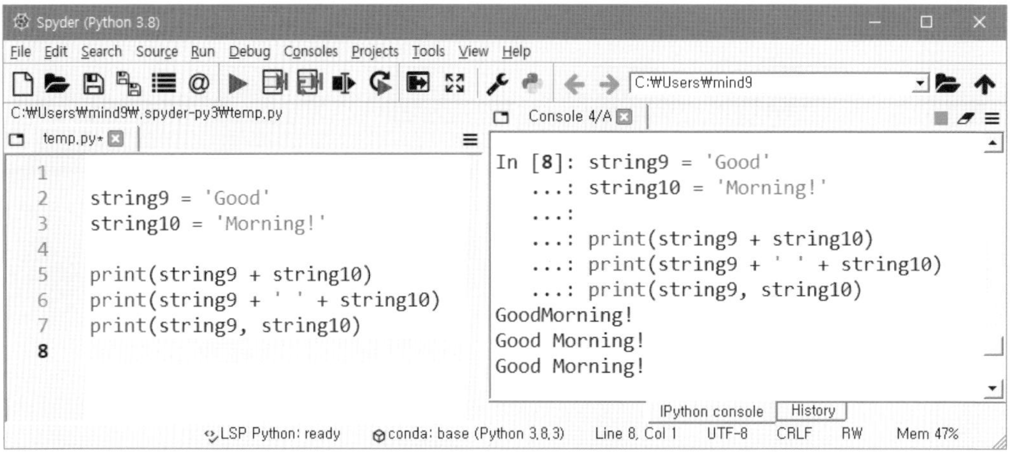

- string9 + string10은 'Good'와 'Evening!'를 연결한 문자열이다.
- 두 문자열의 가운데에 공백을 삽입해서 'Good Evening!'을 출력했다.

5) 문자열 루프(Loop)

- 문자열를 이터레이트(iterate) 하기 위해 아래와 같이 for 루프를 사용할 수 있다.

```
string11 = 'Good Bye'

for c in string11:
  print(c)
```

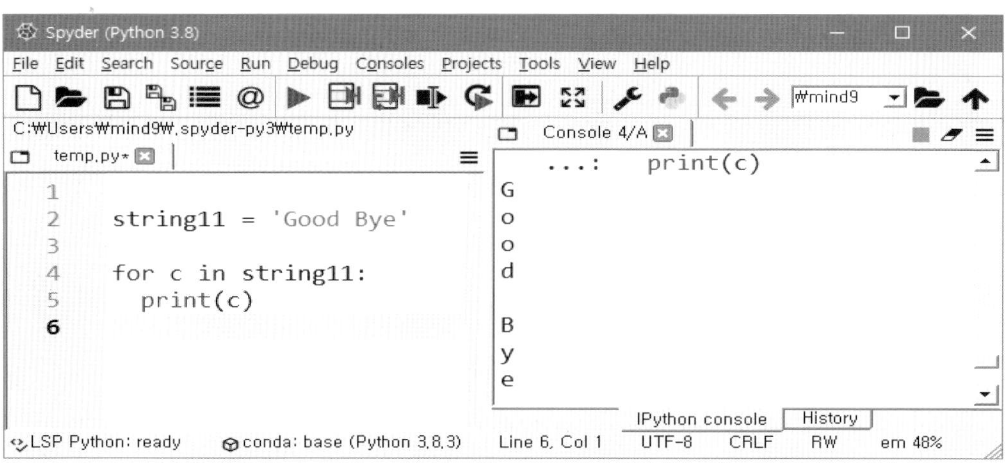

6) 문자열 메서드

- 파이썬에서는 문자열과 함께 사용할 수 있는 다양한 메서드를 제공한다.

❒ capitalize()

- 문자열의 첫번째 문자를 대문자로 변환한다.

```
a = 'python'
print(a.capitalize())
```

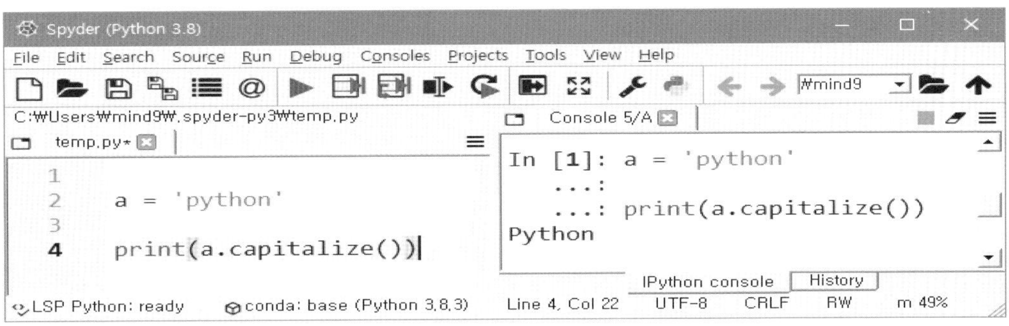

❒ casefold()

- 문자열을 소문자로 변환한다.

```
a = 'Python'
b = 'PYTHON'
print(a.casefold())
print(b.casefold())
```

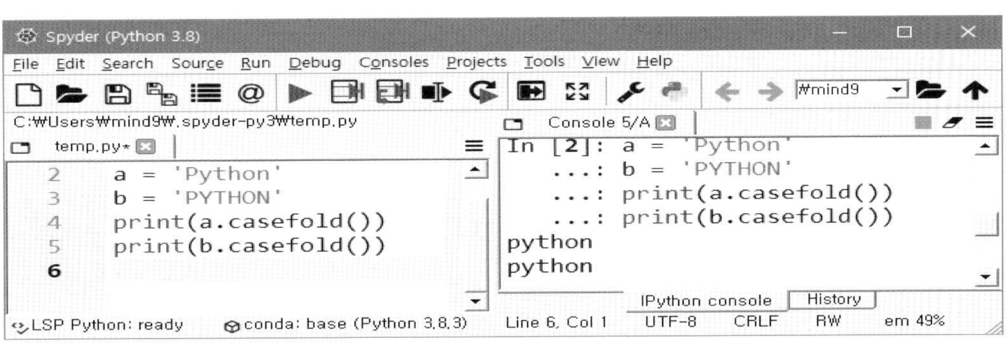

❐ center()

- 문자열을 가운데 정렬한다.
- 문자를 입력하면 공백을 문자로 채운다.

```
a = 'Python'
print(a.center(16, '-'))
```

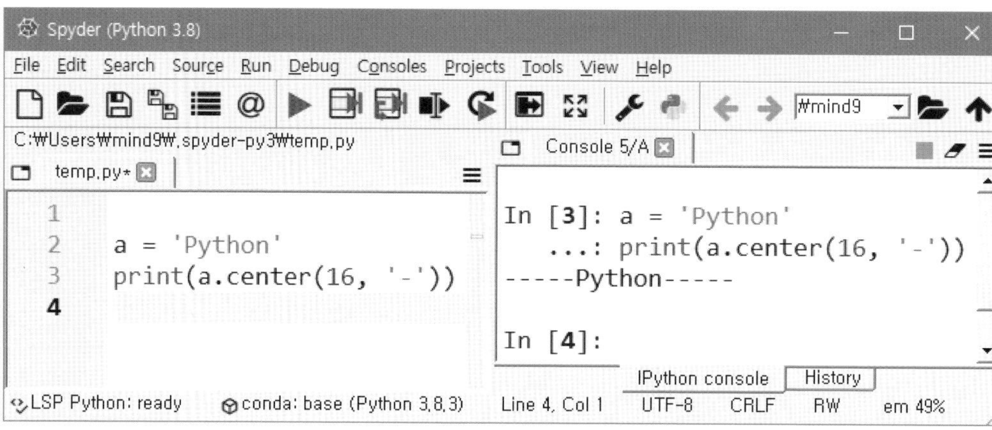

❐ count()

- 문자열 안에서 입력한 문자가 나타나는 횟수를 반환한다.

```
a = 'wolf'
print(a.count('o'))
```

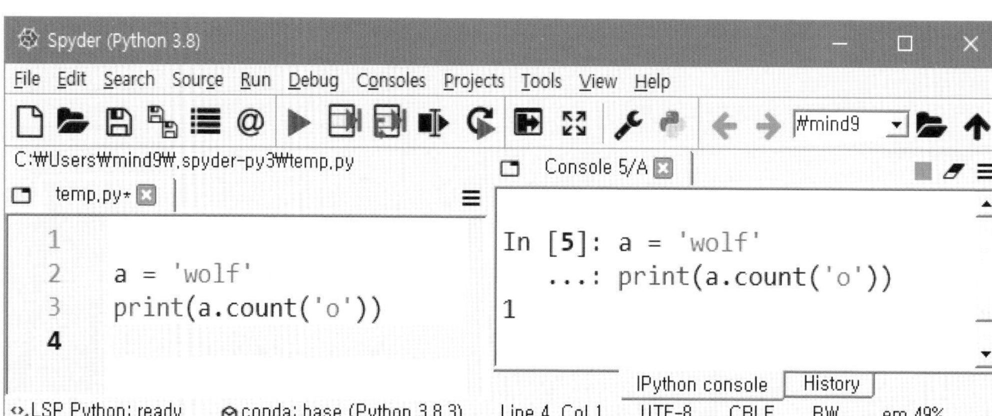

❐ endswith()

- 문자열이 입력한 문자(열)로 끝난다면 True를 반환하고, 그렇지 않다면 False를 반환한다.

```
a = 'wolf.net'
print(a.endswith('net'))
```

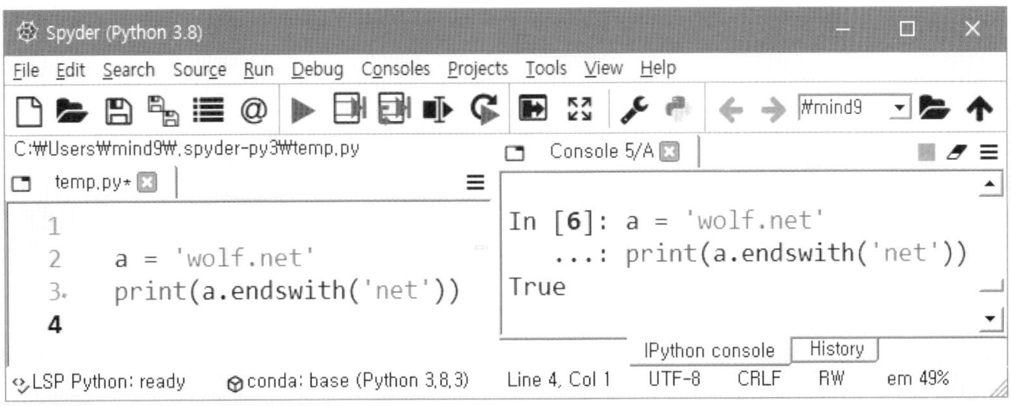

❐ find()

- 문자열의 앞에서부터 입력한 문자(열)를 검색해서 인덱스를 반환한다.
- 문자 또는 문자열이 없다면 -1를 반환한다.

```
a = 'wolf'
print(a.find('w'))
print(a.find('d'))
```

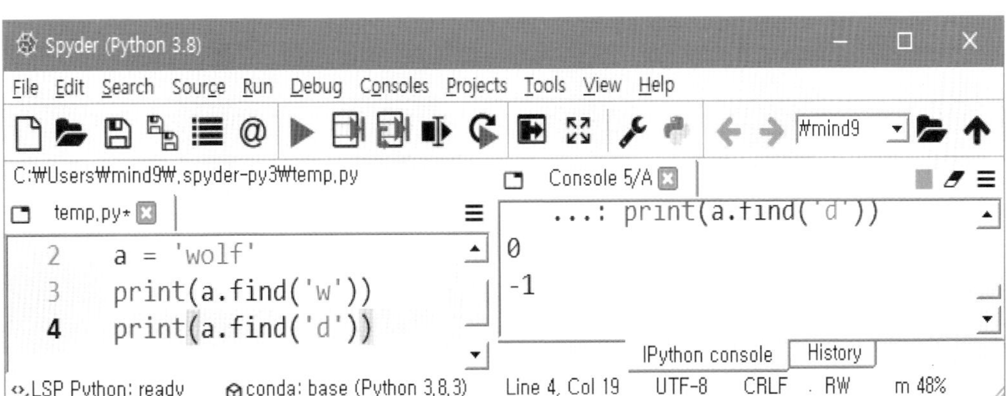

❒ format()

- 문자열 안에서 표현할 값의 형식을 설정한다.

```
perc = 0.68
amount = 123456
print('{:.1%}'.format(perc2))
print('${:,}'.format(amount1))
```

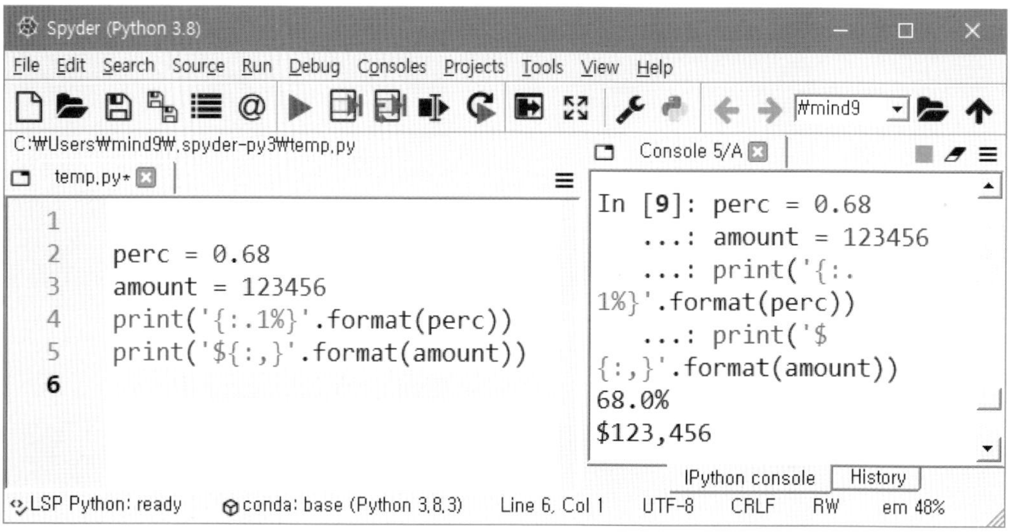

❒ index()

- find() 메서드와 마찬가지로 입력한 문자(열)의 인덱스를 반환한다.
- find() 메서드와 달리 문자 또는 문자열을 찾지 못했을 때 에러를 발생한다.

```
a = 'wolf'
print(a.index('w'))
print(a.index('d'))
```

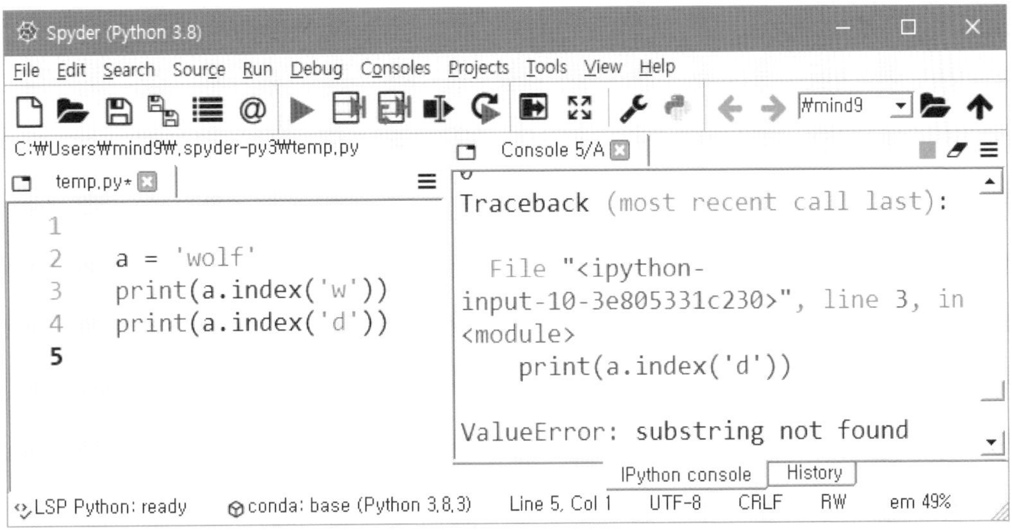

❒ isalnum()

- 문자열이 알파벳(A-Z, a-z) 또는 숫자(0-9)로 이루어져 있다면 True, 그렇지 않다면 False를 반환한다.

```
a = 'ABC123'
b = 'abc123!'
print(a.isalnum())
print(b.isalnum())
```

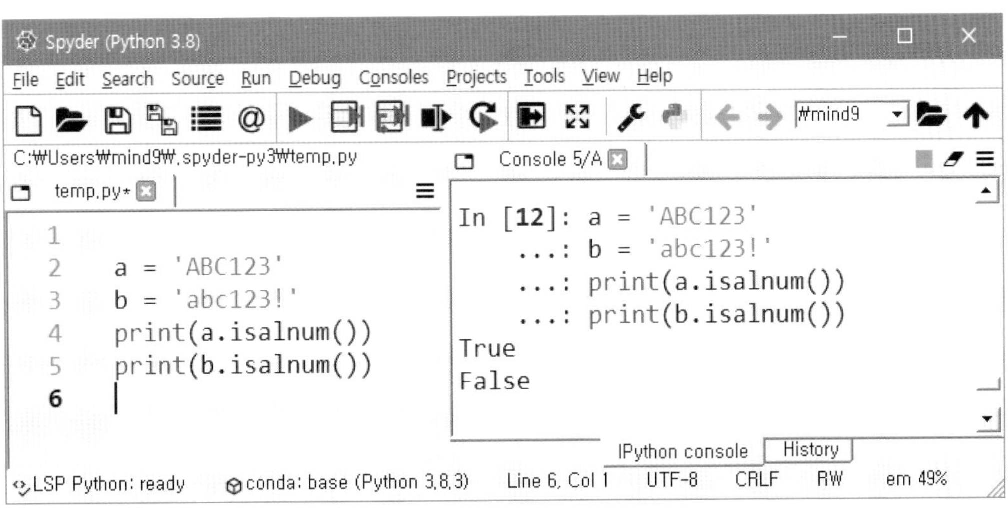

❐ isalpha()

• 문자열이 알파벳(A-Z, a-z)으로 이루어져 있다면 True, 그렇지 않다면 False를 반환한다.

```
a = 'ABC'
b = '123!'
print(a.isalpha())
print(b.isalpha())
```

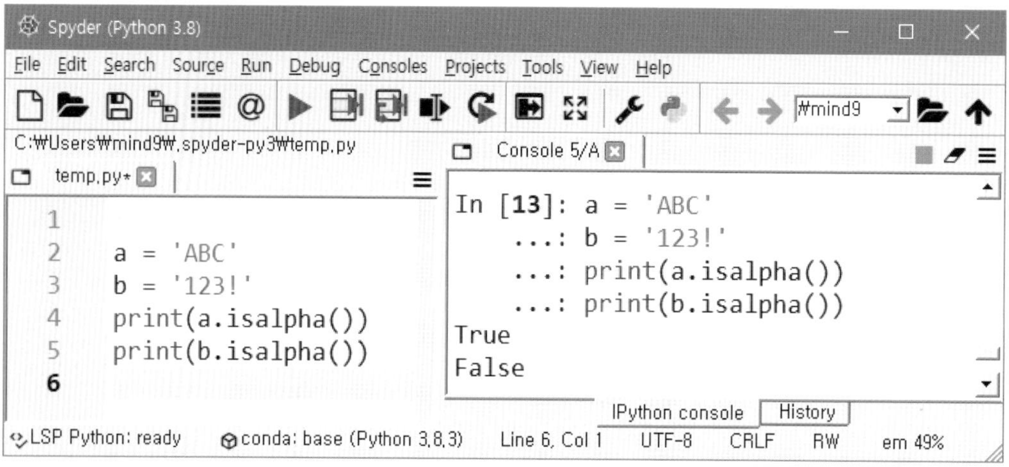

❐ isdecimal()

• 문자열이 십진수(decimal)로 이루어져 있다면 True, 그렇지 않다면 False를 반환한다.

```
a = '70'
b = '0b1010'
c = str(int(b, 2))
print(a, a.isdecimal())
print(b, b.isdecimal())
print(c, c.isdecimal())
```

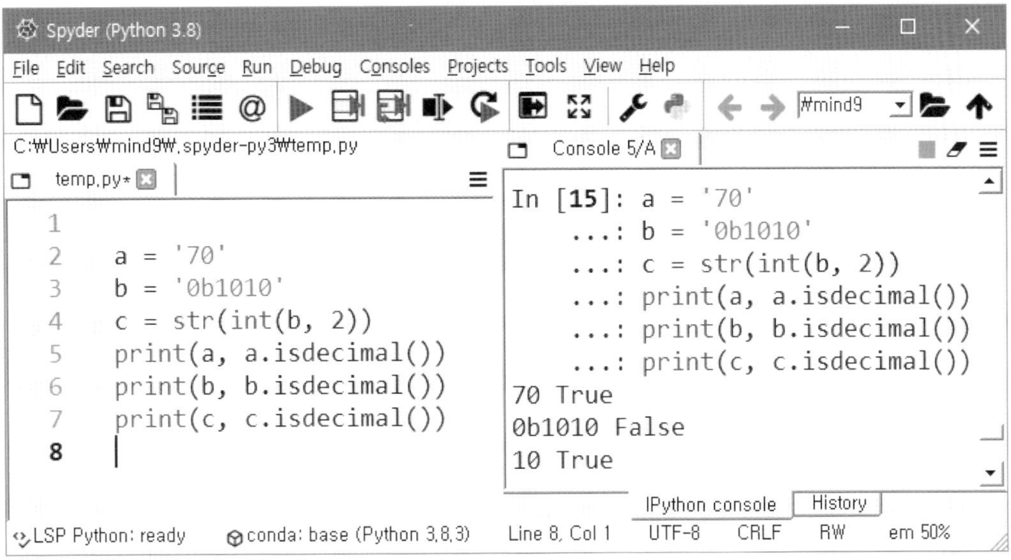

❐ islower()

- 문자열이 모두 소문자로 이루어져 있다면 True, 그렇지 않다면 False를 반환한다.

```
a = 'python'
b = 'Python'
print(a.islower())
print(b.islower())
```

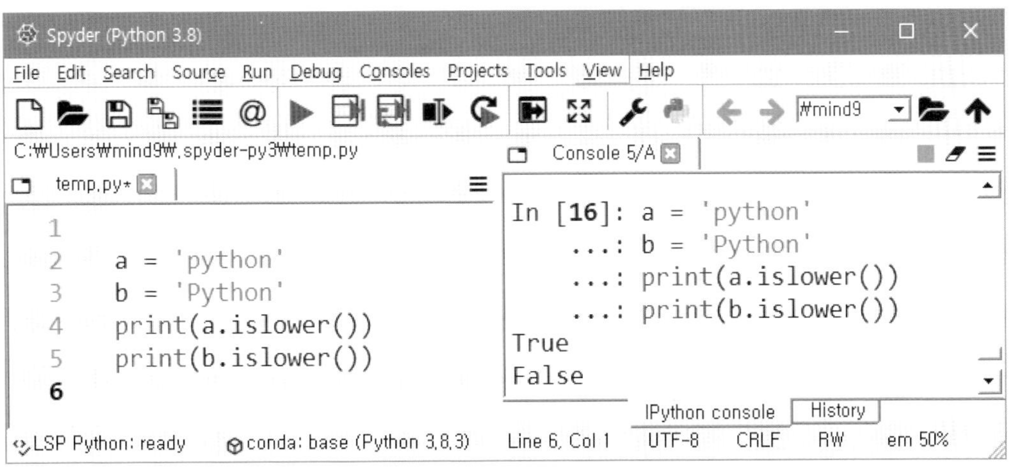

❒ isspace()

- 문자열이 모두 공백으로 이루어져 있다면 True, 그렇지 않다면 False를 반환한다.

```
a = 'a b c'
b = 'a    c'
c = '      '
print(a.isspace())
print(b.isspace())
print(c.isspace())
```

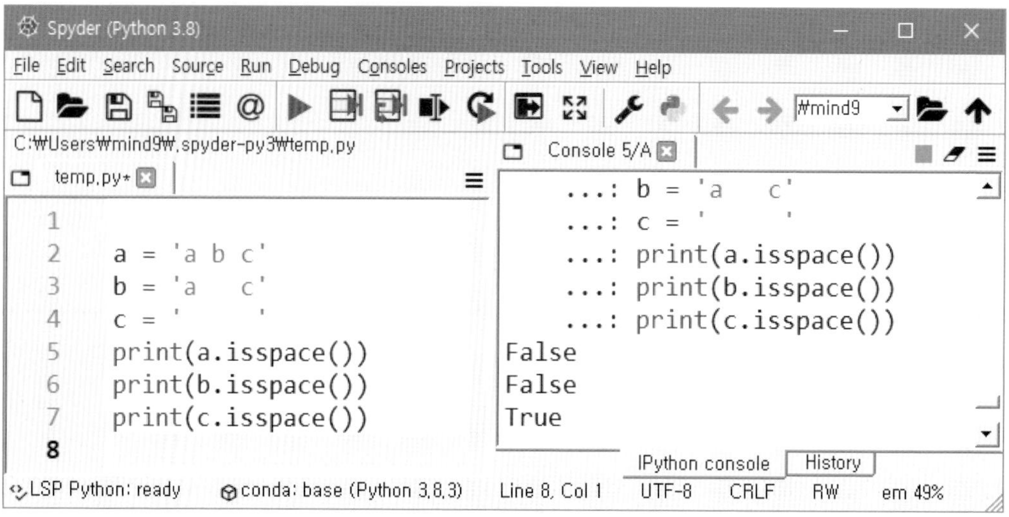

❒ isupper()

- 모든 문자열이 대문자라면 True, 그렇지 않다면 False를 반환한다.

```
a = 'python'
b = 'Python'
c = 'PYTHON'
print(a.isupper())
print(b.isupper())
print(c.isupper())
```

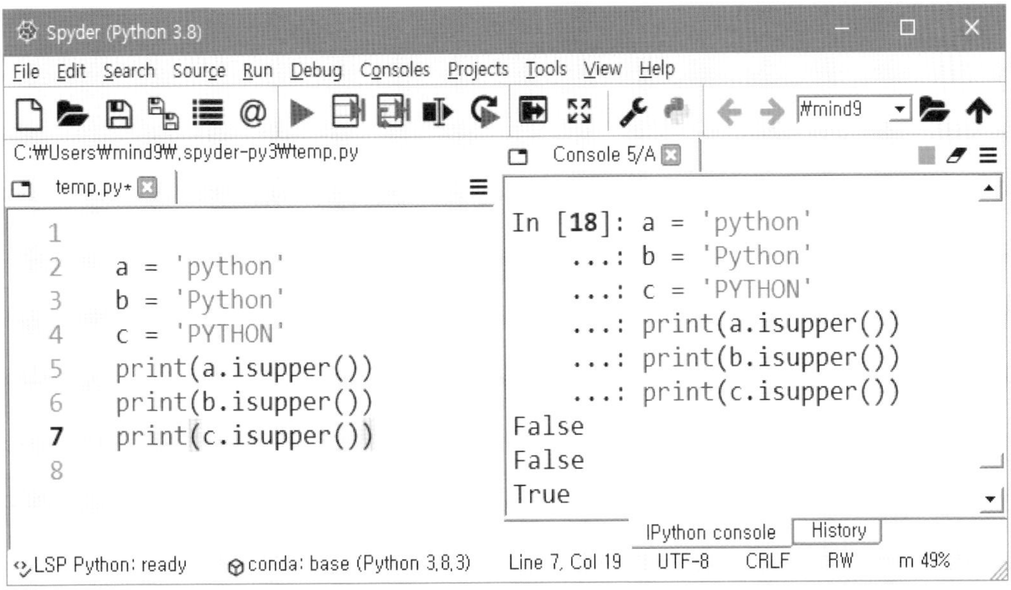

❐ join()

- 반복 가능한 객체(리스트, 튜플 등)를 문자열을 사용해서 연결한다.

```
fruits = ['apple', 'banana', 'orange']
print(', '.join(fruits))
```

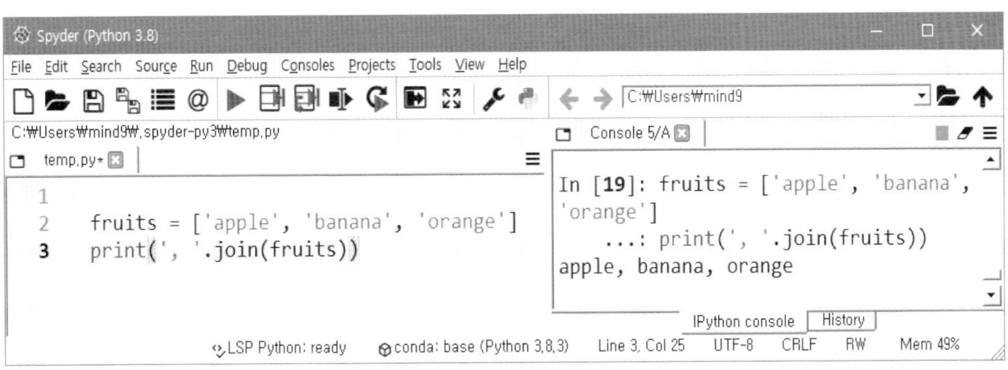

❐ lower()

- 문자열을 소문자로 변환한다.

```
a = 'Python'
print(a.lower())
```

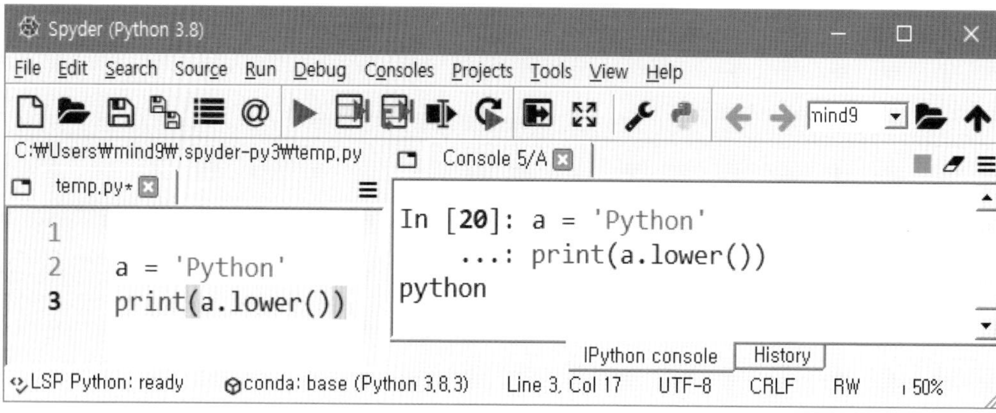

❐ replace()

- 문자열의 특정 문자를 다른 문자로 치환한다.

```
a = 'monkey'
print(a.replace('o', 'e'))
```

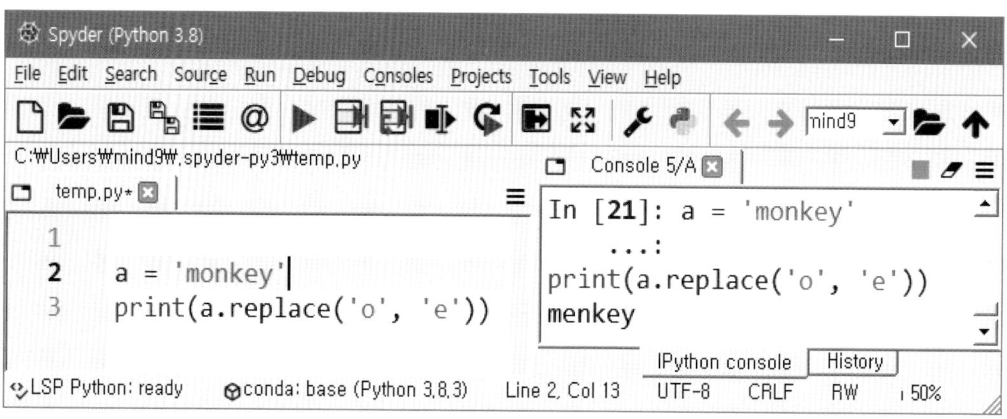

❒ rfind()

- 문자열의 뒤에서부터 입력한 문자(열)를 검색해서 인덱스를 반환한다.
- 문자 또는 문자열이 없다면 -1을 반환한다.

```
a = 'cheetah'
print(a.rfind('a'))
print(a.rfind('c'))
```

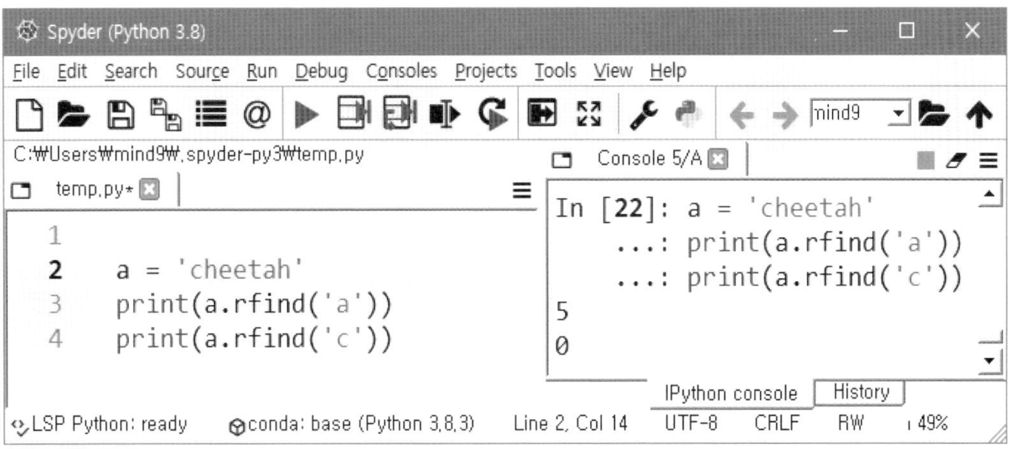

❒ rsplit()

- (문자열의 뒤에서부터) 입력한 문자(열)를 기준으로 문자열을 쪼개서 리스트의 형태로 반환한다.
- maxsplit를 입력하면 문자열을 쪼개는 최대 횟수를 지정한다.

```
a = 'tiger, monkey, pig'
print(a.rsplit(', '))
print(a.rsplit(', ', 1))
```

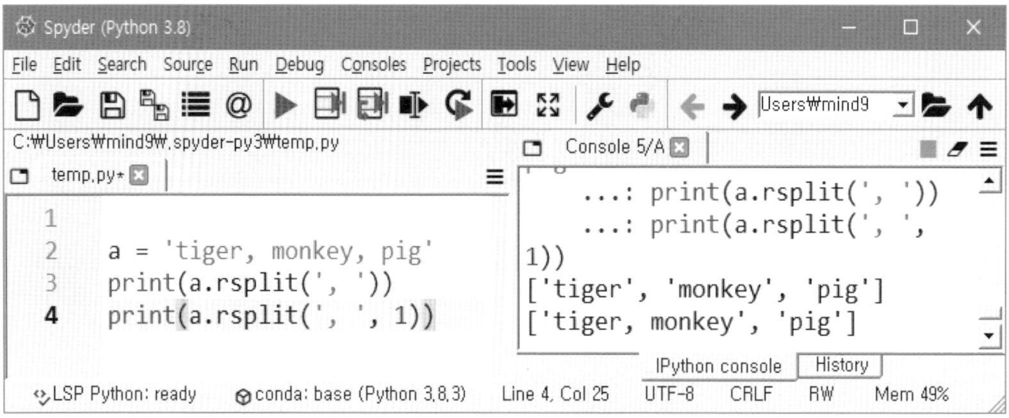

❒ split()

- (문자열의 앞에서부터) 입력한 문자(열)를 기준으로 문자열을 쪼개서 리스트의 형태로 반환한다.
- maxsplit를 입력하면 문자열을 쪼개는 최대 횟수를 지정한다.

```
a = 'tiger, monkey, pig'
print(a.split(', '))
print(a.split(', ', 1))
```

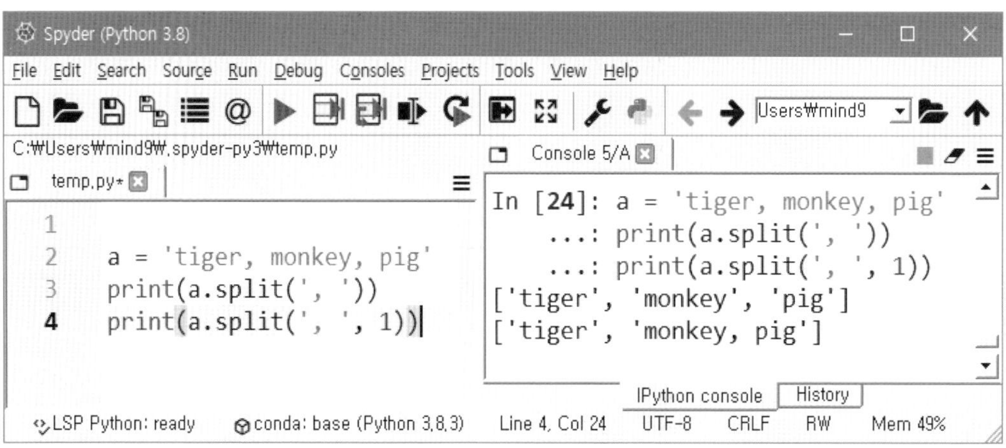

❒ startswith()

- 문자열이 입력한 문자(열)로 시작한다면 True를 반환하고, 그렇지 않다면 False를 반환한다.

```
a = 'happy.net'
print(a.startswith('code'))
```

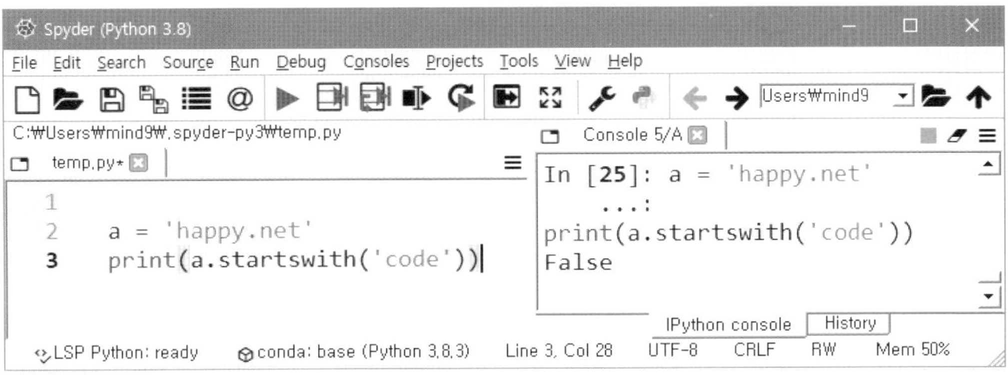

❒ strip()

- 앞뒤 공백을 제거한 문자열을 반환한다.
- 문자열 사이의 공백은 제거하지 않는다.

```
a = '  Joy is not in things.  '
b = '  It is in us.'
print(a.strip())
print(b.strip())
```

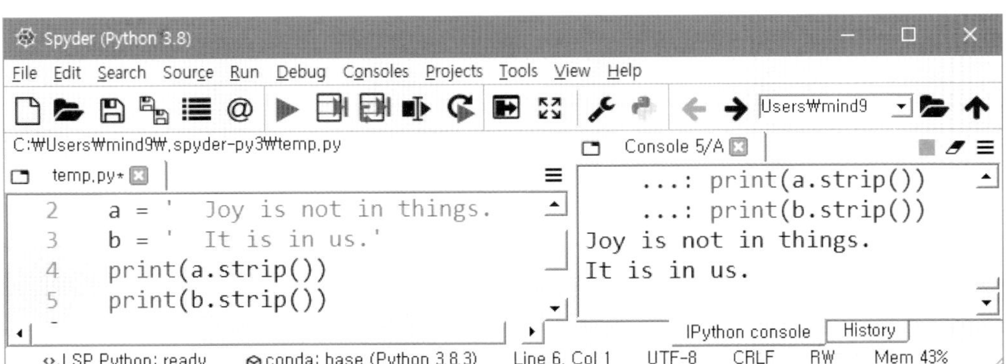

❐ swapcase()

• 대문자를 소문자로, 소문자를 대문자로 변환한 문자열을 반환한다.

```
a = 'Joy is not in things.'
print(a.swapcase())
```

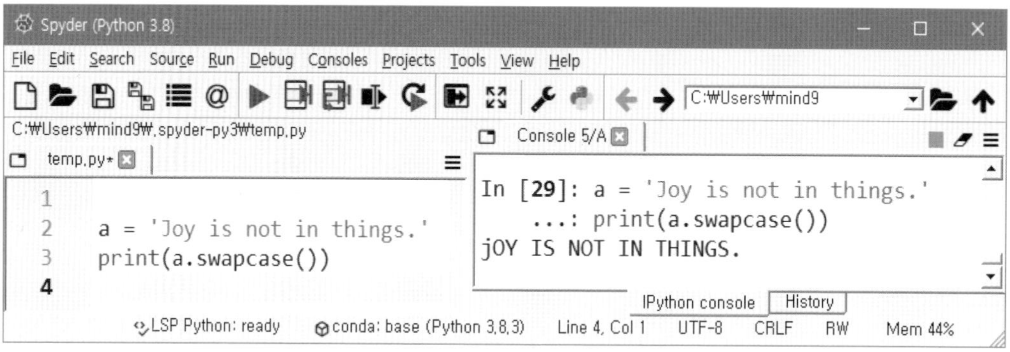

❐ title()

• 첫번째 문자를 대문자로 변환한 '제목' 스타일의 문자열을 반환한다.

```
a = 'Things won are done.'
print(a.title())
```

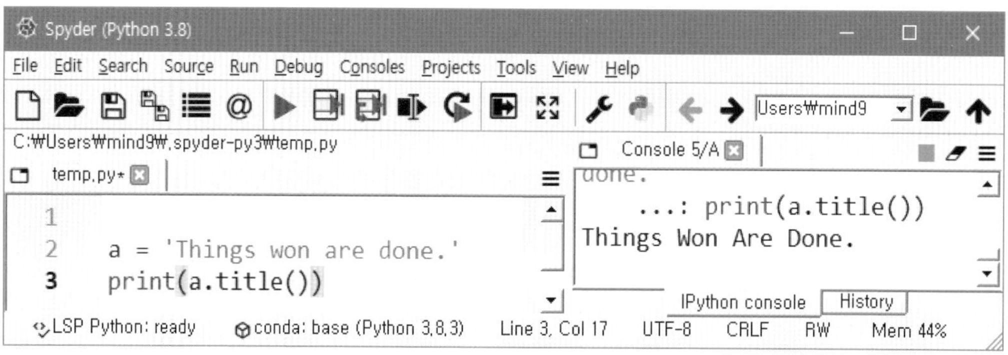

❐ upper()

- 문자열을 대문자로 변환한다.

```
a = 'Python'
print(a.upper())
```

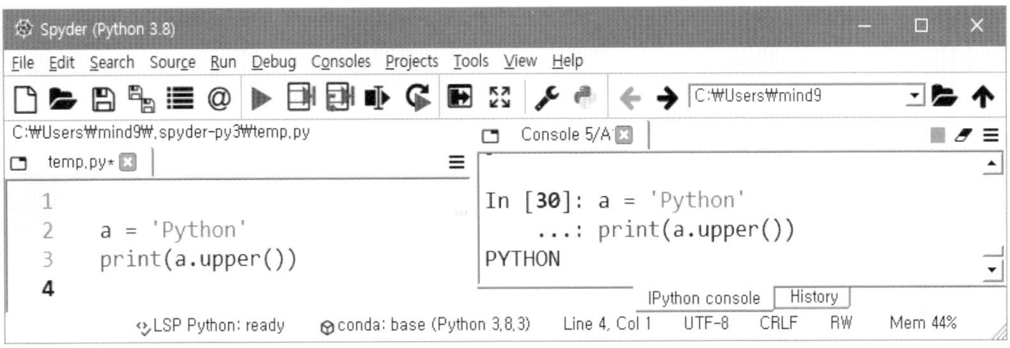

❐ zfill()

- 문자열 앞에 숫자 0을 채워서 입력한 숫자만큼의 길이가 되도록 한다.

```
a = '89'
b = '2134'
print(a.zfill(6))
print(b.zfill(6))
```

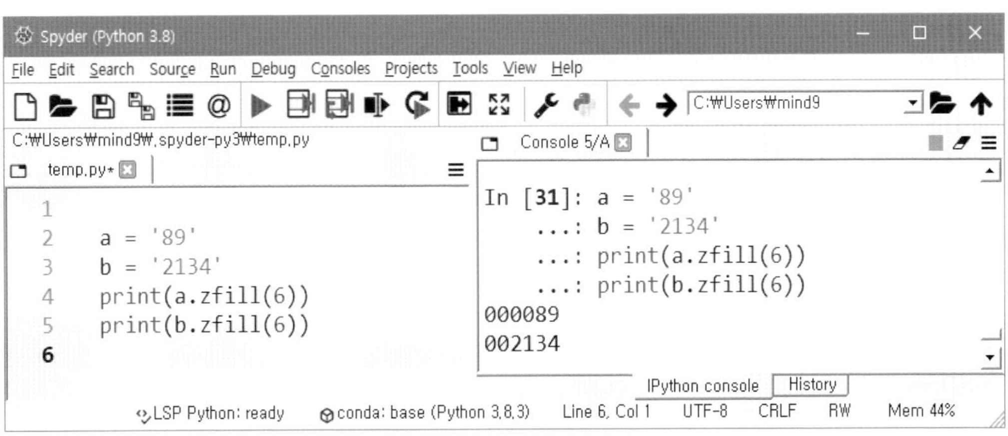

❒ describe()

```
import pandas as pd
from pandas import DataFrame

data = {'x1' : [1,1,2,3,3,3,2,1,4,3],
        'x2' : [3,2,1,2,1,1,1,3,2,1],
        'x3' : [2,2,3,1,2,2,3,2,1,2],
        'x4' : [4,4,5,4,4,5,4,5,5,4],
        'x5' : [5,5,4,5,5,4,5,4,3,5]}
data = pd.DataFrame(data)
data.describe()
```

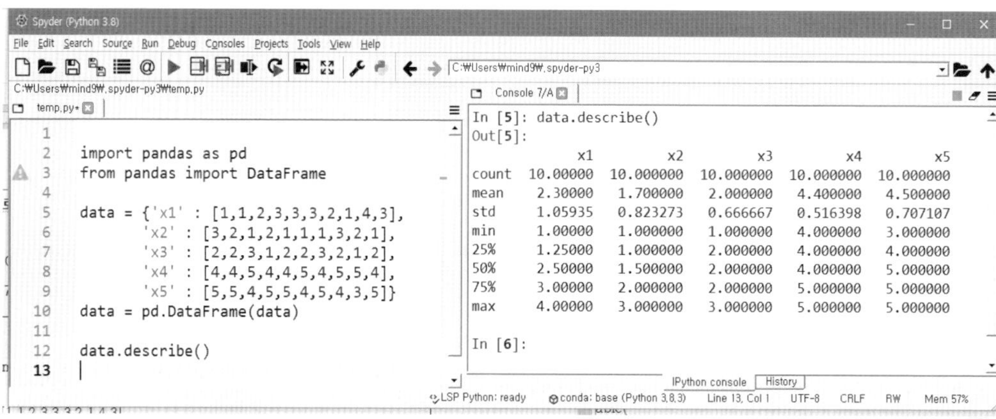

	x1	x2	x3	x4	x5
count	10.00000	10.000000	10.000000	10.000000	10.000000
mean	2.30000	1.700000	2.000000	4.400000	4.500000
std	1.05935	0.823273	0.666667	0.516398	0.707107
min	1.00000	1.000000	1.000000	4.000000	3.000000
25%	1.25000	1.000000	2.000000	4.000000	4.000000
50%	2.50000	1.500000	2.000000	4.000000	5.000000
75%	3.00000	2.000000	2.000000	5.000000	5.000000
max	4.00000	3.000000	3.000000	5.000000	5.000000

- 이 메서드는 전체에 대해 int 타입으로 구성된 컬럼 데이터들의 빈도, 평균, 편차, 최소값, 25%, 50%, 75%, 최대값을 자동으로 뽑아준다.

3.4. Python 집합(Sets)

- 파이썬의 집합(Set)은 말 그대로 요소(Item)들의 모음이다.
- 중괄호 사이에 위치하는 요소들 간에는 순서가 없다.
- 따라서 인덱싱을 사용할 수 없다.
- 집합은 두 개 이상의 같은 값을 가질 수 없다.

1) 집합 만들기

- 파이썬의 집합 자료형은 {} 또는 set() 함수를 이용해서 만든다.

```
set_animal = {'deer', 'bird', 'monkey'}
print(set_animal)

set_animal2 = set([1, 2, 3, 4])
print(set_animal2)

set_animal3 = set('bird')
print(set_animal3)
```

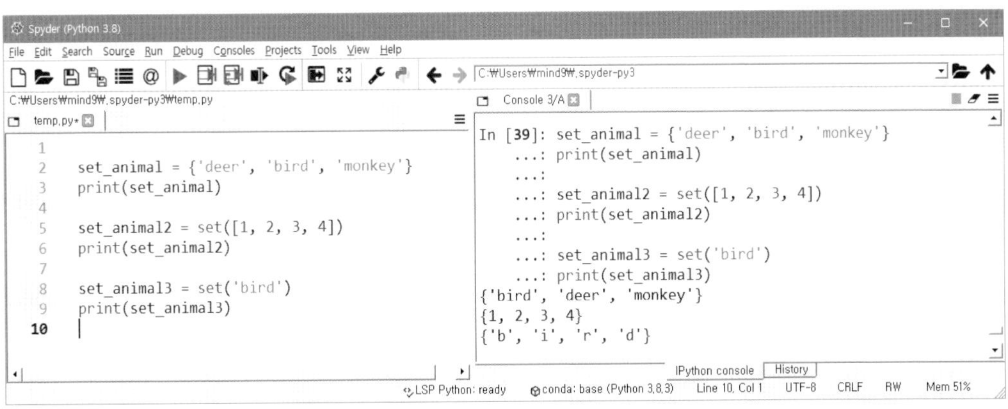

- set('apple')은 'apple'의 각각의 문자를 갖는 집합을 만드는데, 문자 'p'는 한 번만 포함된다.
- 빈 집합을 만들기 위해서는 {} 대신 set()를 사용합니다. {}을 사용하면 딕셔너리가 만들어진다.

2) 집합 요소 값 얻기

- 파이썬 리스트, 튜플, 딕셔너리와 달리 집합의 요소 값들은 직접 접근할 수 없다.
- 하지만 for 반복문을 이용해서 집합의 모든 값들을 얻을 수 있다.

```
set_animal = {'deer', 'bird', 'monkey'}
for animal in set_animal:
  print(animal)
```

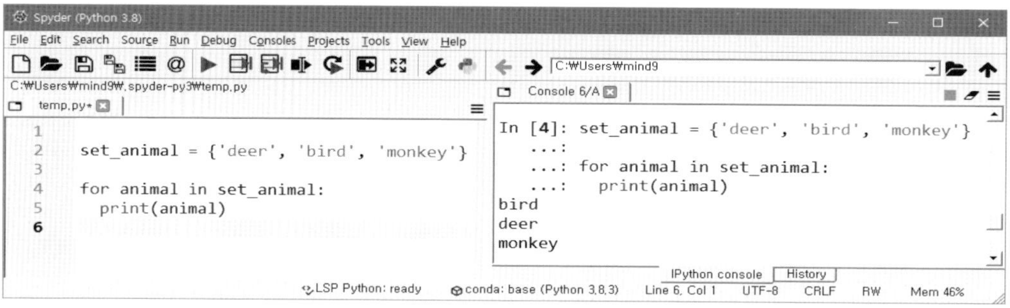

3) 집합 값 추가하기

❒ add()

- 집합에 한 개의 값을 추가할 때 add() 메서드를 사용할 수 있다.

```
set_animal = {'deer', 'bird', 'monkey'}
print(set_animal)
set_animal.add('cheetah')
print(set_animal)
```

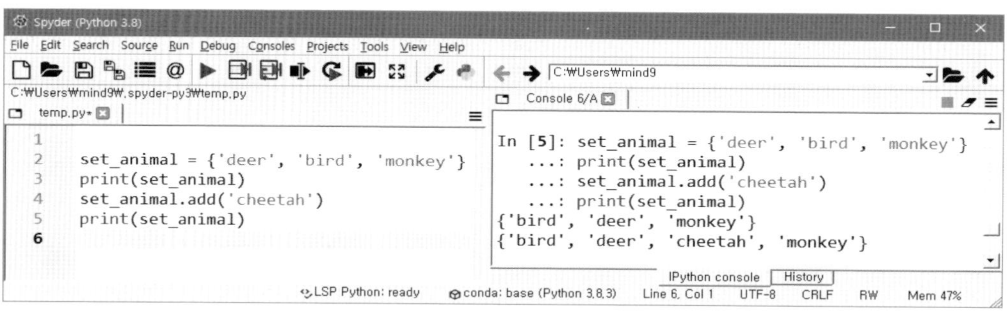

❒ update()

- 집합에 여러 개의 요소를 추가하기 위해서 update() 메서드를 사용할 수 있다.

```
set_animal = {'deer', 'bird', 'monkey'}
print(set_animal)
set_animal.update(['leopard', 'deer'])
print(set_animal)
```

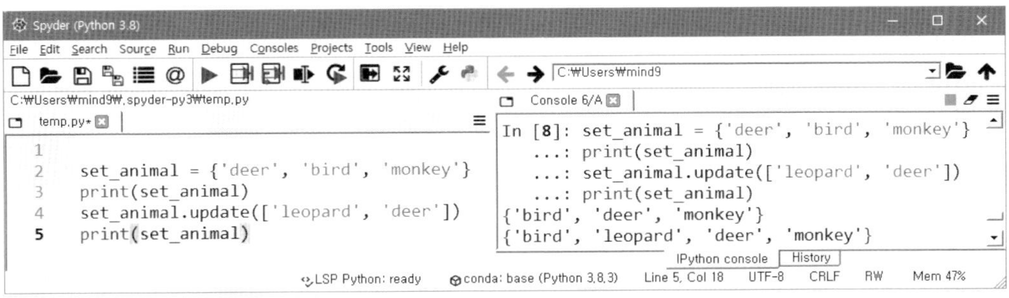

4) 집합 값 삭제하기

- 집합의 요소를 삭제하기 위해서는 discard(), remove(), pop() 메서드를 사용한다.

❒ discard()

```
set_animal = {'deer', 'bird', 'monkey'}
print(set_animal)
set_animal.discard('deer')
print(set_animal)
set_animal.discard('monkey')
print(set_animal)
```

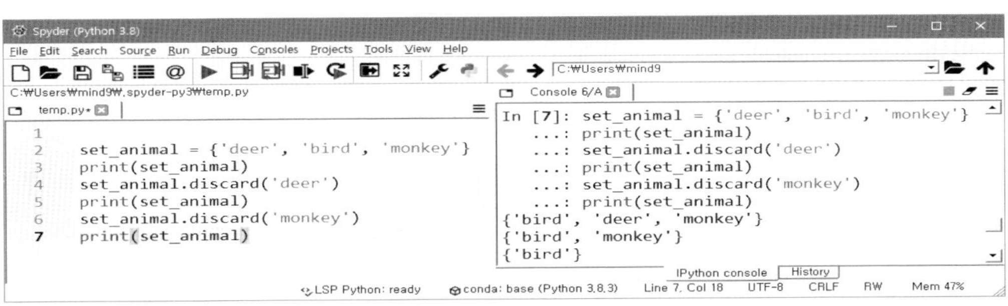

❐ remove()

- remove() 메서드의 동작은 discard()와 유사하지만, 삭제할 요소가 없을 때 에러를 발생하는 점이 다르다.

```
set_animal = {'deer', 'bird', 'monkey'}
print(set_animal)
set_animal.remove('monkey')
print(set_animal)
set_animal.remove('bird')
print(set_animal)
```

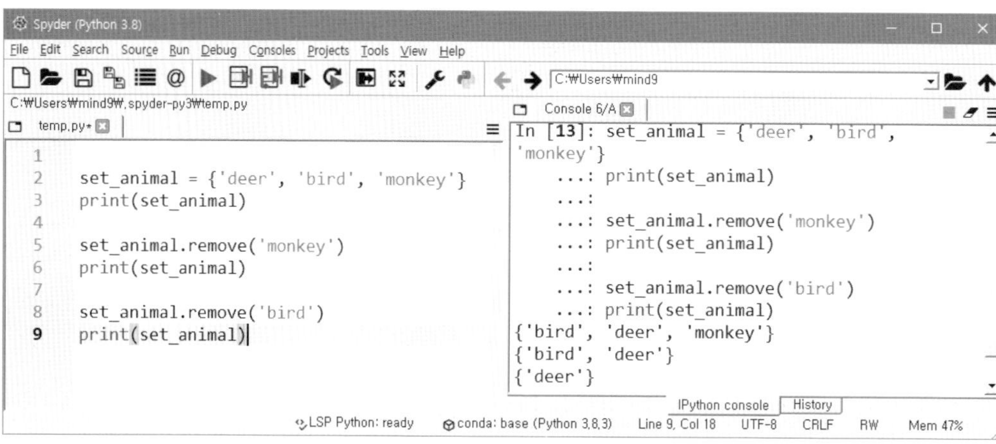

❐ pop()

- 집합에서 요소를 삭제하기 위해 pop() 메서드를 사용할 수 있다.
- pop() 메서드는 보통 마지막 요소를 뽑아서 반환하는 동작을 하지만, 집합은 순서가 없기 때문에 어떤 요소가 반환될지 알 수 없다.

```
set_animal = {'deer', 'bird', 'monkey'}
print(set_animal)
set_animal.add('bird')
print(set_animal)
print(set_animal.pop())
print(set_animal)
```

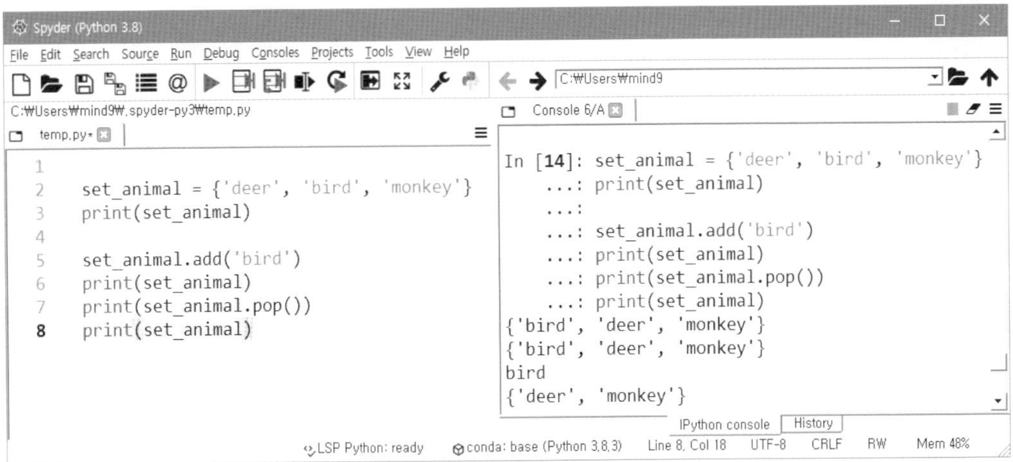

❒ clear()

- clear() 메서드는 집합을 빈 집합으로 만든다.

```
set_animal = {'deer', 'bird', 'monkey'}
print(set_animal)
set_animal.clear()
print(set_animal)
```

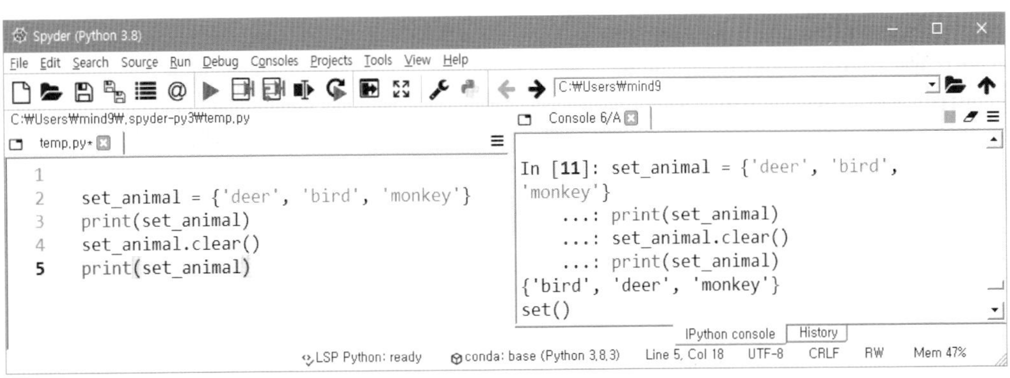

5) 집합 제거하기

❒ del

- del 키워드를 사용해서 집합을 제거할 수 있다.

```
set_animal = {'deer', 'bird', 'monkey'}
print(set_animal)

del set_animal
print(set_animal)
```

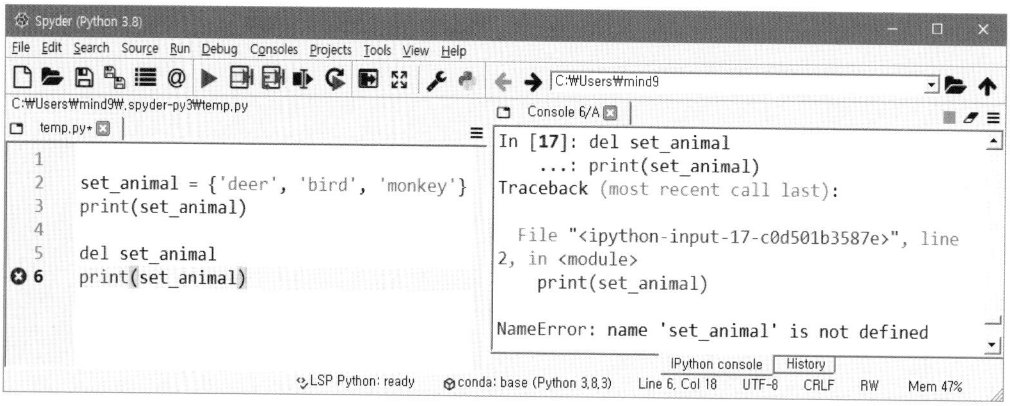

- set_animal 집합을 제거한다.
- 제거할 집합이 없다면 에러를 발생한다.

6) 집합 연산

- 파이썬의 집합 자료형을 이용해서 합집합, 교집합, 차집합, 대칭차집합과 같은 수학적 집합 연산을 수행할 수 있다.
- 집합 연산을 위해 union(), intersection(), difference(), symmetric_difference()과 같은 다양한 메서드를 사용한다.

❒ union() – 합집합

- 두 집합의 합집합을 얻기 위해 union() 메서드를 사용한다.

```
set_A = {1, 5, 7, 9}
set_B = {2, 6, 8, 10}

print(set_A.union(set_B))
print(set_B.union(set_A))
print(set_A | set_B)
```

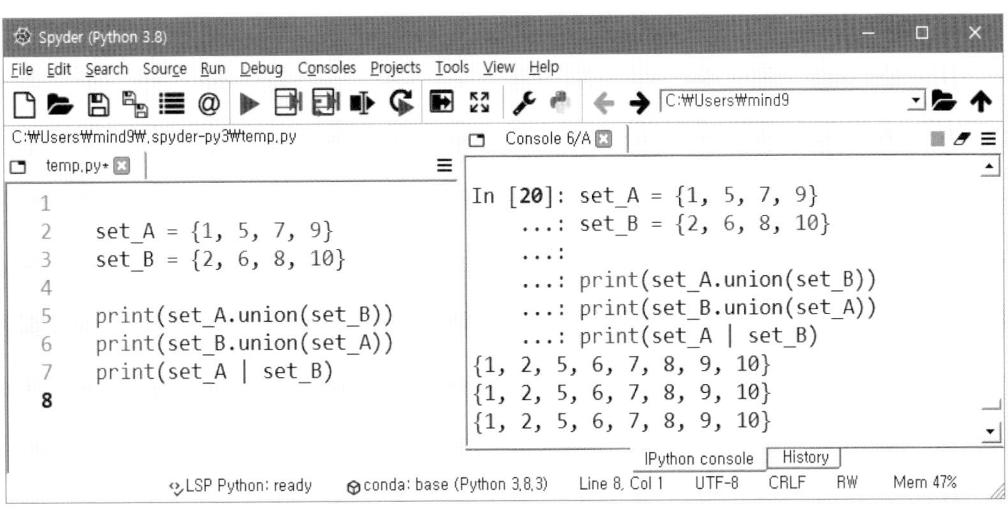

- | 연산자는 union() 메서드와 같은 동작을 구현한다.

❒ intersection() – 교집합

• 두 집합의 교집합을 얻기 위해 intersection() 메서드를 사용한다.

```
set_A = {1, 6, 7, 8}
set_B = {2, 6, 8, 10}
print(set_A.intersection(set_B))
print(set_B.intersection(set_A))
print(set_A & set_B)
```

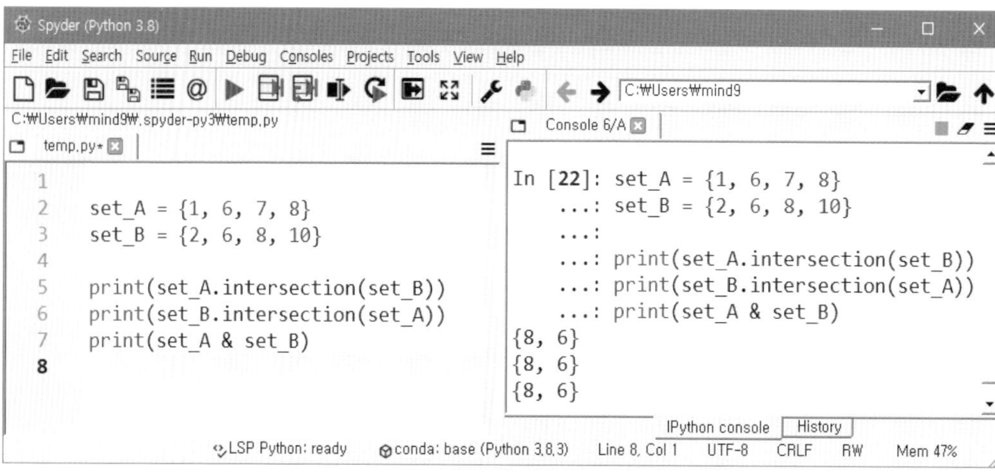

• & 연산자는 intersection() 메서드와 같은 동작을 구현한다.

❒ difference() – 차집합

• 두 집합의 차집합을 얻기 위해 difference() 메서드를 사용한다.

```
set_A = {1, 2, 7, 8}
set_B = {2, 6, 8, 10}

print(set_A.difference(set_B))
print(set_A - set_B)
print(set_B.difference(set_A))
print(set_B - set_A)
```

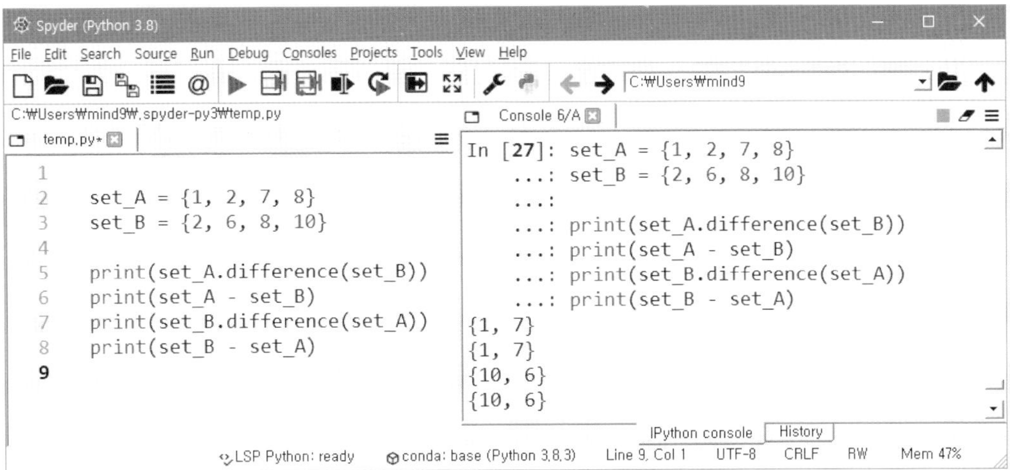

- 연산자는 difference() 메서드와 같은 동작을 구현한다.

❒ symmetric_difference() – 대칭차집합

- 두 집합의 대칭차집합을 얻기 위해 symmetric_difference() 메서드를 사용한다.

```
set_A = {1, 2, 4, 7}
set_B = {2, 3, 7, 9}


print(set_A.symmetric_difference(set_B))
print(set_B.symmetric_difference(set_A))
print(set_A ^ set_B)
```

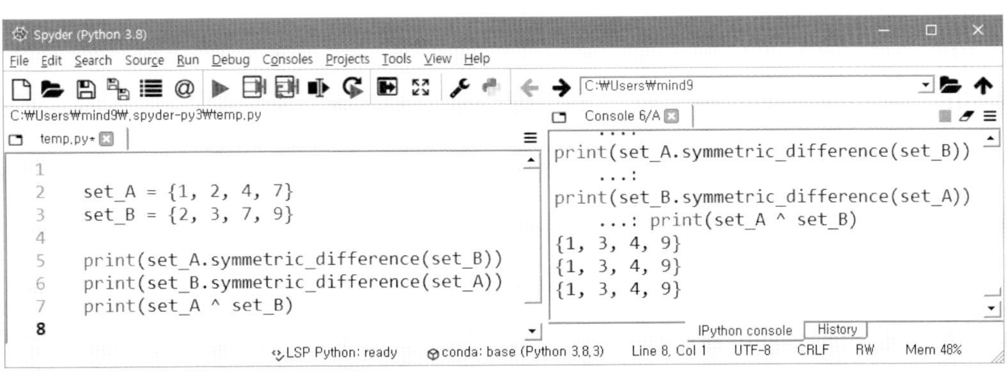

- ^ 연산자는 symmetric_difference() 메서드와 같은 동작을 구현한다.

chapter 04

데이터 다루기

학습개요

이 장에서는 가장 다루기 쉬운 csv 파일, Excel 파일, JSON 파일을 다루려고 한다. csv 파일은 xlsx보다 간단한 형식(쉼표로 데이터 구분)이기 때문에 접근하기 쉬운 장점을 가지고 있다. 또한 엑셀 파일(xlsx)을 열기 위해서는 판다스 라이브러리를 사용하는 도구를 이해해야 한다. 판다스 라이브러리란 일종에 확장 프로그램으로 파이썬을 엑셀처럼 사용할 수 있게 도와주는 도구이다.

더불어 JSON 표현식은 사람과 기계 모두 이해하기 쉬우며 용량이 작아서, 최근에는 JSON이 XML을 대체해서 데이터 전송 등에 많이 사용한다. 특정 언어에 종속되지 않으며, 대부분의 프로그래밍 언어에서 JSON 포맷의 데이터를 핸들링 할 수 있는 라이브러리를 익힌다.

학습목표

- 파이썬으로 csv 파일을 다루는 능력을 기른다.
- 파이썬으로 Excel 파일을 다루는 방법을 활용할 수 있다.
- 파이썬으로 JSON 파일을 다루는 방법을 활용할 수 있다.

4.1. csv 파일 읽고 쓰기

1) 쓰기(to_csv)

- 데이터프레임을 만들고 csv 파일을 저장한다.
- index=False옵션은 위의 출력된 데이터프레임에 자동으로 추가된 인덱스 없이 저장해준다.
- header옵션의 별도 지정이 없으면 첫 행의 데이터가 열 이름이 된다.
- to_csv()함수로 csv를 내보낼때 index=False 옵션을 주지 않았다면 0, 1, 2열이 하나 더 생긴다.

```
import pandas as pd

df = pd.DataFrame({'c0':[0,1,2],'c1':[1,2,3],'c2':[4,5,6],'c3':[7,8,9]})
df.to_csv("test.csv", index=False)

print(df)
```

[실행 화면]

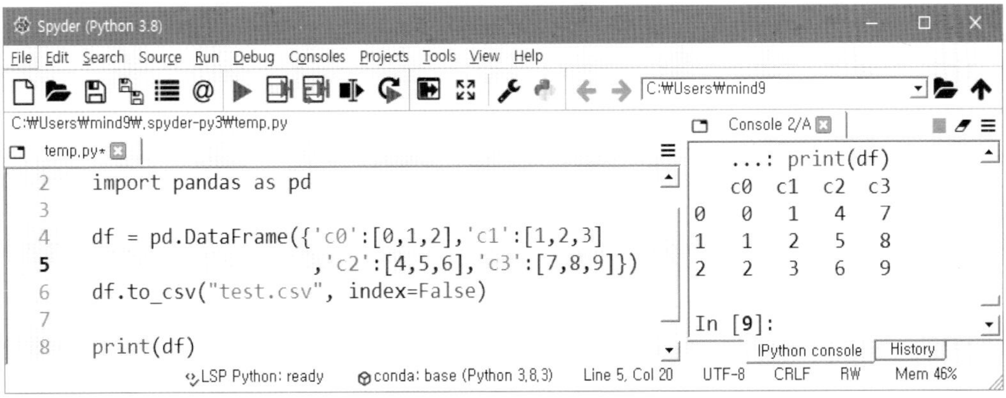

2) 읽기(read_csv)

- read_csv()를 이용해 읽어온다.
- 아무 옵션을 주지 않으면 같은 형태로 불러와진다.

```
df1 = pd.read_csv("test.csv")
print(df1)
```

[실행 화면]

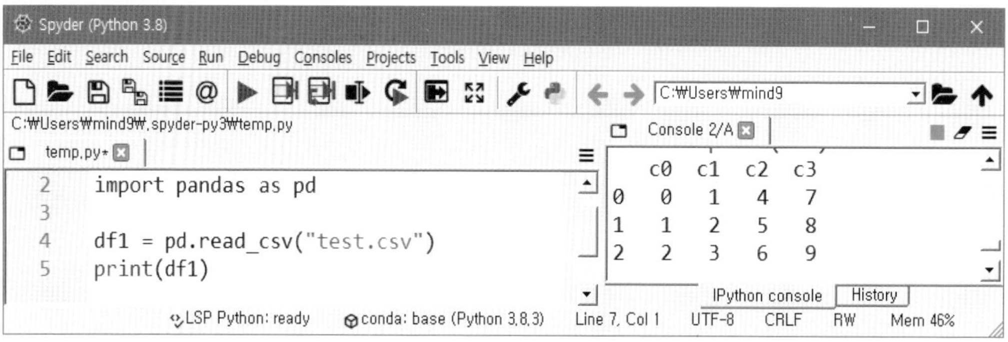

- read_csv()함수는 기본적으로 첫번째 행을 header(열이름)로 지정해서 불러온다.
- 하지만 불러올 데이터가 header가 없을 경우 header=None옵션을 주어야 한다.

```
df2 = pd.read_csv("test.csv", header=None)
print(df2)
```

[실행 화면]

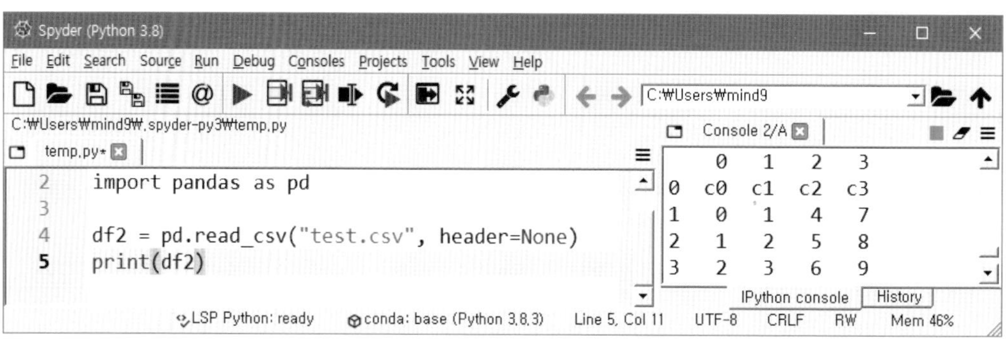

- index_col 옵션은 디폴트 값이 None 이고, 이는 새로운 정수 인덱스 0,1,2,..를 생성한다.
- 위와 같이 index_col='c0'을 옵션으로 줄 경우 c0열을 인덱스로 불러온다.

```
df3 = pd.read_csv("test.csv",index_col='c0')
print(df3)
print('₩n')
```

[실행 화면]

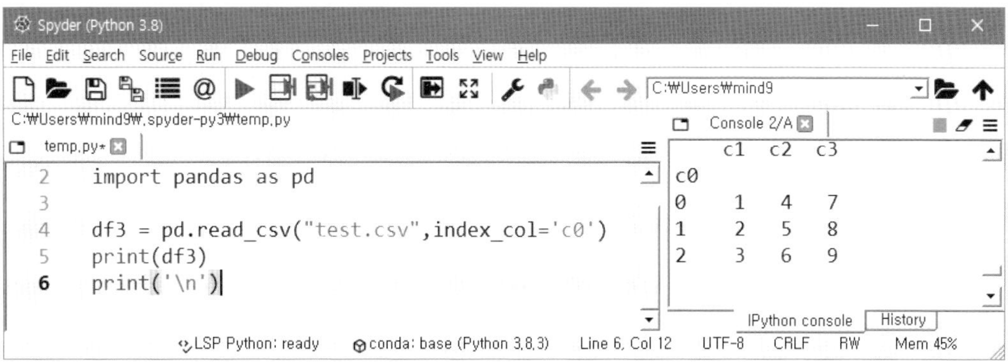

- name=['열이름1','열이름2',...]옵션을 통해 열이름을 따로 설정해 줄 수 있다.

```
df4 = pd.read_csv("test.csv",names=['1열','2열','3열','4열'])
print(df4)
```

[실행 화면]

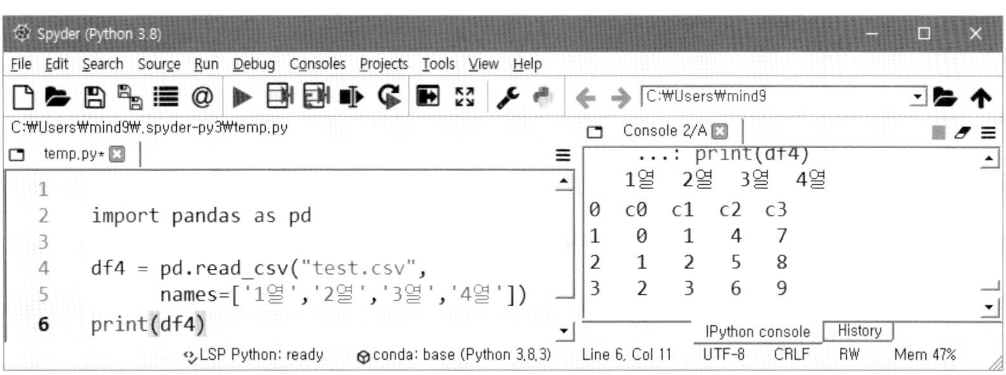

3) Concat 메소드

- Concat 메소드는 데이터프레임을 연결할 때 위에서 아래 방향으로 연결한다.

```
import pandas as pd


df1 = pd.read_csv('concat_1.csv')
df2 = pd.read_csv('concat_2.csv')
df3 = pd.read_csv('concat_3.csv')
row_concat = pd.concat([df1, df2, df3])
print(row_concat)
```

[실행결과]

```
     A    B    C    D
0   a0   b0   c0   d0
1   a1   b1   c1   d1
2   a2   b2   c2   d2
3   a3   b3   c3   d3
0   a4   b4   c4   d4
1   a5   b5   c5   d5
2   a6   b6   c6   d6
3   a7   b7   c7   d7
0   a8   b8   c8   d8
1   a9   b9   c9   d9
2  a10  b10  c10  d10
3  a11  b11  c11  d11
```

[실행설명]

- df1, df2, df3은 열의 이름이 모두 A, B, C, D로 같다.
- 인덱스도 그대로 유지된다.

4.2. Excel 파일 읽기

❐ xlsx또는 xls확장자의 엑셀파일을 읽어오려면 read_excel() 함수를 이용하면 된다.

```
import pandas as pd
df1 = pd.read_excel("color.xls")
df1.head()
```

[실행 화면]

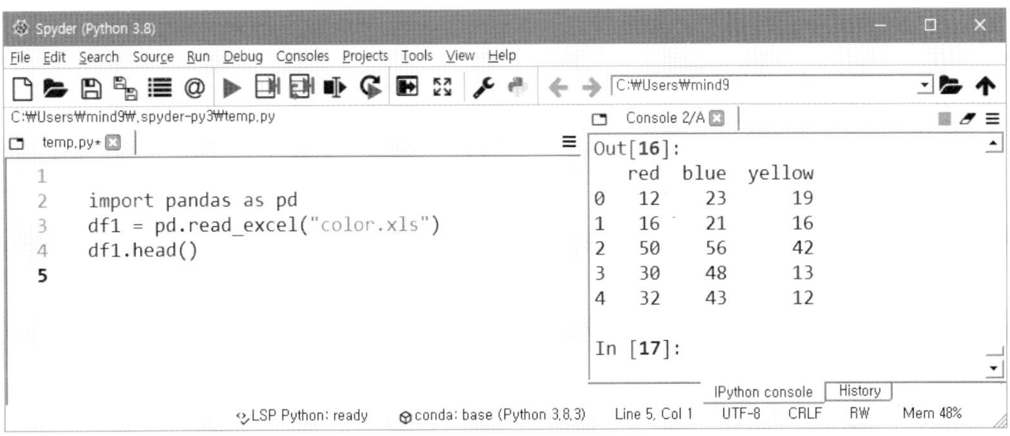


```
import pandas as pd
df1 = pd.read_excel("cities.xlsx")
df1.head()
```

[실행 화면]

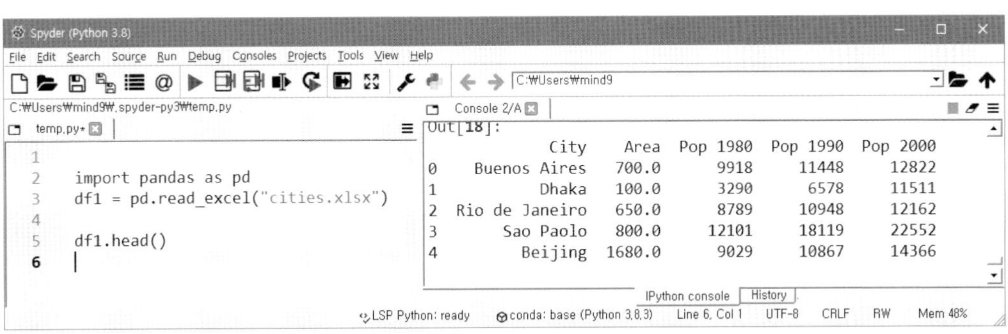

❒ 여러개의 데이터 프레임을 하나의 Excel 파일로 저장하기

```
import pandas as pd
data1 = {'name' : ['Jerry','Riah','Paul'],
         'algol' : ['A','A+','B'],
         'basic' : ['C','B','B+'],
         'c++' : ['B+','C','C+']}

data2 = {'c0':[1,2,3],
         'c1':[4,5,6],
         'c3':[7,8,9],
         'c4':[10,11,12],
         'c5':[13,14,15]}

df1 = pd.DataFrame(data1)
df1.set_index('name', inplace=True)

df2 =pd.DataFrame(data2)
df2.set_index('c0', inplace=True)

print(df1)
print('₩n')
print(df2)
```

- Excel에는 csv와는 달리 sheet가 존재한다.
- ExcelWriter을 활용하면 개별 sheet에 각각 데이터를 export 할 수 있다.
- 데이터 분석에는 주로 csv가 많이 활용되지만, 문서정리할때 유용하게 사용된다.
- df1과 df2를 엑셀 시트 1,2로 각각 저장한다.

```
      algol basic c++
name
Jerry     A     C  B+
Riah     A+     B   C
Paul      B    B+  C+
```

```
    c1  c3  c4  c5
c0
1    4   7  10  13
2    5   8  11  14
3    6   9  12  15
```

[실행 화면]

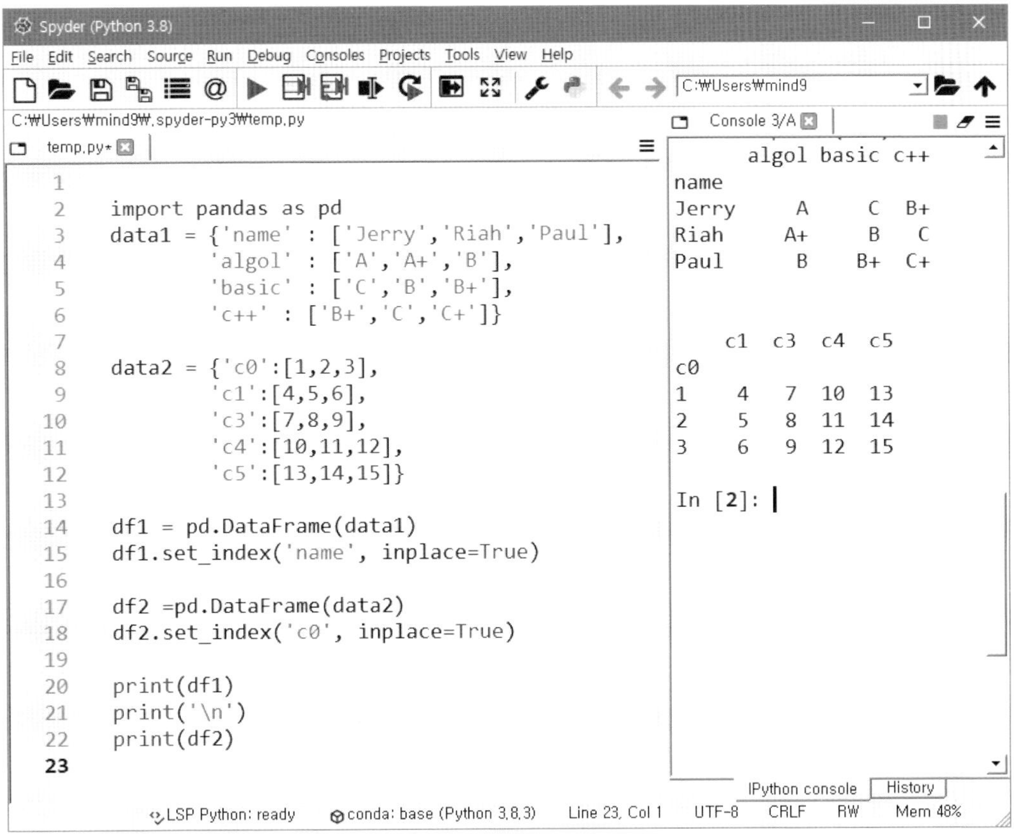

❒ Sheet별로 저장하기

- pd.ExcelWriter("test_excel.xlsx")를 해주게되면 해당 파일에 writer변수를 이용해 쓸 준비가 됐다는 의미이다.
- 작업이 끝나면 writer.save()를 이용해 마무리하면 해당 경로에 엑셀파일이 저장된다.
- sheet_name='Sheet1'옵션은 디폴트가 'Sheet1'으로 되어 있기 때문에, 위처럼 따로 지정해 주지 않으면 덮어 씌워질 뿐이다.

```
import pandas as pd
writer = pd.ExcelWriter("test_excel.xlsx")
df1.to_excel(writer, sheet_name='1번 시트')
df2.to_excel(writer, sheet_name='2번 시트')
writer.save()
```

[실행 화면]

name	algol	basic	c++
Jerry	A	C	B+
Riah	A+	B	C
Paul	B	B+	C+

1번 시트 2번 시트

준비

c0	c1	c3	c4	c5
1	4	7	10	13
2	5	8	11	14
3	6	9	12	15

1번 시트 2번 시트

준비

4.3. JSON 파일 다루기

1) JSON(JavaScript Object Notation)

- JavaScript Object Notation라는 의미의 축약어로 데이터를 저장하거나 전송할 때 많이 사용되는 경량의 DATA 교환 형식이다.
- Javascript에서 객체를 만들 때 사용하는 표현식을 의미한다.
- JSON 표현식은 사람과 기계 모두 이해하기 쉬우며 용량이 작아서, 최근에는 JSON이 XML을 대체해서 데이터 전송 등에 많이 사용한다.
- JSON은 데이터 포맷일 뿐이며 어떠한 통신 방법도, 프로그래밍 문법도 아닌 단순히 데이터를 표시하는 표현 방법일 뿐이다.

① JSON 특징

- 서버와 클라이언트 간의 교류에서 일반적으로 많이 사용된다.
- 자바스크립트 객체 표기법과 아주 유사하다.
- 자바스크립트를 이용하여 JSON 형식의 문서를 쉽게 자바스크립트 객체로 변환할 수 있는 이점이 있다.
- JSON 문서 형식은 자바스크립트 객체의 형식을 기반으로 만들어졌다.
- 자바스크립트의 문법과 굉장히 유사하지만 텍스트 형식일 뿐이다.
- 다른 프로그래밍 언어를 이용해서도 쉽게 만들 수 있다.
- 특정 언어에 종속되지 않으며, 대부분의 프로그래밍 언어에서 JSON 포맷의 데이터를 핸들링 할 수 있는 라이브러리를 제공한다.
- JSON 문서는 태그로 표현하기 보다는 중괄호({}) 같은 형식으로 하고, 값을 ','로 나열하기에 그 표현이 간단하다.

② JSON 문법

- 객체, 배열 등의 표기를 사용할 수 있다.
- 일반 자바스크립트의 객체처럼 원하는 만큼 중첩시켜서 사용할 수도 있다.
- JSON형식에서는 null, number, string, array, object, boolean을 사용할 수 있다.

③ JSON 형식

❒ name–value형식의 쌍

• 여러가지 언어들에서 object등으로 실현되었다.

{ String key : String value }

```
{
  "firstName": "Kwon",
  "lastName": "YoungJae",
  "email": "kyoje11@gmail.com"
}
```

❒ 값들의 순서화된 리스트 형식

• 여러가지 언어들에서 배열(Array) 등으로 실현되었다.

[value1, value2, ...]

```
{
  "firstName": "Kwon",
  "lastName": "YoungJae",
  "email": "kyoje11@gmail.com",
  "hobby": ["puzzles","swimming"]
}
```

④ JSON이 가져올 수 있는 데이터

• JSON으로 가져올 수 있는 데이터는 해당 자바스크립트가 로드된 서버의 데이터에 한정된다.
• 예를 들어, http://kwz.kr/json.js에서 불러올 수 있는 데이터는 kwz.kr 서버에 존재하는 것만 가능하다.
• 구글 데이터를 불러온다거나 네이버 데이터를 불러온다거나 할 수 없다.
• JSON은 단순히 데이터 포맷일 뿐이며 그 데이터를 불러오기 위해선 MLHttpRequest()라는 JavaScript 함수를 사용해야 한다.
• JSONP 또는 프락시 역할을 하는 서버쪽 Script 파일로 가능하게도 할 수 있다.

2) JSON 파일 읽기

- json_test.json 파일
- JSON 형식은 자바스크립트 객체와 마찬가지로 key/value가 존재할 수 있다.
- key 값이나 문자열은 항상 쌍따옴표를 이용하여 표기해야 한다.

```
{
        "site" : {
        "facebook" : "facebook.com/yg_analyst",
        "instagram" : "None",
        "github" : "yg_analyst"
    },
        "info" : {
        "age" : "26",
        "height" : "183",
        "weight" : "80"
    },
        "blog" : {
        "url" : "yganalyst.github.io"
    }
}
```

- Python 파일
- json 형태의 파일을 읽어오려면 read_json() 함수를 이용해 불러올 수 있다.

```
import pandas as pd


df = pd.read_json("json_test.json")
print(df)
print('₩n')
print(df.index)
print(df.columns)
```

[실행 화면]

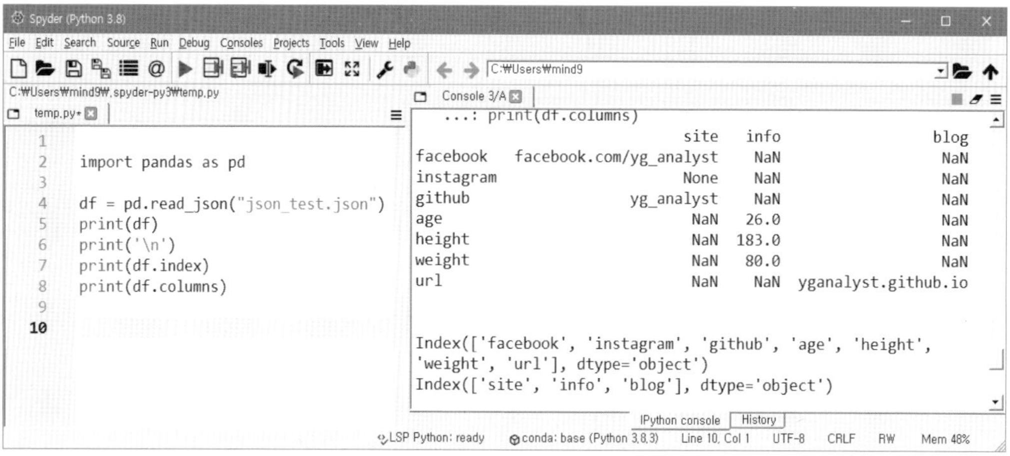

• 해당 파일을 읽기 위해서는 json 모듈을 임포트 한후, load함수를 통해 데이터를 가져올 수 있다.

```
import json

with open('json_test.json', 'r') as f:
    json_data = json.load(f)

print(json.dumps(json_data) )
```

[실행 화면]

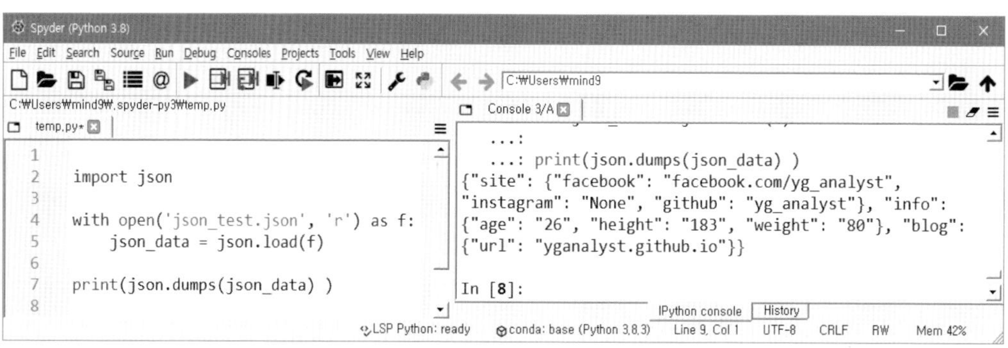

• 들여쓰기를 통해 깔끔하게 출력하는 옵션도 있다.

```
print(json.dumps(json_data, indent="₩t") )
```

[실행 화면]

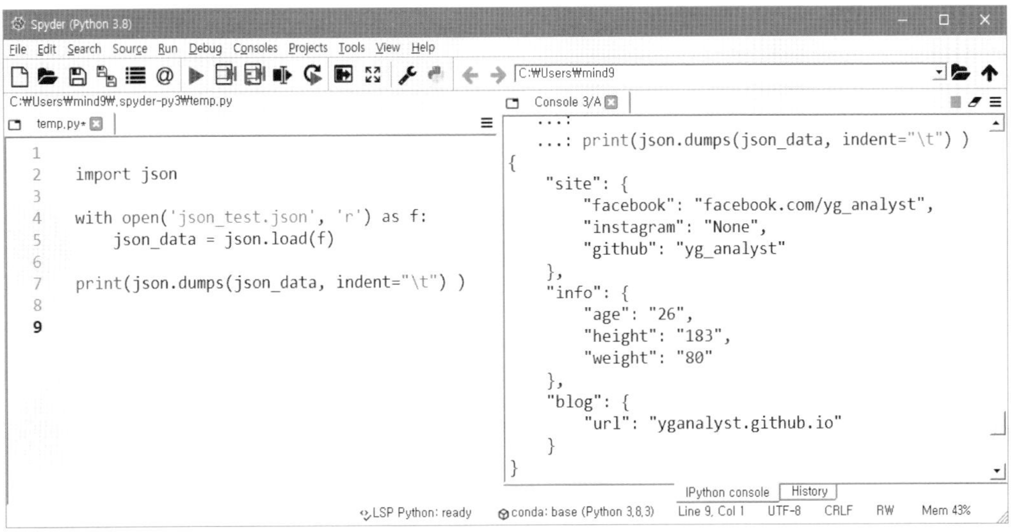

3) JSON 파일 출력하기

• json 파일을 읽어들이면, 딕셔너리 형태로 json_data 변수에 저장된다.

• 해당 변수에 접근하여 특정 요소의 값을 출력할 수 있다.

• 접근 방법은 아래와 같다.

```
info_age = json_data['info']['age']
print(info_age)

info_height = json_data['info']['height']
print(info_height)

info_weight = json_data['info']['weight']
print(info_weight)
```

[실행 화면]

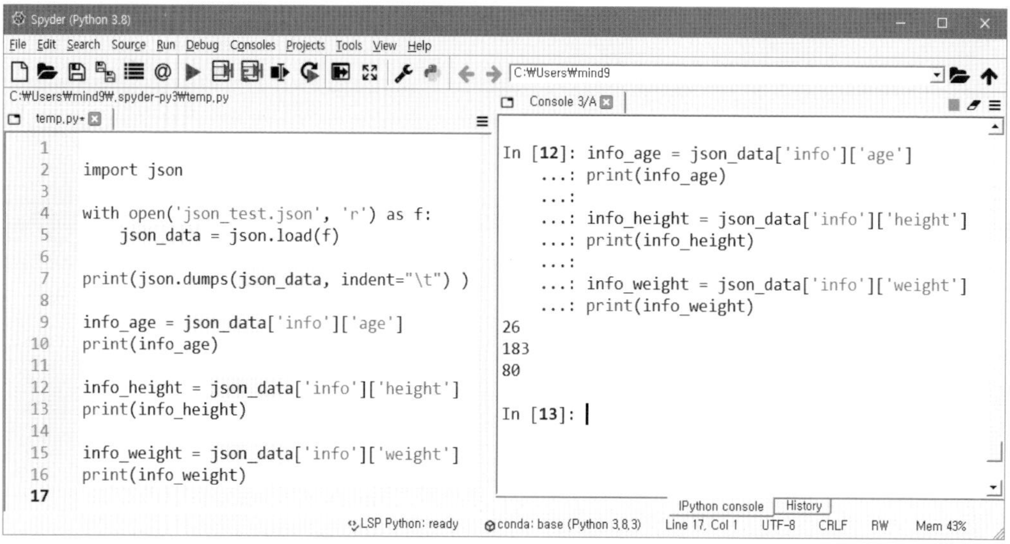

4) JSON 파일 수정하기

- 값을 불러오는것 뿐만 아니라 쓰는 것도 가능하다.
- json_data를 파일 형식으로 저장하면, json 파일 자체도 수정사항이 반영된 채로 저장이 된다.

```
json_data['info']['age'] = "30"
json_data['info']['height'] = "230"
json_data['info']['weight'] = "90"
```

```
with open('json_test.json', 'w', encoding='utf-8') as make_file:
    json.dump(json_data, make_file, indent="₩t")

with open('json_test.json', 'r') as f:
    json_data = json.load(f)

print(json.dumps(json_data, indent="₩t") )
```

[실행 화면]

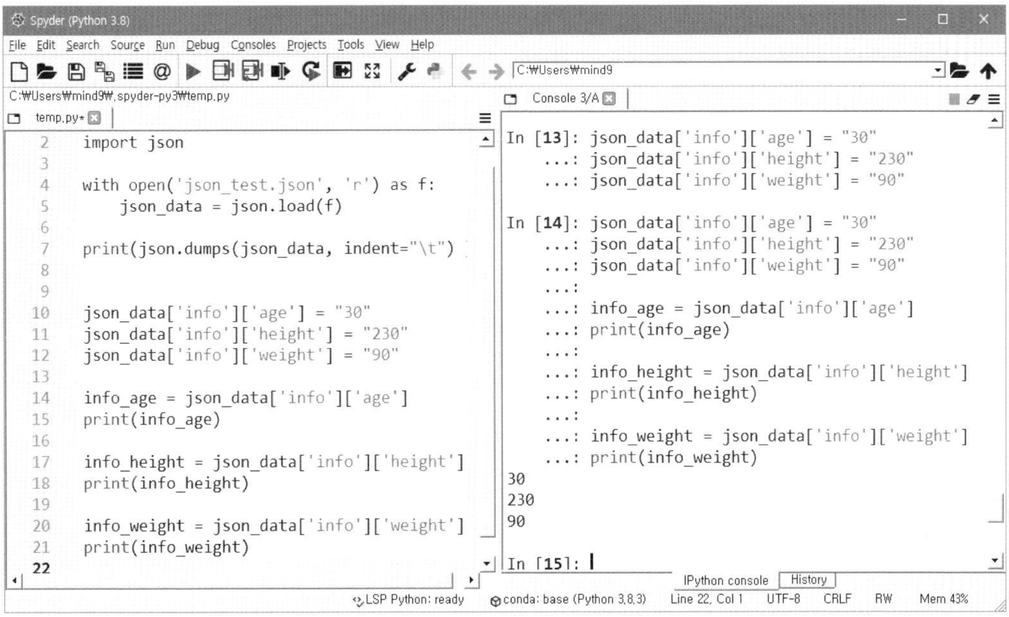

5) JSON 파일 쓰기

• 프로그램 상에서 딕셔너리를 만들고, 이를 json 파일로 저장할 수 있다.

```
import json

car_group = dict()

k5 = dict()
k5["price"] = "5000"
k5["year"] = "2015"
car_group["K5"] = k5

avante = dict()
avante["price"] = "3000"
avante["year"] = "2014"
car_group["Avante"] = avante
```

- json 파일로 저장

```
with open('test.json', 'w', encoding='utf-8') as make_file:
    json.dump(car_group, make_file, indent="₩t")
```

- 저장한 파일 출력하기

```
with open('test.json', 'r') as f:
    json_data = json.load(f)
print(json.dumps(json_data, indent="₩t") )
```

[실행 화면]

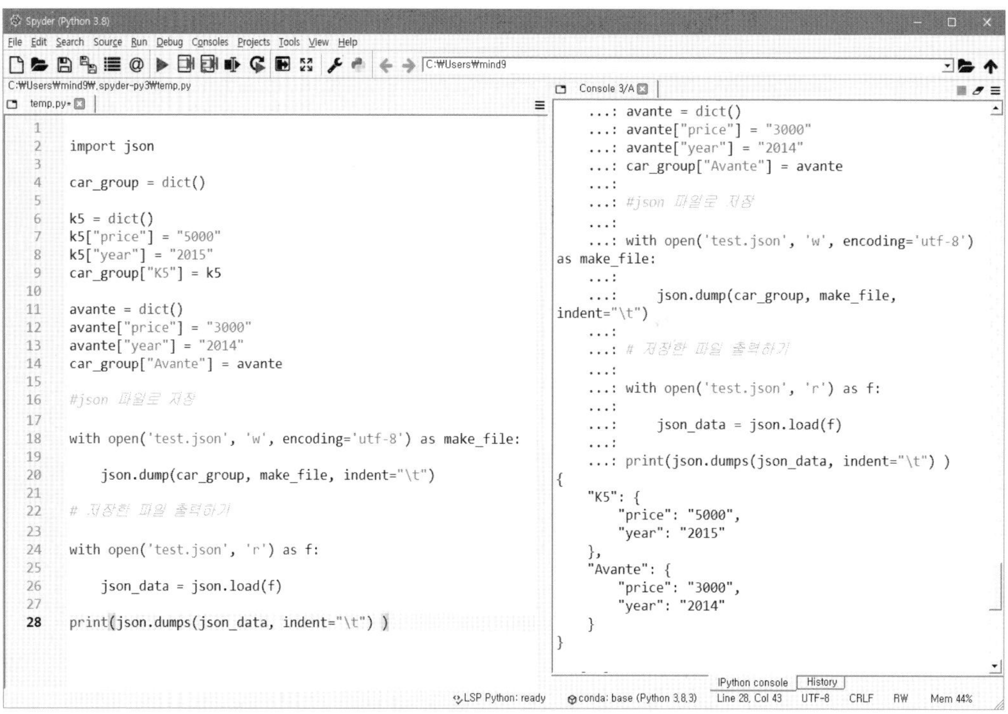

chapter 05

신뢰도 분석

학습개요

신뢰도 분석은 첫째, 동일하거나 유사한 측정도구를 사용하여 측정한 경우 동일하거나 유사한 결과를 얻을 수 있는지, 둘째, 하나의 측정도구에서 얻은 결과가 제대로 된 측정결과인지, 셋째, 하나의 측정도구에서 측정한 결과의 측정오차는 어느 정도인지를 파악하기 위해 사용한다.

이 장에서는 신뢰도 분석의 개념을 익히고, 이해할 수 있도록 제시한다. 그리고 Python을 이용하여 신뢰도 실습을 통해 활용할 수 있도록 제시한다.

학습목표

- 신뢰도에 대한 개념과 기술을 숙지한다.
- Python을 이용하여 신뢰도 분석에 대해 숙지한다.

5.1. 신뢰도 분석의 개념

1) 개념

- 신뢰도(reality)는 실험, 검사, 조사 등 어떤 측정절차에서나 적용되는 개념으로 같은 대상을 반복 측정하는 경우에 얼마나 일치하는(유사한)값을 얻을 수 있는가를 나타내주는 척도이다.
- 일반적으로 어떤 현상에 대한 측정은 필연적으로 어느 정도의 우연오차를 포함하기 마련이다. 그러나 잘 관리된 측정방법이라면 반복해서 측정된 값들이 완벽하게 일치하지는 않겠지만 어느 정도 일치하는 경향을 보이게 된다.
- 반복된 측정에서 얻어진 결과들의 일치하는 정도가 높을 때 그 측정방법은 신뢰도가 높다고 하고, 반대로 얻어진 결과들의 일치하는 정도가 낮을 때 신뢰도가 낮다고 한다.
- 사람들은 대상으로 개인적인 속성이나 행위를 묻는 질문은 측정오차가 작아서 신뢰도가 높다. 그러나 사람들의 태도, 믿음, 느낌 등의 질문들에 대한 응답은 종종 부정확하거나 상황에 따라서 변하는 것이기 때문에 상대적으로 신뢰도가 떨어지게 된다.
- 신뢰도는 하나의 질문 또는 여러 개의 질문으로 이루어진 설문지를 통해서 어떤 특성을 얼마나 안정적이고 일관성 있게 측정하는가를 나타내주는 값이다.
- 그래서 설문지를 보완할 목적으로 사전조사를 실시할 때 수행되어 신뢰도가 낮은 질문은 수정하여 보안하든지 삭제하는데 이용되기도 한다.

$$\alpha_{st} = \frac{N \cdot \bar{r}}{1 + (N-1) \cdot \bar{r}}$$

N = 항목 수

$\bar{r}$ = 항목 간의 상관관계

2) 측정방식

① 재검사법(test-retest method : 검사-재검사법)

- 가장 널리 사용되고 있는 신뢰도 평가방법이다.
- 재검사법은 조사대상자를 조사하고, 얼마간의 시간이 지난 후에 같은 사람들을 대상으로 같은 내용을 조사하여 얻은 두 조사결과 간의 상관 계수를 이용해서 조사도구의 신뢰도를 평가하는 방법이다.
- 만약 두 사람이 같은 응답을 했다면 재검사법의 신뢰도 계수는1이 된다. 재검사법은 매우 단순하여 구해진 신뢰도의 의미를 직관적으로 이해할 수 있다는 장점이 있다.
- 그러나 재검사법은 매우 단순하지만 두 시점에서 같은 사람을 대상으로 같은 조사를 해야 하기 때문에 실제로 수행하기는 쉽지 않다.

② 동형방법(복수양식법 : alternative-form method)

- 두 개의 비슷한 측정도구(설문지,시험지)를 만들어 동시에 또는 일정한 시일이 지난 후에 동일한 대상에게 조사하여, 두 조사에서 얻은 결과 사이에 상관계수를 계산하여 측정도구의 신뢰도를 평가하는 방법이다.
- 이 방법은 교육분야에서 시험의 신뢰도를 평가하기 위해 광범위하게 사용되고 있다. 이 방법은 동일한 응답자를 대상으로 두 종류의 검사를 받도록 한다는 점에서 재검사법과 비슷하다.
- 이 방법의 장점은 조사의 시간적 간격이나 응답자가 과거 조사의 응답을 기억함으로써 나타나는 문제점을 극복할 수 있다는 점이다. 그러나 두 개의 설문지나 시험지를 만들기 어렵고, 시험이나 조사를 두 번 시행함으로써 조사환경이나 응답자의 동기 및 태도에 차이가 생기는 단점이 있다.

③ 반분법(split-halves)

- 설문지 혹은 시험지의 문항들을 두 부분으로 나누어서 각각에서 얻은 조사결과를 두번의 조사나 검사에서 얻어진 것처럼 간주하여 그 사이의 상관계수를 산출하여 신뢰도를 평가하는 방법이다.

- 앞서 설명한 재검사법이나 동형방법은 신뢰도의 평가를 위해서 같은 사람을 대상으로 두 번의 조사나 검사를 하였지만, 반분법을 사용하면 한번의 조사를 통해서도 신뢰도를 구할 수 있다.
- 반분법은 비교적 간단하게 신뢰도를 검토할 수 있으나. 앞에서 설명한 동형방법에서처럼 그 반분된 두 개의 검사가 완전히 동등하도록 만드는 것은 쉽지 않다. 또한 어떻게 반분하느냐에 따라 신뢰도 계수가 다르게 나올 수 있다.

④ 내적 일관성법(내적합치도법 : internal consistency method)

- 1951년 Lee Cronbach가 만들었으며, Likert scale 형식의 설문, 혹은 그와 비슷한 시험 등의 문항에 대한 내적일관성(Internal Consistency)을 측정하는 척도를 말한다.
- 같은 주제에 대한 서로 다른 여러 문항들이 같은 주제를 얼마나 잘 측정하고 있는가를 나타내는 지표이다.
- 내적 일관성법은 하나의 조사항목에 대해서는 적용될 수 없고, 어떤 개념의 여러 측면을 측정하는 것으로 생각할 수 있는 조사항목들의 그룹에 대한 신뢰도 평가방법이다.
- 내적일관성법을 이용하면 설문지의 문항들을 양분하거나 반복하여 조사하지 않고, 한번의 조사나 시험으로 유일한 값의 신뢰도 계수를 얻을 수 있다.
- 내적일관성법을 이용한 신뢰도 추정방법 중에서 가장 널리 사용되고 있는 것은 크론바흐의 알파(Cronbach's alpha)이다.
- 크론바흐의 알파는 어떤 개념이나 변수 혹은 속성의 서로 다른 측면들을 측정하는 서로 다른 문항들이 얼마나 잘 서로 보완하여 전체적으로 개념, 변수 또는 속성을 잘 측정하고 있는가를 나타내준다.

5.2. 신뢰도 분석 방법과 사례

1) 신뢰도 계산

- Cronbach's Alpha 값은 0 ~ 1 사이의 범위의 값을 가진다.
- Cronbach's Alpha 값이 높을수록 내부 일관성이 더 높다.
- 일반적으로 Cronbach's Alpha 값이 0.7 이상 나왔다면 분석 활용에 적합하다고 판단하고 진행한다.

> 제품에 대한 만족 정도와 할인행사에 대한 만족 정도를 알아보기 위해서 아래와 같은 설문지를 작성하여 조사한 내용이다.
>
> 제품의 디자인에 만족하십니까?
> ① 매우 불만족한다 ② 불만족한다 ③ 보통이다 ④ 만족한다 ⑤ 매우 만족한다

	불만족한다	보통이다	만족한다	매우 만족한다
불만족한다	1.000	0.922	0.873	0.956
보통이다	0.922	1.000	0.947	0.843
만족한다	0.873	0.947	1.000	0.710
매우 만족한다	0.956	0.843	0.710	1.000

- 항목수(N) = 4
- 항목 간의 상관관계($\bar{r}$) = (0.922+0.873+0.956+0.947+0.843+0.71)/6=0.875

$$\alpha_{st} = \frac{N \cdot \bar{r}}{1+(N-1) \cdot \bar{r}} \implies \alpha_{st} = \frac{4 \cdot 0.875}{1+(4-1) \cdot 0.875} = 0.965$$

따라서 Cronbach's Alpha of .965

① 라이브러리 불러오기

```
import pandas as pd
import numpy as np
```

② 상관 행렬

```
df_corr = df.corr()
```

③ 항목수(N)

```
N = df.shape[1]
```

④ 항목 간의 상관관계($\bar{r}$)

```
rs = np.array([])
for i, col in enumerate(df_corr.columns):
    sum_ = df_corr[col][i+1:].values
    rs = np.append(sum_, rs)
mean_r = np.mean(rs)
```

⑤ Cronbach's Alpha 계산하기

```
cronbach_alpha = (N * mean_r) / (1 + (N - 1) * mean_r)
return cronbach_alpha
```

2) Cronbach's Alpha : 신뢰도 계수 출력하기

```
import numpy as np
import pandas as pd
import matplotlib.pyplot as plt
import seaborn as sns

df =  {'x1' : [4,4,5,3,4,4,4,3,4,4,5,4,3,5,4,3,4,5,3,2],
       'x2' : [4,4,4,2,3,3,3,3,4,4,3,3,3,4,3,3,3,4,2,3],
       'x3' : [4,3,5,3,3,3,3,3,4,4,5,4,3,5,3,3,3,4,3,3],
       'x4' : [4,2,2,4,3,5,3,3,2,3,2,3,2,3,3,3,3,1,4,3],
       'x5' : [4,4,5,3,4,3,4,2,4,3,4,4,4,4,4,4,3,4,4,3],
       'x6' : [4,4,5,3,4,4,4,3,4,4,4,4,3,4,3,3,3,4,4,4],
       'x7' : [3,3,4,4,2,3,2,3,2,3,4,4,4,4,3,3,1,3,3,1],
       'x8' : [2,3,1,2,1,1,1,1,1,2,3,3,3,4,2,3,1,2,1,1]}

df = pd.DataFrame(df)

df_corr = df.corr()
N = df.shape[1]

rs = np.array([])
    for i, col in enumerate(df_corr.columns):
        sum_ = df_corr[col][i+1:].values
        rs = np.append(sum_, rs)
    mean_r = np.mean(rs)

cronbach_alpha = (N * mean_r) / (1 + (N - 1) * mean_r)

cronbach_alpha
```

[실행결과]

```
cronbach_alpha = 0.6831
```

[실행 화면]

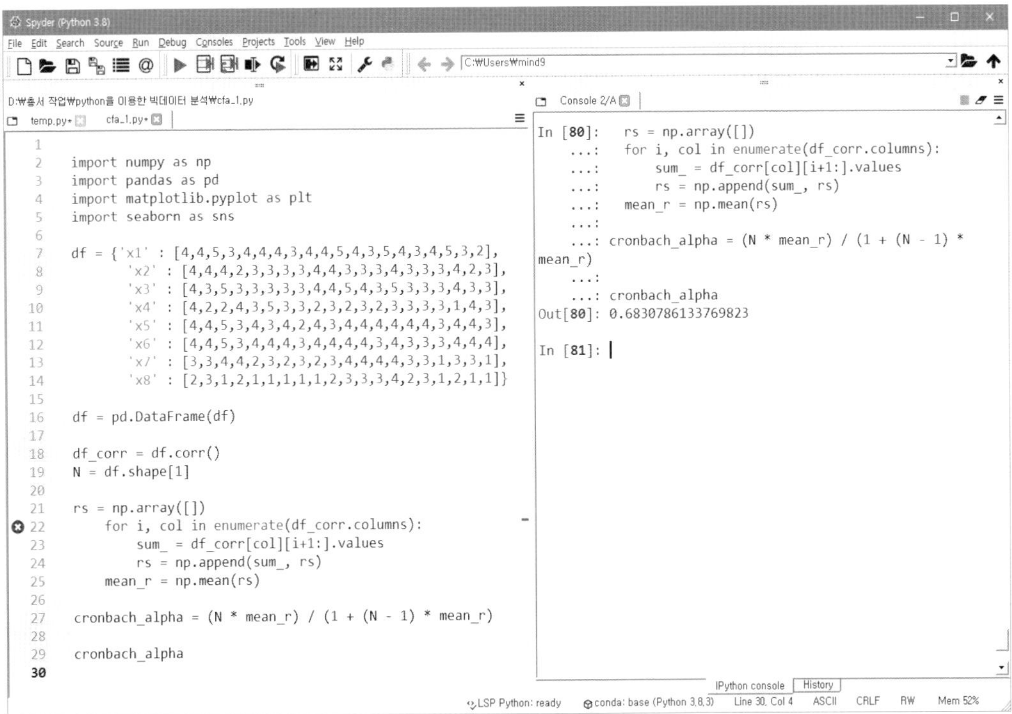
Spyder (Python 3.8)
File Edit Search Source Run Debug Consoles Projects Tools View Help
C:₩Users₩mind9
D:₩총서 작업₩python를 이용한 빅데이터 분석₩cfa_1.py
temp.py* cfa_1.py*
import numpy as np
import pandas as pd
import matplotlib.pyplot as plt
import seaborn as sns
df = {'x1' : [4,4,5,3,4,4,4,3,4,4,5,4,3,5,4,3,4,5,3,2],
'x2' : [4,4,4,2,3,3,3,3,4,4,3,3,3,4,3,3,3,4,2,3],
'x3' : [4,3,5,3,3,3,3,3,4,4,5,4,3,5,3,3,3,4,3,3],
'x4' : [4,2,2,4,3,5,3,3,2,3,2,3,2,3,3,3,3,1,4,3],
'x5' : [4,4,5,3,4,3,4,2,4,3,4,4,4,4,4,4,3,4,4,3],
'x6' : [4,4,5,3,4,4,4,3,4,4,4,4,3,4,3,3,3,4,4,4],
'x7' : [3,3,4,4,2,3,2,3,2,3,4,4,4,4,3,3,1,3,3,1],
'x8' : [2,3,1,2,1,1,1,1,1,2,3,3,3,4,2,3,1,2,1,1]}
df = pd.DataFrame(df)
df_corr = df.corr()
N = df.shape[1]
rs = np.array([])
for i, col in enumerate(df_corr.columns):
sum_ = df_corr[col][i+1:].values
rs = np.append(sum_, rs)
mean_r = np.mean(rs)
cronbach_alpha = (N * mean_r) / (1 + (N - 1) * mean_r)
cronbach_alpha
Console 2/A
In [80]: rs = np.array([])
...: for i, col in enumerate(df_corr.columns):
...: sum_ = df_corr[col][i+1:].values
...: rs = np.append(sum_, rs)
...: mean_r = np.mean(rs)
...: cronbach_alpha = (N * mean_r) / (1 + (N - 1) * mean_r)
...: cronbach_alpha
Out[80]: 0.6830786133769823
In [81]:
IPython console History
LSP Python: ready conda: base (Python 3.8.3) Line 30, Col 4 ASCII CRLF RW Mem 52%

chapter 06

타당도 분석

학습개요

요인분석은 관측된 변수에 근거하여 직접 관측할 수 없는 요인들을 확인하기 위하여 실시한다. 요인분석은 관찰된 변수들에 대하여 선형관계를 가지는 적은 수의 잠재변수들로 요약하는 수학적 방법이다. 많은 수의 관찰 변인들을 보다 적은 수의 구인으로 설명하고 압축하기 위한 것으로 이러한 목적으로 사용되는 요인분석을 탐색적 요인분석이라 한다. 여러 개의 상호 연관된 변수나 문항들을 보다 제한된 수의 변인이나 공통 요인으로 분류하는 통계분석 기법으로 요인분석의 기본원리는 항목들간의 상관관계가 높을 것끼리 하나의 요인으로 묶어주며 요인들간에는 상호독립성을 유지하도록 하는 것이다.

이 장에서는 요인분석의 개념을 익히고, 이해할 수 있도록 제시한다. 그리고 R을 이용하여 제시한다.

학습목표

- 요인분석의 필요성에 대해 학습한다.
- 요인분석에 대한 개념을 이해한다.
- 탐색적요인분석을 통한 요인내의 항목의 특성을 이해하기 위해서 타당성을 어떠한 절차를 통해 시행하게 되는지에 대해 숙지한다.
- Python을 이용하여 탐색적요인분석을 학습한다.

6.1. 요인분석의 개념

요인분석(factor analysis)은 관찰된 변수 집합에서 영향력 있는 기본 요인 또는 잠재 변수를 검색하는 데 사용되는 탐색적 데이터 분석 방법이다. 변수 수를 줄여 데이터 해석에 도움이 된다. 모든 변수에서 최대 공분산을 추출하여 공통 점수에 넣는다.

요인분석은 시장 조사, 광고, 심리학, 금융 및 운영 연구에 널리 사용된다. 시장 조사원은 요인 분석을 사용하여 가격에 민감한 고객을 식별하고 소비자 선택에 영향을 미치는 브랜드 기능을 식별하며 유통 채널에 대한 채널 선택 기준을 이해하는 데 도움을 준다.

요인분석은 측정변수들 간의 상호 관련성(공분산 또는 공분산을 표준화한 상관계수)을 분석해서 이들 간에 공통적으로 작용하는 요인을 추출하여 정보의 손실을 최소화 한 상태에서 전체 측정변수를 대별할 수 있는 변수의 수를 축약하는 기법이다. 따라서 요인분석을 활용하면 주어진 많은 정보(다수의 측정변수)를 몇 개의 핵심적인 요인으로 축약하여 정보에 대한 이해력을 높일 수 있고 추가적인 분석(상관관계나 인과관계)이 가능할 수 있다.

요인분석은 추상적인 구성개념(개념적 정의)을 일반적으로 다수의 설문항(조작적 정의)을 통해 측정하는 과정에서 측정하고자 하는 추상적인 구성개념(construct)을 설문항(측정도구)이 제대로 측정했는가라는 타당도(validity)와 관련된 내용이다.

이 타당도는 하나의 추상적 구성개념을 형성하고 있는 설문항들이 그 구성개념과는 상관관계(correlation)가 높아야 한다. 집중타당도(convergent validity)와 다른 구성개념과는 상관관계가 낮아야 한다는 판변타당도(discriminant validity)로 각각 구분된다.

한편, 요인분석은 요인분석을 하는 목적에 따라 탐색적 요인분석(exploratory factor analysis)과 확인적 요인분석(confirmatory factor analysis)으로 각각 구분된다. 이 두 가지 기법은 매우 상이한 가정과 접근 방법론을 사용하기 때문에 결과(변수가 정제되는 과정 등)에 상당한 차이를 보이게 되는 등 올바른 이해와 적용이 요구된다. 이 장에서는 탐색적 요인분석을 다룬다.

6.2. 탐색적 요인분석(exploratory factor analysis) 이해하기

1) 개념

탐색적 요인분석의 기원은 유전학자 Francis Galton(1822-1911)까지 거슬러 올라가지만, 1904년 Charels Spearman(1863-1945)이 체계화 했다. Charels Spearman은 인간의 지능은 일반요인(general factor)과 특수요인(specific factor)으로 구성되어 있다고 하면서 공통요인(common factor)을 주장하였다.

탐색적 요인분석은 통계적 효율성을 높이기 위해 변수의 수를 줄이기 위한 방법으로 사용되고 있으며 변수와 요인 간의 관계가 이론적으로 정립되지 않거나 논리적으로 체계화되지 않은 상태에서 주로 활용된다.

탐색적 요인분석에서는 모든 측정변수가 모든 요인들로부터 영향을 받는다고(각각의 요인이 모든 측정변수와 연관을 지음) 가정하고, 이를 바탕으로 어떤 요인과 상관관계가 높은 측정변수(다른 요인과는 상관관계가 낮아야 함)들을 하나의 요인으로 추출하여 변수를 축약하는 과정을 거치게 된다. 그래서 탐색적 요인분석은 이론적 배경이나 선행연구에 근거하기 보다는 데이터가 보여주는 결과 자체를 그대로 받아들이게 되므로 이론 생성과정에 가깝고, 데이터 지향적인 성격을 띤다고 할 수 있다.

탐색적 요인분석을 실시하기 위해서는 먼저 관련 변수들이 연속형 데이터(등간척도 또는 비율척도)여야 하고, 관련 변수들 간에는 어느 정도의 상관관계가 있어야 한다.

변수들 간의 상관관계는 일반적으로 KMO(Kaiser-Meyer-Olkin)와 Bartlett의 구형성 검정으로 확인하는데, KMO는 변수들 간의 편상관계수가 얼마나 작은지를 [KMO = 상관계수의 제곱합/(상관계수의 제곱합 + 편상관계수의 제곱합)] 확인(일반적으로 KMO〉.8 이면 바람직하고 최소한 .5 이상 이여야 함) 하는 방법이다.

Bartlett의 구형성 검정은 변수들이 모두 상관관계가 없다(단위행렬)는 귀무가설과 하나라도 상관관계가 있다는 대립가설을 설정하여 대립가설이 채택되는 [x2(p) 〈 .05 이여야 함] 지를 파악하여 확인한다.

2) 요인추출 방법

사용할 수 있는 방법은 주성분, 가중치를 부여하지 않은 최소제곱법, 일반화 최소제곱법, 최대 우도, 주축 요인 추출, 알파 요인 추출, 이미지 요인 추출 등이다.

① **주성분 분석**(Principal Components Analysis) : 관측된 변수의 상관되지 않은 선형 조합을 형성하는 데 사용되는 요인 추출 방법이다. 처음 성분이 최대 분산을 가지게 된다. 성분이 연속될수록 점진적으로 더 작아지는 분산을 나타내며 각 성분은 서로 상관되지 않는다. 주성분 분석으로 초기 요인 해법을 구할 수 있으며 상관행렬이 단순할 때 사용된다.

② **가중치를 부여하지 않은 최소제곱법**(Unweighted Least-Squares Method) : 관측된 상관행렬과 재연된 상관행렬 간의 차이 제곱값 합을 최소화하는 요인 추출 방법이다.

③ **일반화 최소제곱법**(Generalized Least-Squares Method) : 관측된 상관행렬과 재연된 상관행렬 간의 차이 제곱값 합을 최소화하는 요인 추출 방법이다. 상관은 역으로 가중되므로 고유성이 높은 변수는 고유성이 낮은 변수보다 가중치가 적다.

④ **최대-우도법**(Maximum-Likelihood Method) : 표본이 다변량 정규 분포에서 추출된 경우 관측 상관행렬을 생성할 것 같은 모수 추정값을 생성하는 요인 추출 방법이다. 상관은 변수의 역고유성에 의해 가중되고 반복 알고리즘이 사용된다.

⑤ **주축 요인 추출**(Principal Axis Factoring) : 공통성의 초기 추정값으로서 대각선으로 배치된 제곱 다중 상관계수를 사용하여 원래의 상관행렬로부터 요인을 추출하는 방법이다. 이러한 요인 로딩은 대각선으로 위치하는 기존의 공통성 추정값을 대신하는 새로운 공통성을 추정하는 데 사용된다. 한 반복에서 다음 반복까지 공통성에 대한 변화량이 추출에 대한 수렴 기준을 만족할 때까지 반복은 계속된다.

⑥ **알파 요인 추출**(Alpha Factoring) : 분석 변수를 잠재적 변수의 모집단에서 추출된 표본으로 간주하는 요인 추출 방법이다. 이 방법은 요인의 알파 신뢰도를 최대화한다.

⑦ **이미지 요인 추출**(Image Factoring) : Guttman이 개발한 요인 추출 방법으로, 이미지 이론을 기반으로 한다. 편 이미지라고 하는 변수의 공통 부분은 가설 요인의 함수보다는 남아 있는 변수에서 선형 회귀분석으로 정의된다.

3) 요인분석 회전

탐색적 요인분석에서 사용할 수 있는 방법은 베리멕스, 이쿼멕스, 쿼티멕스, 직접 오블리민, 프로멕스이다.

① **베리멕스 방법**(Varimax Method) : 각 요인의 로딩이 높은 변수의 수를 최소화하는 직교 회전 방법이다. 이 방법을 사용하면 요인 해석을 단순화할 수 있다.

② **직접 오블리민 방법** : 사각(비직교) 회전 방법이다. 델타가 0(기본값)일 때 해법은 가장 기울어지는 형태를 나타낸다. 델타가 음수에 가까워질수록 요인의 기울기가 평평해진다. 기본값 델타 0을 바꾸려면 0.8 이하의 수를 입력한다.

③ **쿼티멕스 방법**(Quartimax Method) : 각 변수를 설명하는 데 필요한 요인 수를 최소화하는 회전 방법이다. 이 방법을 사용하면 관측된 변수의 해석을 단순화할 수 있다.

④ **이쿼멕스 방법**(Equamax Method) : 요인을 단순화하는 베리멕스 방법과 변수를 단순화하는 쿼티멕스 방법을 조합한 회전 방법이다. 요인에 읽어들인 변수의 수와 변수 설명에 사용할 요인 수는 최소화한다.

⑤ **프로멕스 회전**(Promax Rotation) : 요인이 상관되도록 하는 오블리크 회전이다. 이 회전은 직접 오블리민 회전보다 좀더 빨리 계산될 수 있으므로 큰 데이터 세트에 유용한다.

6.3. 탐색적 요인분석 방법과 사례

1) 사례 1

- 스트레스 관리 교육 프로그램에 대한 효과성을 다음과 같이 측정하였다.
- 5점 척도 : 매우 그렇지 않다(1), 그렇지 않다(2), 보통이다(3), 그렇다(4), 매우그렇다(5)

변수명	데이터유형
스트레스에 대한 이해력이 증가되었다.(x1)	연속형(수치형)
심리적인 불안과 긴장이 감소되었다.(x2)	연속형(수치형)
자기 조절과 문제 해결에 도움이 되었다.(x3)	연속형(수치형)
일상생활에서 문제를 해결하는데 도움이 되었다.(x4)	연속형(수치형)
일상생활에 도움이 될 것이다.(x5)	연속형(수치형)

① 주성분 분석(Principal Component Analysis, PCA) 실시하기

- 주성분 분석은 기본적으로 수치형 변수를 이용하기 때문에 수치형 데이터(Sepal length, Sepal width, Petal length, Petal width)만 추출하여 x 변수에 저장한다.
- 변수간의 스케일이 차이가 나면 스케일 큰 변수가 주성분에 영향을 많이 주기 때문에 주성분 분석 전에 변수를 표준화나 정규화시켜주는 것이 좋다.
- Python에서는 사이킷런 패키지의 StandardScaler모듈을 통해 변수들을 정규화시킬 수 있다.

❒ 데이터 불러오기 및 DataFrame형으로 변환

```
import numpy as np
import pandas as pd
from pandas import DataFrame

df = {'x1' : [1,1,2,3,3,3,2,1,4,3],
      'x2' : [3,2,1,2,1,1,1,3,2,1],
      'x3' : [2,2,3,1,2,2,3,2,1,2],
      'x4' : [4,4,5,4,4,5,4,5,5,4],
      'x5' : [5,5,4,5,5,4,5,4,3,5]}

df = pd.DataFrame(df)
df
```

❐ 처음 5개행 확인

```
df.head()
```

- head() 함수를 이용하여 데이터의 처음 5개 행에 대해 확인할 수 있다.
- 주성분 분석은 기본적으로 수치형 변수를 이용한다.

[실행 결과]

```
In [1]: import numpy as np
   ...: import pandas as pd
   ...: from sklearn.datasets import load_iris
   ...: import pandas as pd
   ...: import numpy as np
   ...: from pandas import DataFrame
   ...:
   ...: df =  {'x1' : [1,1,2,3,3,3,2,1,4,3],
   ...:          'x2' : [3,2,1,2,1,1,1,3,2,1],
   ...:          'x3' : [2,2,3,1,2,2,3,2,1,2],
   ...:          'x4' : [4,4,5,4,4,5,4,5,5,4],
   ...:          'x5' : [5,5,4,5,5,4,5,4,3,5]}
   ...:
   ...: df = pd.DataFrame(df)
   ...:
   ...: df.head()
Out[1]:
   x1  x2  x3  x4  x5
0   1   3   2   4   5
1   1   2   2   4   5
2   2   1   3   5   4
3   3   2   1   4   5
4   3   1   2   4   5
```

❐ 수치형 변수 정규화

```
from sklearn.preprocessing import StandardScaler
X_std = StandardScaler().fit_transform(df)
X_std
```

- 변수를 정규화하면 평균 0, 분산이 1인 새로운 변수로 변환되게 된다.
- 이 정규화된 변수로 주성분 분석을 진행한다.

[실행 결과]

```
In [2]: from sklearn.preprocessing import StandardScaler
   ...: X_std = StandardScaler().fit_transform(df)
   ...:
   ...: X_std
Out[2]:
array([[-1.29354835,  1.66447944,  0.        , -0.81649658,  0.74535599],
       [-1.29354835,  0.38411064,  0.        , -0.81649658,  0.74535599],
       [-0.29851116, -0.89625816,  1.58113883,  1.22474487, -0.74535599],
       [ 0.69652603,  0.38411064, -1.58113883, -0.81649658,  0.74535599],
       [ 0.69652603, -0.89625816,  0.        , -0.81649658,  0.74535599],
       [ 0.69652603, -0.89625816,  0.        ,  1.22474487, -0.74535599],
       [-0.29851116, -0.89625816,  1.58113883, -0.81649658,  0.74535599],
       [-1.29354835,  1.66447944,  0.        ,  1.22474487, -0.74535599],
       [ 1.69156322,  0.38411064, -1.58113883,  1.22474487, -2.23606798],
       [ 0.69652603, -0.89625816,  0.        , -0.81649658,  0.74535599]])
```

❒ 주성분 분석 실행 및 점수 확인

```
from sklearn.decomposition import PCA
pca = PCA(n_components=2)
principalComponents = pca.fit_transform(X_std)
principalDf = pd.DataFrame(data = principalComponents, columns
        = ['principal component 1', 'principal component 2'])
principalDf
```

[실행 결과]

```
In [3]: from sklearn.decomposition import PCA
   ...: pca = PCA(n_components=2)
   ...: principalComponents = pca.fit_transform(X_std)
   ...:
   ...: principalDf = pd.DataFrame(data = principalComponents,
   ...:     columns = ['principal component 1', 'principal component 2'])
   ...:
   ...: principalDf
Out[3]:
   principal component 1  principal component 2
0              -1.481865               1.818145
1              -1.479273               0.790886
2               0.582435              -0.657507
3              -0.185030               0.092190
4              -0.656943              -1.282324
5               1.466808              -0.833227
6              -1.541316              -1.106604
7               0.641886               2.267242
8               3.310240               0.193525
9              -0.656943              -1.282324
```

- sklearn.decomposition.PCA() 함수를 통해 주성분 객체를 생성할 수 있다.
- 이 객체의 fit_transform() 함수를 이용해 데이터에 적합하여 주성분 점수(주성분 선형 변환에 생성된 값)을 반환받게 된다.
- PCA() 함수의 n_components 인자는 주성분 갯수를 설정하는 인자이다.
- default는 None으로 원래 변수의 갯수만큼 생성하게 된다.
- 주성분 점수는 principalDf에 저장되었다.
- 위에서 확인할 수 있듯이 행수는 기존 행수와 같은 9개, 열 수는 설정한 주성분 갯수 2개가 나타나는 것을 확인할 수 있다.
- 주성분 축이 직교함으로 주성분 점수들 간의 상관계수는 0임을 알 수 있다.

❒ 원래 변수 분산 합 : 주성분 점수의 분산 합

```
df.var()
df.values.var()
```

- 모든 주성분 점수들의 분산 합은 원래 변수의 분산 합과 같다.

[실행 결과]

```
In [4]: df.var()
Out[4]:
x1     1.122222
x2     0.677778
x3     0.444444
x4     0.266667
x5     0.500000
dtype: float64

In [5]: df.values.var()
Out[5]: 2.0196
```

❒ 주성분 점수의 분산

```
principalDf.var()
```

[실행 결과]

```
In [6]: principalDf.var()
Out[6]:
principal component 1    2.390852
principal component 2    1.639706
dtype: float64
```

❒ 주성분 점수간의 상관계수

```
principalDf.corr()
```

[실행 결과]

```
In [7]: principalDf.corr()
Out[7]:
                       principal component 1  principal component 2
principal component 1           1.000000e+00          -8.099379e-17
principal component 2          -8.099379e-17           1.000000e+00
```

② 탐색적 요인분석(EDA) 수행하기

❒ 라이브러리 불러오기, 데이터 불러오기, 데이터 모양 확인하기

```
import numpy as np
import pandas as pd
import matplotlib.pyplot as plt
import seaborn as sns
```

[실행 결과]

```
In [1]: import numpy as np
   ...: import pandas as pd
   ...: import matplotlib.pyplot as plt
   ...: import seaborn as sns
   ...: from pandas import DataFrame
   ...:
   ...: df =  {'x1' : [1,1,2,3,3,3,2,1,4,3],
   ...:        'x2' : [3,2,1,2,1,1,1,3,2,1],
   ...:        'x3' : [2,2,3,1,2,2,3,2,1,2],
   ...:        'x4' : [4,4,5,4,4,5,4,5,5,4],
   ...:        'x5' : [5,5,4,5,5,4,5,4,3,5]}
   ...:
   ...: df = pd.DataFrame(df)
   ...:
   ...: df.shape
Out[1]: (10, 5)
```

[해석]

- 데이터 모양이 10개의 행과 5개의 열로 되어 있다.

❐ 기술통계 확인하기

```
In [2]: df.describe()
Out[2]:
             x1         x2         x3         x4         x5
count  10.00000  10.000000  10.000000  10.000000  10.000000
mean    2.30000   1.700000   2.000000   4.400000   4.500000
std     1.05935   0.823273   0.666667   0.516398   0.707107
min     1.00000   1.000000   1.000000   4.000000   3.000000
25%     1.25000   1.000000   2.000000   4.000000   4.000000
50%     2.50000   1.500000   2.000000   4.000000   5.000000
75%     3.00000   2.000000   2.000000   5.000000   5.000000
max     4.00000   3.000000   3.000000   5.000000   5.000000
```

❐ 문항 리스트 확인하기

```
In [3]: df.columns
Out[3]: Index(['x1', 'x2', 'x3', 'x4', 'x5'], dtype='object')
```

[해석]

- 열이 5개 요인으로 구성되어 있다.

```
In [4]: items = df.columns.tolist()[2:]
   ...: items.sort()
```

❐ 요인분석 모델 불러오기

```
In [5]: from factor_analyzer import FactorAnalyzer
   ...: fa = FactorAnalyzer(n_factors=2, method="ml", rotation="promax")
   ...: fa.fit(df[items])
Out[5]: FactorAnalyzer(method='ml', n_factors=2, rotation_kwargs={})
```

[해석]

- 요인 개수는 2개, 최대우도방법, promax 회전으로 불러오기를 선택하였다.

❐ 요인 부하량 확인하기

```
In [6]: efa_result= pd.DataFrame(fa.loadings_, index=items)
   ...: efa_result
Out[6]:
           0         1
x3  0.007975  0.749723
x4  0.995026  0.155181
x5 -0.940074  0.168332
```

❐ 히트맵으로 확인하기

```
In [7]: import matplotlib.pyplot as plt
   ...: import seaborn as sns
   ...: plt.figure(figsize=(6,10))
   ...: sns.heatmap(efa_result, cmap="Blues", annot=True, fmt='.2f')
Out[7]: <matplotlib.axes._subplots.AxesSubplot at 0x2700e1a3ee0>
```

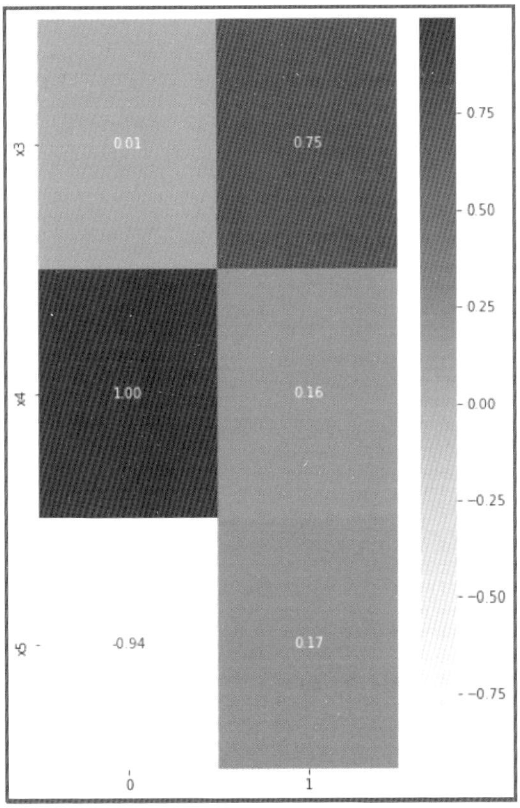

③ 요인분석 결과

- 요인1 : x3 : 자기조절
- 요인2 : x4 : 일상생활
- 나머지 문항들은 개별 문항으로 간주하고 분석(x1, x2, x5)

2) 사례 2

- 이러닝 수업에 대한 효과성을 다음과 같이 측정하였다.
- 5점 척도 : 매우 그렇지 않다(1), 그렇지 않다(2), 보통이다(3), 그렇다(4), 매우그렇다(5)

변수명	데이터유형
이러닝 수업은 학습에 대한 자발적 흥미와 학습 동기를 유발한다.(x1)	연속형(수치형)
이러닝 수업에서 상호 작용(이메일, 메시지, 전화상담, 면담 등)은 다양하게 이루어지고 있다.(x2)	연속형(수치형)
이러닝 수업에서 학습 목표 및 학습 내용와 관련된 토론 및 학습 과제는 적절히 제공되고 있다.(x3)	연속형(수치형)
이러닝 수업에서 제출한 과제에 대해 적절한 평가 및 피드백을 제공하고 있다.(x4)	연속형(수치형)
이러닝 수업에서 튜터의 학습안내 및 학습촉진 활동은 학습 진행에 도움이 되었다.(x5)	연속형(수치형)
향후 이러닝 수업을 계속 수강할 용의가 있다.(x6)	연속형(수치형)
이러닝 수업은 성적 향상에 도움이 된다.(x7)	연속형(수치형)
이러닝 수업은 자율적인 학습 능력 향상에 도움이 된다.(x8)	연속형(수치형)

① 주성분 분석(Principal Component Analysis, PCA) 실시하기

❒ 데이터 불러오기 및 DataFrame형으로 변환

```
import pandas as pd
import numpy as np
import pandas as pd
from pandas import DataFrame
df = {'x1' : [4,4,5,3,4,4,4,3,4,4,5,4,3,5,4,3,4,5,3,2],
        'x2' : [4,4,4,2,3,3,3,3,4,4,3,3,3,4,3,3,3,4,2,3],
        'x3' : [4,3,5,3,3,3,3,3,4,4,5,4,3,5,3,3,3,4,3,3],
        'x4' : [4,2,2,4,3,5,3,3,2,3,2,3,2,3,3,3,3,1,4,3],
        'x5' : [4,4,5,3,4,3,4,2,4,3,4,4,4,4,4,4,3,4,4,3],
        'x6' : [4,4,5,3,4,4,4,3,4,4,4,4,3,4,3,3,3,4,4,4],
        'x7' : [3,3,4,4,2,3,2,3,2,3,4,4,4,4,3,3,1,3,3,1],
        'x8' : [2,3,1,2,1,1,1,1,1,2,3,3,3,4,2,3,1,2,1,1]}
df = pd.DataFrame(df)
```

❒ 처음 5개행 확인

```
df.head()
```

- head() 함수를 이용하여 데이터의 처음 5개 행에 대해 확인할 수 있다.

[실행 결과]

```
In [1]: import pandas as pd
   ...: import numpy as np
   ...: import pandas as pd
   ...:
   ...: from pandas import DataFrame
   ...:
   ...: df = {'x1' : [4,4,5,3,4,4,4,3,4,4,5,4,3,5,4,3,4,5,3,2],
   ...:        'x2' : [4,4,4,2,3,3,3,3,4,4,3,3,3,4,3,3,3,4,2,3],
   ...:        'x3' : [4,3,5,3,3,3,3,3,4,4,5,4,3,5,3,3,3,4,3,3],
   ...:        'x4' : [4,2,2,4,3,5,3,3,2,3,2,3,2,3,3,3,3,1,4,3],
   ...:        'x5' : [4,4,5,3,4,3,4,2,4,3,4,4,4,4,4,4,3,4,4,3],
   ...:        'x6' : [4,4,5,3,4,4,4,3,4,4,4,4,3,4,3,3,3,4,4,4],
   ...:        'x7' : [3,3,4,4,2,3,2,3,2,3,4,4,4,4,3,3,1,3,3,1],
   ...:        'x8' : [2,3,1,2,1,1,1,1,1,2,3,3,3,4,2,3,1,2,1,1]}
   ...: df = pd.DataFrame(df)
   ...: df.head()
Out[1]:
   x1  x2  x3  x4  x5  x6  x7  x8
0   4   4   4   4   4   4   3   2
1   4   4   3   2   4   4   3   3
2   5   4   5   2   5   5   4   1
3   3   2   3   4   3   3   4   2
4   4   3   3   3   4   4   2   1
```

❒ pandas DataFrame의 칼럼 이름 확인하기

```
df.columns
```

[실행 결과]

```
In [2]: df.columns
Out[2]: Index(['x1', 'x2', 'x3', 'x4', 'x5', 'x6', 'x7', 'x8'], dtype='object')
```

❒ 자료 구조 파악하기

```
df.info()
```

- 데이터의 전반적인 구성과 형태를 파악한다.

[실행 결과]

```
In [3]: df.info()
<class 'pandas.core.frame.DataFrame'>
RangeIndex: 20 entries, 0 to 19
Data columns (total 8 columns):
 #   Column  Non-Null Count  Dtype
---  ------  --------------  -----
 0   x1      20 non-null     int64
 1   x2      20 non-null     int64
 2   x3      20 non-null     int64
 3   x4      20 non-null     int64
 4   x5      20 non-null     int64
 5   x6      20 non-null     int64
 6   x7      20 non-null     int64
 7   x8      20 non-null     int64
dtypes: int64(8)
memory usage: 1.4 KB
```

❒ 샘플링 적절성 확인

- Bartlett 구형성 검정(Bartlett's test of sphericity test)은 변수의 상관 행렬과 항등 행렬을 비교하는 검정법이다.
- 변수 간의 상관관계가 있는지를 확인하는 검정 방법이며 주로 요인분석(Factor Analysis)이나 주성분분석(Principal Component Analysis)의 적용 여부를 판단하는 데 사용한다.

```
from factor_analyzer.factor_analyzer import calculate_bartlett_sphericity
chi_square_value,p_value=calculate_bartlett_sphericity(df)
chi_square_value, p_value
```

[실행 결과]

```
In [4]: from factor_analyzer.factor_analyzer import calculate_bartlett_sphericity
   ...: chi_square_value,p_value=calculate_bartlett_sphericity(df)
   ...: chi_square_value, p_value
Out[4]: (70.72660738993658, 4.761993853465149e-06)
```

- 귀무가설 : 모집단의 상관행렬은 단위행렬과 동일하다.
- 대립가설 : 모집단의 상관행렬은 단위행렬과 동일하지 않다.
- 유의확률(p.value)가 0에 가까움으로 귀무가설을 기각한다.
- 즉 변수들간의 선형 상관성을 가지는 것으로 판단할 수 있다.

❒ 데이터의 적합성 측정하기

```
from factor_analyzer.factor_analyzer import calculate_kmo
kmo_all,kmo_model=calculate_kmo(df)
kmo_model
```

- Kaiser-Meyer-Olkin(KMO) 검정은 요인 분석을 위한 데이터의 적합성을 측정한다.
- 관측 된 각 변수와 전체 모델에 대한 적절성을 결정할 수 있다.
- KMO는 관측 된 모든 변수 간의 분산 비율을 추정한다.
- 요인분석에 더 적합한 낮은 비율 KMO 값의 범위는 0에서 1 사이이다.

[실행 결과]

```
In [5]: from factor_analyzer.factor_analyzer import calculate_kmo
   ...: kmo_all,kmo_model=calculate_kmo(df)
   ...: kmo_model
Out[5]: 0.6228839133028482
```

- KMO 값이 0.623으로 관측된 각 변수와 전체 모델에 대해 적절하다고 판단된다.

② 요인수 선택하기

❒ 요인분석 모델을 불러오기

```
from factor_analyzer import FactorAnalyzer
fa = FactorAnalyzer(rotation=None)
fa.fit(df)
```

[실행 결과]

```
In [6]: from factor_analyzer import FactorAnalyzer
   ...: fa = FactorAnalyzer(rotation=None)
   ...: fa.fit(df)
Out[6]: FactorAnalyzer(rotation=None, rotation_kwargs={})
```

❒ 요인 부하량 확인하기

```
fa.loadings_
```

[실행 결과]

```
In [9]: fa.loadings_
Out[9]:
array([[ 0.78634957, -0.07978615, -0.05013489],
       [ 0.6697189 , -0.27595229, -0.32460099],
       [ 0.85918182,  0.01225845,  0.05578888],
       [-0.49757134,  0.06049037,  0.43795151],
       [ 0.61523237, -0.02018004,  0.02876404],
       [ 0.68039927, -0.5665178 ,  0.46528297],
       [ 0.52419602,  0.77890474,  0.34004568],
       [ 0.42568707,  0.60300458, -0.20139455]])
```

❒ 요인 수 선택

```
ev, v = fa.get_eigenvalues()
ev
```

[실행 결과]

```
Out[7]:
array([3.67306245, 1.54280728, 0.97750019, 0.70058689, 0.40663312,
       0.35576018, 0.21079033, 0.13285956])
```

• Eigen값이 1이상일 때 까지 나누어야 데이터 결합을 최소화 할 수 있다.

❒ 요인 수 선택

```
import matplotlib.pyplot as plt
plt.scatter(range(1,df.shape[1]+1),ev)
plt.plot(range(1,df.shape[1]+1),ev)
plt.title('Scree Plot')
plt.xlabel('Factors')
plt.ylabel('Eigenvalue')
plt.grid()
plt.show()
```

[실행 결과]

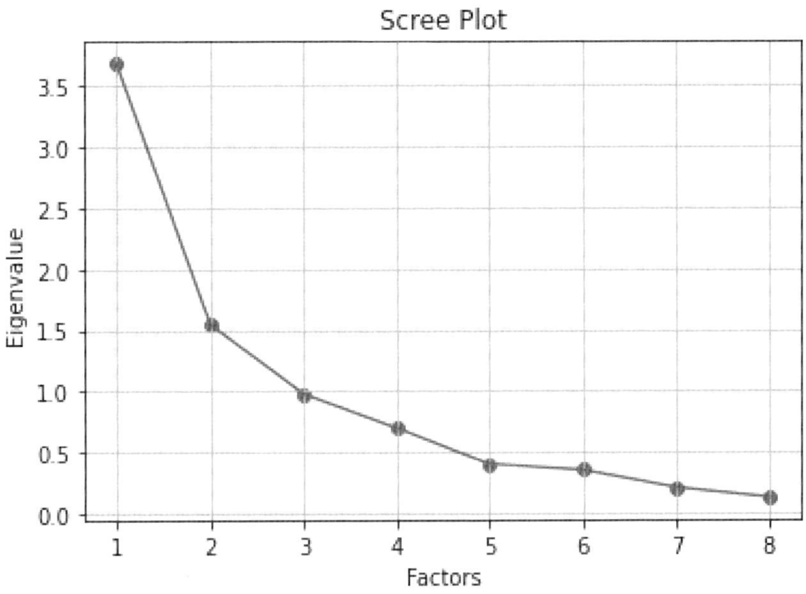

- 그래프의 기울기가 완만해지기 전까지 나누어야 데이터 결함을 최소화 할 수 있다.
- 위와 같은 경우 2개로 나누어주는 것이 최선이다.

③ 요인분석 결과

- 요인1 : 부하의 값의 크기가 0.6 이상을 그룹
  ==〉 x1, x2, x3, x5, x6을 한 그룹으로 묶는다.
- 요인2 : x7, x8
- 요인 1 : 학습촉진
- 요인 2 : 학습결과
- 나머지 문항들은 개별 문항으로 간주하고 분석(x4)

chapter 07

상관분석

학습개요

상관계수(Correlation Coefficient)는 두 양적 자료 간의 관련성이 있는지를 검정하는 통계분석 방법이다. 산점도 행렬는 산포도 그래프를 여러 개의 변수 조합별로 그린 행렬형태의 그래프를 말한다.

이 장에서는 상관분석의 개념을 이해할 수 있도록 제시한다. 그리고 Python을 이용하여 산점도를 작성할 수 있도록 제시한다. 더불어 Python을 이용하여 상관분석을 활용할 수 있도록 제시한다.

학습목표

- 상관분석의 핵심적인 개념을 숙지한다.
- Python을 이용하여 산점도를 작성할 수 있다.
- Python을 이용하여 상관분석을 활용할 수 있다.

7.1. 상관분석의 개념

상관분석은 두 변수(변인) 또는 그 이상의 변수들 간의 관련성을 알아보고자 할 때 자주 사용되는 분석기법으로 독립변인이나 종속변인이 존재하지 않는 구조이다. 상관분석이 사용되는 연구문제의 변인 구조를 나열하면 다음과 같다.

① 종업원의 친절함과 고객의 만족도 간에는 관련이 있는가?
② 하지의 길이와 100m 달리기 기록 간에는 관련이 있는가?
③ 순발력과 유연성, 지구력 간에는 관련이 있는가?

위의 연구문제들을 살펴보면, 변인들 간에 관련성의 존재 여부만을 파악하고자 하고 있다. 즉 인과관계나 영향의 방향 등은 고려하고 있지 않다. 이렇듯 상관분석은 관련성의 존재 여부와 만약 관련이 있다면 그것이 어떠한 관련성(양 또는 음의 관련성)이 있는지를, 그리고 관련성의 강도는 어느 정도인지를 분석할 때 사용하게 된다. 정리하면 상관분석을 통해서 얻을 수 있는 결과들은 다음과 같다.

상관분석에서는 관련 정도를 수치적으로 나타내기 위해서 관련 변수들의 공분산을 이용한 상관계수(correlation coefficient)를 구하게 되는데 공분산은 두 변수의 측정단위에 따라 커다란 차이가 나는 문제점이 있으므로 상대적인 강도를 나타내는 좋은 지표가 되지 못한다. 예를 들어, 길이를 나타내는 두 변수의 공분산을 구할 때 그 변수들이 센티미터(㎝)로 측정되는 경우보다 미터(m)로 측정되는 경우 공분산의 절댓값은 훨씬 작아지게 된다. 이렇듯 공분산은 두 변수 X와 Y의 단위에 의존하는 양이므로, 단위와는 무관한 척도를 얻기 위하여 공분산을 X와 Y의 표준편차의 곱으로 나누어서 얻은 값을 X와 Y의 상관계수라 한다.

1) 산점도

- 산점도 행렬는 산포도 그래프를 여러 개의 변수 조합별로 그린 행렬형태의 그래프를 말한다.
- 그래프를 이용하면 변수들끼리의 선형성을 파악하기 용이하기 때문에 탐색적 데이터 분석 때, 거의 빠지지 않고 살펴보는 과정 중 하나이다.
- 여러 개의 양적 자료에 대한 산점도를 하나의 그래프로 보여주는 것을 산점도 행렬(scatter plot matrix)이라고 한다.
- 산점도 행렬을 작성하기 위해서는 plot() 함수와 pairs() 함수를 사용하면 된다. 두 함수 안에 데이터 프레임(data frame) 형태로 자료를 지정한다.

2) 상관계수(correlation coefficient)

- 두 변수가 함께 변하는 정도를 -1 ~ 1 범위의 수로 나타낸 것을 말한다.
- 일반적으로 상관계수라고 하면 피어슨 상관계수를 말한다.
- 두 변수의 상관계수만 확인하려면 np.corrcoef 함수로 계산한다.

```
import numpy as np
np.corrcoef(x, y)
```

- 상관이 +인 경우 : 두 변수가 같은 방향으로 변화(하나가 증가하면 다른 하나도 증가)
- 상관이 -인 경우 : 두 변수가 반대 방향으로 변화(하나가 증가하면 다른 하나는 감소)
- 상관이 0이면 두 변수가 독립, 즉, 한 변수의 변화로 다른 변수의 변화를 예측하지 못한다.
- pearson 상관계수를 제곱하면 분산(=변화량)에서 공유하는 비율이 된다.
- 예를 들어 x와 y의 상관계수가 0.4이면 그 제곱은 0.16(=16%)이 된다.
- x의 분산 중 16%를 y와 공유 또는 x의 분산 중 16%가 y로 설명된다.
- 상관계수는 선형적인 관계를 측정하기 때문에 두 변수가 비선형적으로 함께 변하는 경우는 잘 측정하지 못한다.

3) 상관분석 시각화

- matplotlib은 파이썬에서 기본적인 차트를 쉽게 그릴 수 있도록 도와주는 데이터 시각화 라이브러리이다.
- seaborn은 matplotlib을 기반으로 만들어져 통계 데이터 시각화에 최적화된 라이브러리이다.

```
import matplotlib.pyplot as plt
import seaborn as sns
import pandas as pd

df = pd.DataFrame({"v1":[100,200,300,400],
                   "v2":[400,200,100,250],
                   "v3":[40,60,60,100]})
corr = df.corr(method = 'pearson')
corr
df_heatmap = sns.heatmap(corr, cbar = True,
                         annot = True,
                         annot_kws={'size' : 20},
                         fmt = '.2f',
                         square = True,
                         cmap = 'Blues')
```

[해석]

- matplotlib은 데이터 시각화 라이브러리
- seaborn은 통계 데이터 시각화에 최적화된 라이브러리
- cbar는 오른쪽에 있는 막대(범주)를 표시
- annot는 상관계수를 표시
- annot_kws는 상관계수의 글자 크기를 지정
- fmt는 상관계수의 소수점 자리수를 지정
- square는 정사각형으로 지정하는 것이며, False로 설정 시 직사각형이 됨
- cmap은 색상을 지정

[실행 결과]

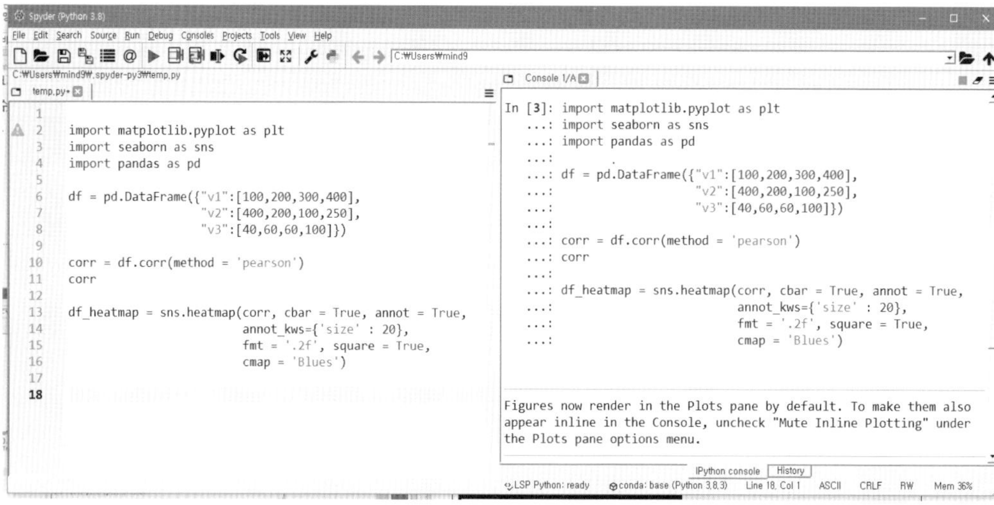

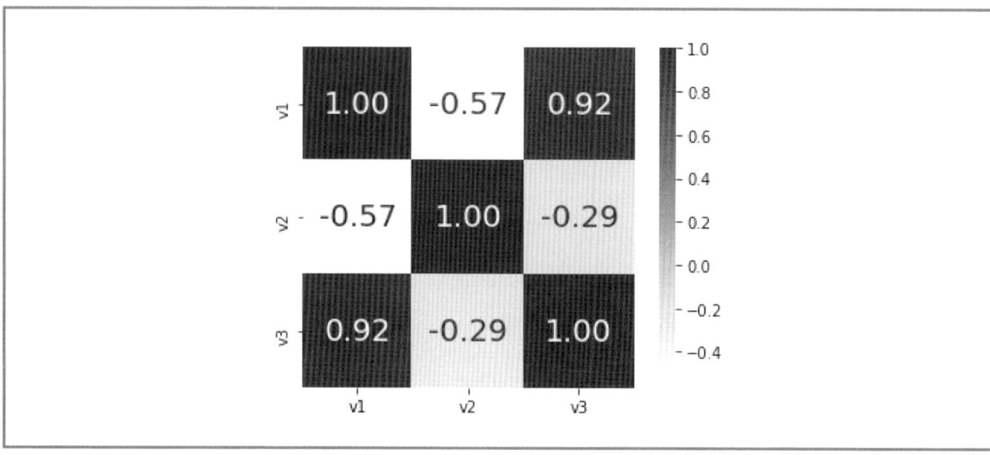

❒ 상관분석 결과

- v1 변수와 v3 변수간의 상관계수 : 0.92

  ==〉 v1 변수와 v3 변수간에는 양의 상관이 있다.

7.2. 상관분석 시 고려사항

상관분석 시 고려할 사항은 크게 두 가지이며 아래와 같다.

① 표본이 모집단을 충분히 대표할 수 있는가?

② 수집된 자료(데이터)의 척도에 맞는 분석 방법을 선택하였는가?

표본과 관련된 첫 번째 내용은 위에서 알아본 바와 같이 표본의 범위가 결과에 영향을 미치기 때문이다. 표본 크기(sample size)와는 상관이 없으며 범위와 관련되어 있음을 인지하여야 한다.

두 번째 고려 사항은 매우 중요한 부분이다. 통계학 입문자들의 통계분석 시 가장 자주 나타나는 오류 중의 하나가 자료의 척도 종류와 상관없이 분석기법들을 사용하는 것이다. 상관분석은 자신이 수집한 자료의 척도가 무엇이냐에 따라 분석 방법이 달라진다. 일반적으로 상관분석의 대상은 등간척도 이상의 자료이나 설문지 데이터와 같이 순위 데이터도 상관분석은 가능하다. 그러나 명명척도는 분석의 대상이 될 수 없다.

상관계수는 추출된 표본의 범위가 모집단을 설명할 수 있을 만큼 충분하여야 정확한 분석을 수행할 수 있다. 추출된 표본의 범위가 충분하지 못할 경우에는 상관계수의 값이 크게 나오더라도 그 값을 옳은 값으로 받아들이기 힘들다. 따라서 상관분석을 수행할 경우에는 매우 조심하여야 한다. 상관분석이 다른 분석들에 비해 분석 방법이 쉽다는 장점이 있기는 하지만 추출된 표본의 범위에 의해 상관계수 값의 변화가 심하고, 부호 또한 변경될 수 있음을 꼭 기억하여야 한다.

상관분석으로 가장 많이 사용하는 것은 피어슨(Pearson)의 상관계수이다. 피어슨의 경우 데이터가 등간척도, 비율척도일 경우 사용할 수 있다. 그러나 피어슨 상관계수의 경우 선형의 관계성만을 분석할 수 있다.

7.3. 상관분석 방법과 사례

1) 상관분석의 절차 및 내용

먼저 얻어진 자료의 척도가 무엇인지를 확인해야 한다. 위의 연구문제에서 얻어진 자료는 수치 자료이므로 비율척도라 할 수 있다. 따라서 피어슨, 스피어만, 켄달 모두를 사용할 수 있다.

다음은 얻어진 데이터를 이용하여 산점도를 그려보는 것이다. 산점도를 그려 보는 것은 분석하고자 하는 변수들의 관계성을 분석 전에 어느 정도 예측해 보기 위한 것도 있지만 무엇보다 이상점(outlier)의 존재 여부를 확인하기 위한 것이다.

- 이상점이란 자료의 전체적인 분포에서 크게 벗어난 특정 데이터를 말하는 것으로 이상점이 존재할 경우 상관계수의 값이 크게 왜곡될 수 있기 때문에 반드시 살펴봐야 한다.
- 대부분의 연구자들이 산점도를 그려 보지 않고 바로 분석을 수행하는 경우가 많은데 이는 정확한 분석을 위한 좋은 자세라 할 수 없다. 산점도를 통해 이상점이 발견될 경우 연구자는 이상점을 제거하고 분석할 것인지 아니면 포함하여 분석할 것인지를 면밀히 검토할 필요가 있다.
- 이상점에 대한 결정이 이루어졌다면 산점도를 통해 전체적인 데이터의 분포 모양을 보고 선형상관분석을 할 것인지 아니면 비선형상관분석을 할 것인지를 결정하여야 한다.
- 두 변수의 분포 모양이 직선 형태라면 선형상관분석을 수행하는 피어슨의 상관계수를 구하고, 분포 모양이 직선에서 많이 벗어났을 경우에는 비선형상관분석을 수행하는 스피어만이나 켄달의 상관계수를 구하는 것이 보다 바람직하다.
- 이 단계까지 결정이 되었다면 이제 실제 분석을 수행하고 그 결과를 해석하여 보고서를 작성하면 된다.

2) 상관분석의 실행 방법

- 상관분석은 두 변수간에 어떤 선형적 또는 비선형적 관계를 갖고 있는지를 분석한다.
- 두 변수간의 관계의 강도를 상관관계라고 하며, 그 정도를 파악하는 것을 상관계수라고 한다.
- 상관관계는 한 변수의 변화에 따른 변수의 변화 정도와 방향을 예측하는 분석기법이다.

사례 연구자는 지구력과 순발력, 균형성, 체력이 상호 관련성이 있는지를 알아보기 위해서 12명의 피험자를 대상으로 각각의 측정 점수를 얻었으며 그 점수는 아래의 표와 같다. 지구력, 순발력, 균형성, 체력간에 상관관계가 있는지 분석한다.

endurance	quickness	balance	power
19.000	28.500	26.500	74.000
18.333	24.000	33.000	75.333
18.333	27.000	31.000	76.333
2.333	27.900	20.000	50.233
18.333	18.000	16.000	52.333
14.666	23.400	25.000	63.066
18.000	26.700	22.500	67.200
10.666	25.500	23.000	59.166
18.333	29.100	17.000	64.433
16.666	24.600	28.000	69.266
19.666	25.200	21.500	66.366
11.666	26.400	27.500	65.566

■ 산점도 그리기

위의 데이터를 가지고 먼저 산점도를 그린다.

① 지구력과 체력간에 산점도 그리기

```
endurance = [19.000,18.333,18.333,2.333,18.333,14.666,18.000,
10.666,18.333, 16.666,19.666,11.666]
power = [74.000,75.333,76.333,50.233,52.333,63.066,67.200,59.166,64.433,
69.266,66.366,65.566]

import matplotlib.pyplot as plt
plt.plot(endurance, power, 'o')          # 산점도
plt.xlabel("endurance")                  # x축 레이블 지정
plt.ylabel("power")                      # y축 레이블 지정
plt.grid()                               # 플롯에 격자 보이기
plt.show()                               # 플롯 보이기
```

[결과]

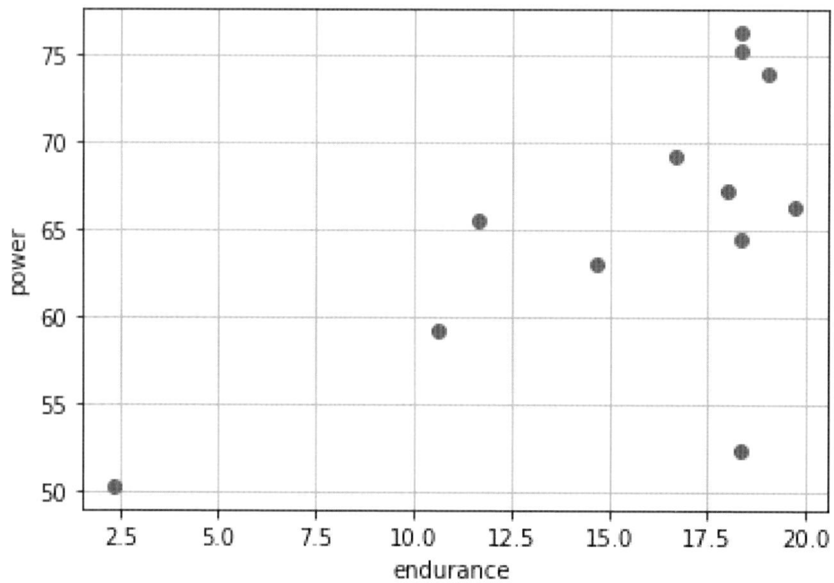

② 체력과 순발력간에 산점도 그리기

```
power = [74.000,75.333,76.333,50.233,52.333,63.066,67.200,59.166,64.433,
69.266,66.366,65.566]
quickness = [28.500,24.000,27.000,27.900,18.000,23.400,26.700,25.500,29.100,
24.600,25.200,26.400]

import matplotlib.pyplot as plt
plt.plot(power, quickness, 'o')          # 산점도
plt.xlabel("power")                      # x축 레이블 지정
plt.ylabel("quickness")                  # y축 레이블 지정
plt.grid()                               # 플롯에 격자 보이기
plt.show()                               # 플롯 보이기
```

[결과]

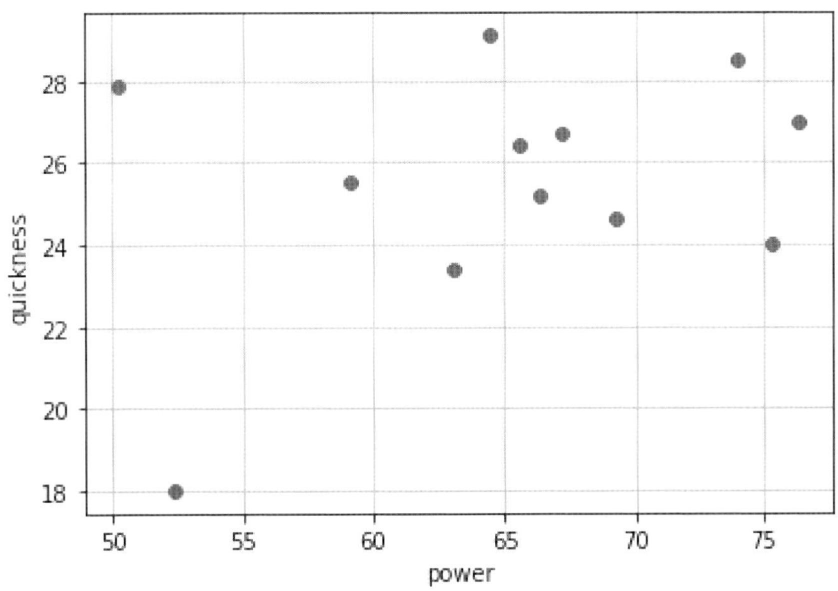

③ 균형성과 체력간에 산점도 그리기

```
balance = [26.500,33.000,31.000,20.000,16.000,25.000,22.500,23.000,
17.000,28.000,21.500,27.500]
power = [74.000,75.333,76.333,50.233,52.333,63.066,67.200,59.166,64.433,
69.266,66.366,65.566]

import matplotlib.pyplot as plt
plt.plot(balance, power, 'o')          # 산점도
plt.xlabel("balance")                  # x축 레이블 지정
plt.ylabel("power")                    # y축 레이블 지정
plt.grid()                             # 플롯에 격자 보이기
plt.show()                             # 플롯 보이기
```

[결과]

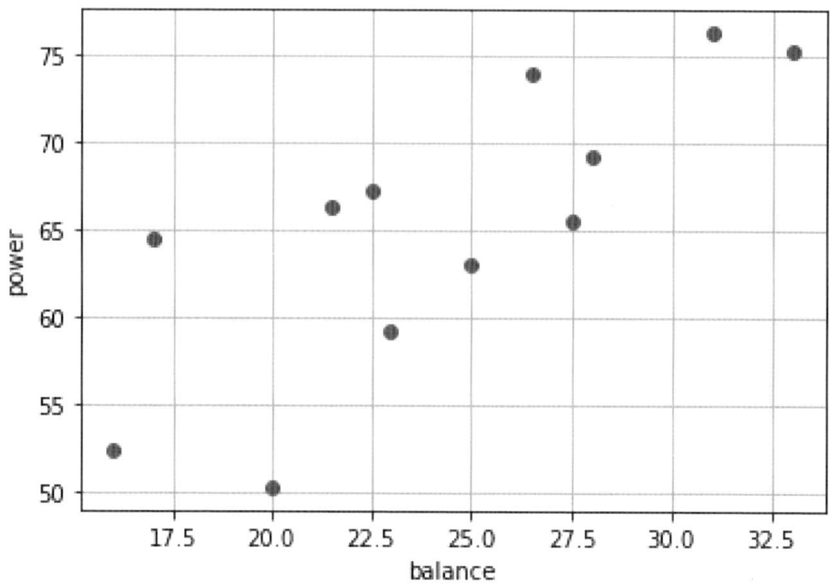

[해석]

- 결과를 살펴보면, 전체적으로 데이터들이 선형의 형태에 가깝게 분포되어 있으나 X축의 아래쪽에 위치하고 있는 두 개의 데이터가 전체적인 분포 경향에서 떨어져 있음을 볼 수 있다.
- 이러한 특정 데이터를 이상점(outlier)이라고 한다.
- 이상점이 발견되면 연구자는 이상점을 분석에 포함할 것인지 아니면 삭제하고 분석할 것인지 결정해야 한다.
- 산점도를 통해 수집된 데이터의 전체적인 경향을 살펴보면 전반적인 분석 방향을 판별할 수 있다.
- 이상점의 삭제 여부 결정과 관련해서는 주의를 기울여야 한다.
- 진짜 이상점 인지 아니면 표본추출 시 충분한 범위를 포함하지 못한 것인지 판별하여야 한다.

- 이상점에 대한 결정이 이루어지면 산점도를 통해 전체적인 데이터의 분포 모양을 보고 선형상관분석을 할 것인지 아니면 비선형상관분석을 할 것인지를 결정한다.

↓

- 두 변수의 분포 모양이 직선 형태라면 선형상관분석을 수행하는 피어슨의 상관계수를 구한다.

↓

- 분포 모양이 직선에서 많이 벗어났을 경우에는 비선형상관분석을 수행하는 스피어만이나 켄달의 상관계수를 구하는 것이 보다 바람직하다.

■ 지구력과 체력간에 상관계수 검정

① 피어슨 상관계수 검정

```
endurance = [19.000,18.333,18.333,2.333,18.333,14.666,18.000,
10.666,18.333, 16.666,19.666,11.666]
power = [74.000,75.333,76.333,50.233,52.333,63.066,67.200,59.166,64.433,
69.266,66.366,65.566]

import scipy.stats as stats
# 피어슨 상관계수 검정
corr = stats.pearsonr(endurance, power)
corr
```

[결과]

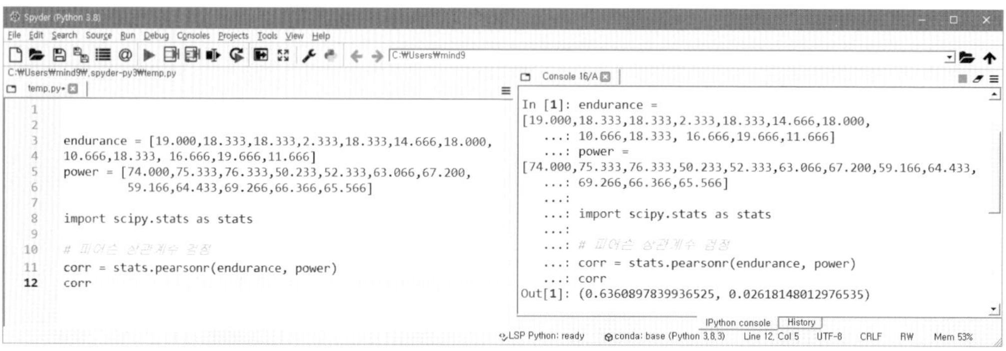


```
Out: (0.6360897839936525, 0.02618148012976535)
```

[해석]

- 귀무가설 : 지구력과 체력간에는 관련성(직선의 관계)이 없다.
- 대립가설 : 지구력과 체력간에는 관련성(직선의 관계)이 있다.
- 결과에서 처음 값은 상관계수이고, 두번째 값은 p-value이다.
- 피어슨 상관계수는 0.63608로 강한 양의 상관관계이다.
- p-value가 0.0261로 0.05보다 작은 값이기 때문에, 귀무가설을 기각하고 대립가설을 채택한다.

② 켄달의 타우 검정

```
endurance = [19.000,18.333,18.333,2.333,18.333,14.666,18.000,
10.666,18.333, 16.666,19.666,11.666]
power = [74.000,75.333,76.333,50.233,52.333,63.066,67.200,59.166,64.433,
69.266,66.366,65.566]

import scipy.stats as stats
# 켄달의 타우 검정
tau = stats.kendalltau(endurance, power)
tau
```

[결과]

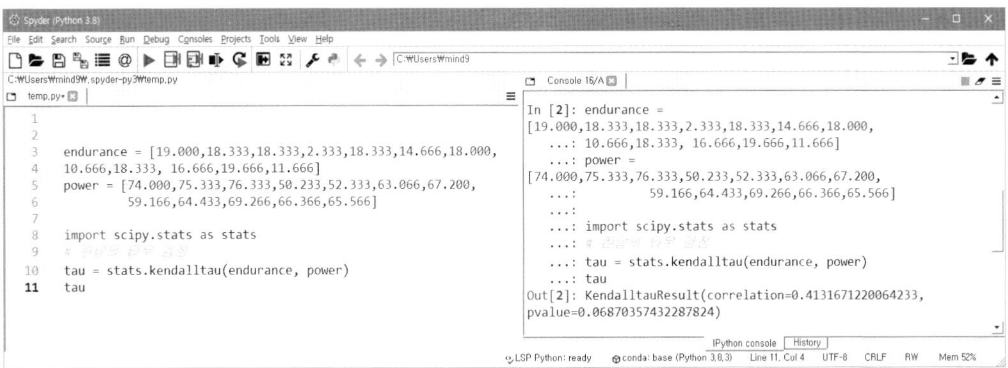


```
Out: KendalltauResult(correlation=0.4131671220064233,
     pvalue=0.06870357432287824)
```

③ 스피어만 상관계수 검정

```
endurance = [19.000,18.333,18.333,2.333,18.333,14.666,18.000,
10.666,18.333, 16.666,19.666,11.666]
power = [74.000,75.333,76.333,50.233,52.333,63.066,67.200,59.166,64.433,
69.266,66.366,65.566]

import scipy.stats as stats
# 스피어만 상관계수 검정
rho = stats.spearmanr(endurance, power)
rho
```

[결과]

```
Out: SpearmanrResult(correlation=0.5410109189581528,
     pvalue=0.06931179586160229)
```

■ 지구력, 순발력, 균형성, 체력 간에 상관관계

- 분석 결과를 살펴보면, "상관계수"와 "비모수상관"이란 제목의 결과가 출력되어 있다.
- 처음에 나타나 있는 상관계수는 디폴트로 지정되어 있는 피어슨의 상관계수를 나타낸다.
- 두 번째 나타나 있는 비모수상관 내용은 켄달과 스피어만의 상관계수를 나타내고 있다.

① person의 상관계수

```
import pandas as pd

df = pd.DataFrame({
"endurance" : [19.000,18.333,18.333,2.333,18.333,14.666,18.000,10.666,18.333,
16.666,19.666,11.666],
"quickness" : [28.500,24.000,27.000,27.900,18.000,23.400,26.700,25.500,29.100,
24.600,25.200,26.400],
"balance" : [26.500,33.000,31.000,20.000,16.000,25.000,22.500,23.000,
17.000,28.000,21.500,27.500],
"power" : [74.000,75.333,76.333,50.233,52.333,63.066,67.200,59.166,64.433,
69.266,66.366,65.566]})

corr = df.corr(method = 'pearson')
corr
```

[결과]

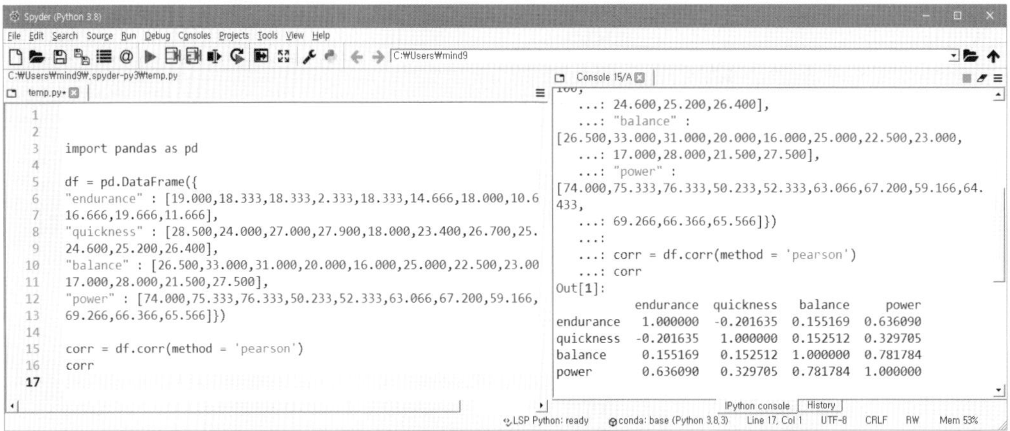

	endurance	quickness	balance	power
endurance	1.000000	-0.201635	0.155169	0.636090
quickness	-0.201635	1.000000	0.152512	0.329705
balance	0.155169	0.152512	1.000000	0.781784
power	0.636090	0.329705	0.781784	1.000000

[결과 해석]

- 상관계수 표를 보면 Pearson 상관계수가 차례대로 출력되어 있다.
- 표의 대각 성분 값들이 모두 1로 되어 있음을 볼 수 있는데 이는 자기와의 상관이기 때문에 모두 1이 된다.
- 그리고 대각 성분을 중심으로 위, 아래 값들이 동일함을 볼 수 있다. 따라서 대각 성분을 중심으로 위쪽이나 아래쪽, 한쪽만 보면 된다.
- 결과를 보면 endurance−power의 상관계수가 0.636, balance−power의 상관계수가 0.782로 상호 간에 관련성이 있는 것으로 분석되었다.
- endurance−power의 유의확률 값도 각각 0.026으로 유의수준 0.05보다 낮게 나타나 통계적으로도 의미가 있는 것으로 분석되었다.
- 0.5 이하인 경우 상관이 없는 것으로 판단한다.

② Kendall의 상관계수

```
import pandas as pd
df = pd.DataFrame({
"endurance" : [19.000,18.333,18.333,2.333,18.333,14.666,18.000,10.666,18.333,
16.666,19.666,11.666],
"quickness" : [28.500,24.000,27.000,27.900,18.000,23.400,26.700,25.500,29.100,
24.600,25.200,26.400],
"balance" : [26.500,33.000,31.000,20.000,16.000,25.000,22.500,23.000,
17.000,28.000,21.500,27.500],
"power" : [74.000,75.333,76.333,50.233,52.333,63.066,67.200,59.166,64.433,
69.266,66.366,65.566]})
corr = df.corr(method = 'kendall')
corr
```

[결과]

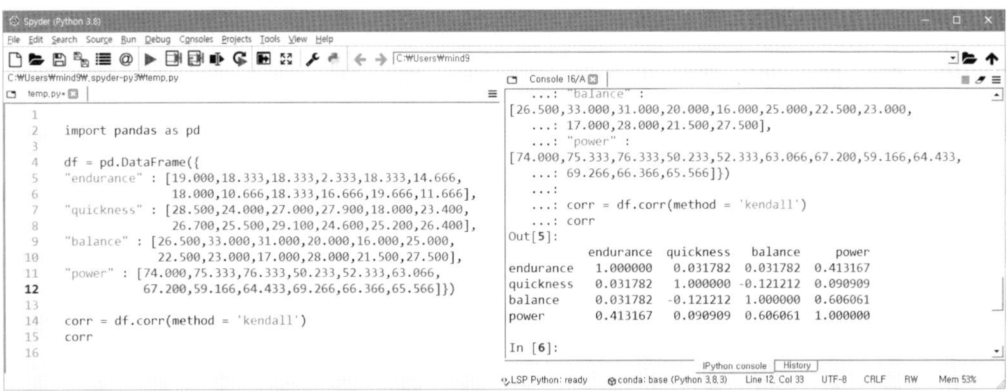

	endurance	quickness	balance	power
endurance	1.000000	0.031782	0.031782	0.413167
quickness	0.031782	1.000000	-0.121212	0.090909
balance	0.031782	-0.121212	1.000000	0.606061
power	0.413167	0.090909	0.606061	1.000000

③ spearman의 상관계수

```
import pandas as pd

df = pd.DataFrame({
"endurance" : [19.000,18.333,18.333,2.333,18.333,14.666,18.000,10.666,18.333,
16.666,19.666,11.666],
"quickness" : [28.500,24.000,27.000,27.900,18.000,23.400,26.700,25.500,29.100,
24.600,25.200,26.400],
"balance" : [26.500,33.000,31.000,20.000,16.000,25.000,22.500,23.000,
17.000,28.000,21.500,27.500],
"power" : [74.000,75.333,76.333,50.233,52.333,63.066,67.200,59.166,64.433,
69.266,66.366,65.566]})

corr = df.corr(method = 'spearman')
corr
```

[결과]

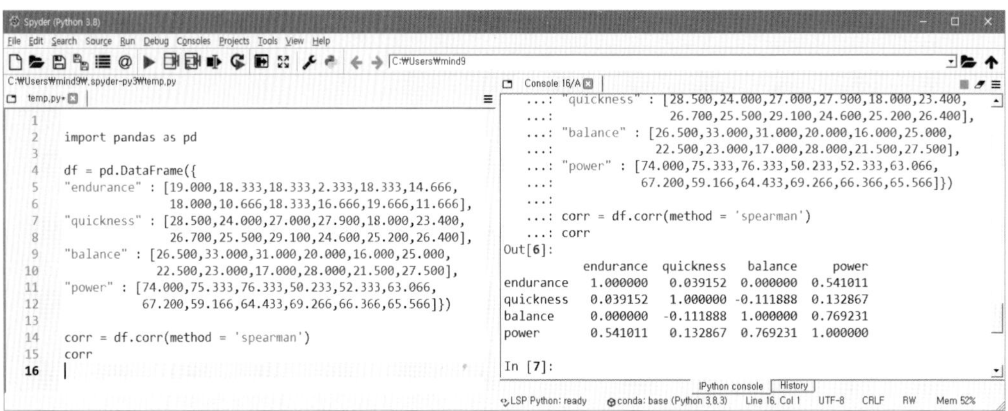

	endurance	quickness	balance	power
endurance	1.000000	0.039152	0.000000	0.541011
quickness	0.039152	1.000000	-0.111888	0.132867
balance	0.000000	-0.111888	1.000000	0.769231
power	0.541011	0.132867	0.769231	1.000000

[결과 해석]

❒ 스피어만의 상관분석은 비모수 통계분석 방법 중의 하나임을 나타낸 것이다.

- 상관계수 표를 보는 방법은 첫 번째 결과인 피어슨의 상관계수 표를 보는 것과 동일하다.
- 결과를 살펴보면, 켄달의 경우 균형성(balance)－체력(power)의 상관계수가 0.606, 지구력(endurance)－체력(power)의 상관계수가 0.413으로 나타났으나 통계적으로 유의한 것은 균형성(balance)－체력(power)뿐인 것으로 분석되었다.
- 스피어만의 경우는 균형성(balance)－체력(power)의 상관계수가 0.769, 지구력(endurance)－체력(power)의 상관계수가 0.541로 나타났으나 균형성(balance)－체력(power)만이 통계적으로 유의한 것으로 분석되었다.

❒ 3종류의 상관계수를 상호 비교해 보면 피어슨의 상관계수 값이 크게 나왔고, 통계적 유의한 차이가 있는 것으로 분석되었다.

- 따라서 연구자는 피어슨의 분석 결과를 취하여 보고하는 것이 바람직하다.
- 결론적으로 분석을 통해 연구자는 균형성(balance)와 체력(power)간에 그리고 지구력(endurance)와 체력(power) 간에 관련성이 있는 것을 알게되었다.
- 지구력(endurance)보다는 균형성(balance), 체력(power)와 관련이 강한 것을 알게 되었다.

chapter 08

평균비교 : t-검정

학습개요

t-검정(t-test)은 주로 두 집단 간의 평균값의 차이를 확인하기 위해 활용된다. t-검정을 위한 측정척도의 조건으로 독립변수는 명목척도로 측정하고, 종속변수는 등간척도 또는 비율척도로 측정된 변수이다. 두 집단간의 평균의 차이가 통계적으로 유의한지를 파악할 때 이용하는 통계기법이다.

단일표본 t-검정, 독립표본 t-검정, 대응표본 t-검정을 추정하여 검정하는 방법을 익힌다. 그리고 평균비교, 실험집단과 통제집단의 실험효과성의 차이 검증, 통계치 차이의 유의도 검증을 방법을 익힌다.

학습목표

- t-검증의 개념을 이해할 수 있다.
- 단일표본 t-검정을 이해하고 분석기법을 적용할 수 있다.
- 독립표본 t-검정을 이해하고 분석기법을 적용할 수 있다.
- 대응표본 t-검정을 이해하고 분석기법을 적용할 수 있다.

8.1. t-검정의 개념

- 사회과학 연구에서 t-검정(t-test)은 주로 두 집단 간의 평균값의 차이를 확인하기 위해 활용된다. t-검정을 위한 측정척도의 조건으로 독립변수는 명목척도로 측정하고, 종속변수는 등간척도 또는 비율척도로 측정된 변수이다.

- 예컨대 남성과 여성의 평균 키나 몸무게에 차이가 있는지 확인하고자 하거나, 초등학생과 고등학생 간의 영어능력에 차이가 있는지 확인하고자 할 때 t-검정을 활용하게 된다. t-검정은 독립표본 t검정과 대응표본 t-검정이 있다.

- t-검정이란 두 모집단의 평균의 차이 유무를 판단하는 통계적 검정 방법으로, 두 모집단의 평균간의 차이는 없다라는 귀무가설과 두 모집단의 평균간에 차이가 있다라는 대립가설 중에 하나를 선택하는 통계적인 검정 방법이다.

- 모든 통계적 검정 방법과 마찬가지로, T-검정은 귀무가설이 옳다는 가정하에 두 모집단으로부터 추출된 표본들로부터 계산된 검정 통계량에 근거하여 귀무가설을 부정할 수 있는 상당한 근거를 보이면 귀무가설을 기각하고, 그렇지 않은 경우에는 귀무가설을 받아들이게 된다.

- 일반적으로 두 집단의 평균을 비교하는 분석 방법에는 크게 Z-검정과 T-검정으로 구분되는 데 Z-검정은 모집단의 분산을 알고 있는 경우 사용되고, 두 모집단의 분산을 알고 있는 경우는 통상 드물기 때문에 T-검정을 주로 사용하게 된다.

- t-검정은 두 집단간의 평균의 차이가 통계적으로 유의한지를 파악할 때 이용하는 통계기법이다.

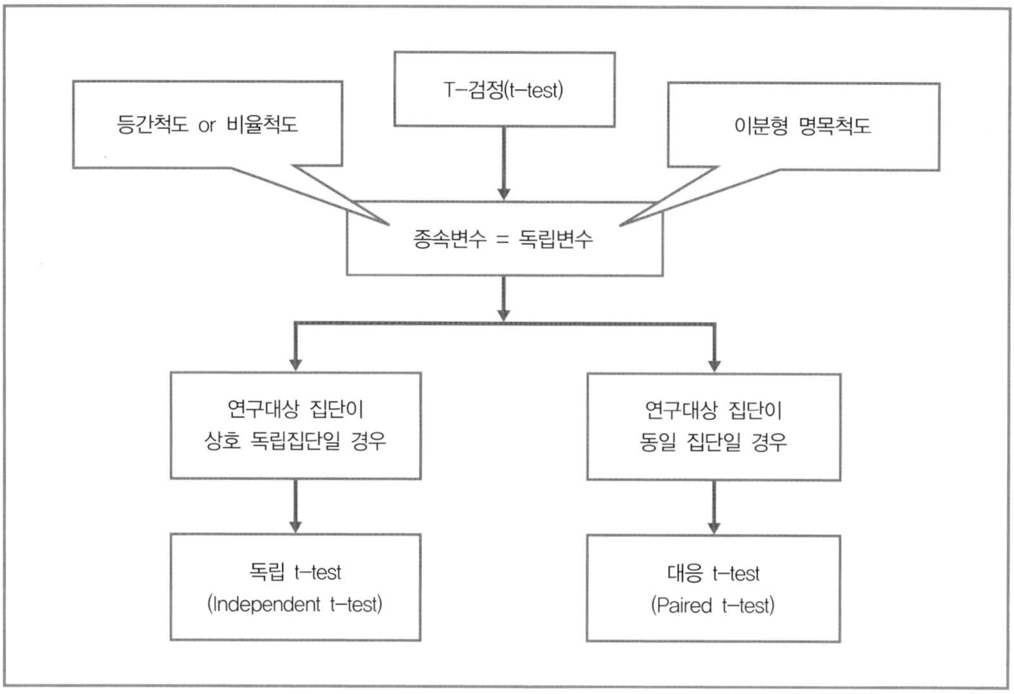

1) 단일표본 t-검정(One sample t-test)

- 단일표본 t-검정은 표본 평균과 표본의 변동성에 상대적인 가설 평균의 차이를 계산한다.
- 음료수 공장장이 음료수 병에 담긴 음료수의 양의 표본을 랜덤으로 수집한 다음, 단일표본 t-검정으로 음료수 양의 기준과 유의하게 다른지 확인하여 품질을 관리할 수 있다.

2) 독립표본 t-검정(Independent Samples t-test)

- 독립표본 t-검정은 비교집단이 상호 독립적으로 추출된 상황을 전제로 한다. 서로 다른 두 개의 집단의 평균점수에 유의미한 차이가 있는지 확인하기 위한 통계기법이 독립표본 t-검정이다.
- 여기에서 비교대상이 되는 집단은 2개로 구성된 명목척도의 변인이어야 한다. 아울러 종속변인은 등간척도나 비율척도로 구성되는 것이 원칙이다.
- 예컨대 남성과 여성의 평균 키의 차이를 살펴보는 연구일 경우, 비교대상이 되는 집단이 상호 독립적인 2개의 집단이고, 키는 비율척도로 구성되어 있다.

- 이 경우 독립표본 t-검정을 통해 두 집단의 평균 키와 표준편차를 각각 확인할 수 있고, 두 집단의 평균 키에 차이가 있다면 그러한 차이가 통계적으로 유의미한 것인지 확인할 수 있다.

3) 대응표본 t-검정(Paired Samples t-test)

- 대응표본 t-검정은 동일한 표본에서 두 변인 간 평균의 차이가 있는지 확인하기 위해 활용하는 통계분석 방법이다.
- 예컨대 교수의 통계분석 수업을 수강하기 이전의 통계분석 활용 능력에 대한 평가와 수업을 수강한 이후의 학업성취도 인식(통계분석 활용 능력에 대한 평가)에는 차이가 있을 것이다.
- 대응표본 t-검정은 교수의 수업을 듣기 전후 수강생들의 학업성취도의 평균과 표준편차를 확인할 수 있게 해주고, 이러한 차이가 통계적으로 유의미한지 확인할 수 있게 해준다.
- 대응표본 t-검정은 주로 실험설계, 유사실험설계 등 사전사후 검사의 평균 차이 등에 활용된다.
- t-검정의 검증통계량은 t분포에 근거한 t값 이다.
- t 값이 $t \geq 1.96$일 때 유의확률 수준($p < 0.05$)에서 두 집단 간 통계적으로 유의미한 차이를 보인다.

8.2. 단일표본 t-검정(one sample t-test) 방법과 사례

- 한 개의 모집단에서 관심이 있는 연속형 변수의 평균(μ)값을 특정 기준값과 비교하고자 할 때 사용한다.
- 이전보다 모평균이 커졌는지, 작아졌는지, 변화가 있는지를 통계적으로 검정하는 방법이다.

사례 A과수원에서 생산되는 사과 무게가 평균 150g으로 알려져 있는데, 실제로 그러한지 알아보기 위해 사과 15개를 임의로 뽑아서 무게를 측정한다. 이 측정치를 가지고 특정 기준값(=평균 200g)과 같다고 할 수 있는지 검정한다.

- 귀무 가설 : 사과 무게가 평균 150g이다.
- 대립 가설 : 사과 무게가 평균 150g보다 크다.

① 패키지/모듈 불러오기

```
import numpy as np
from scipy import stats
```

[해석]

- 넘파이(NumPy)는 행렬(matrix)이나 다차원 배열(ndarray)을 쉽게 처리할 수 있도록 지원하는 기본 패키지이다.
- 사이파이(SciPy)는 수학, 과학, 및 공학을 위한 오픈소스 소프트웨어이다.
- 스탯스(Stats) 모듈은 통계함수들(statistical functions)을 제공하고 있다.

② t-검정 계산

```
apple_weight = [117, 108, 105, 140, 101, 93, 96, 108, 108, 155, 169, 112, 170, 91, 100, 96, 120, 175, 196, 195]
tTestResult= stats.ttest_1samp(apple_weight,150)
print("The T-statistic is %.3f and the p-value is %.3f" % tTestResult)
```

③ t-검정 결과

```
The T-statistic is -2.802 and the p-value is 0.011
```

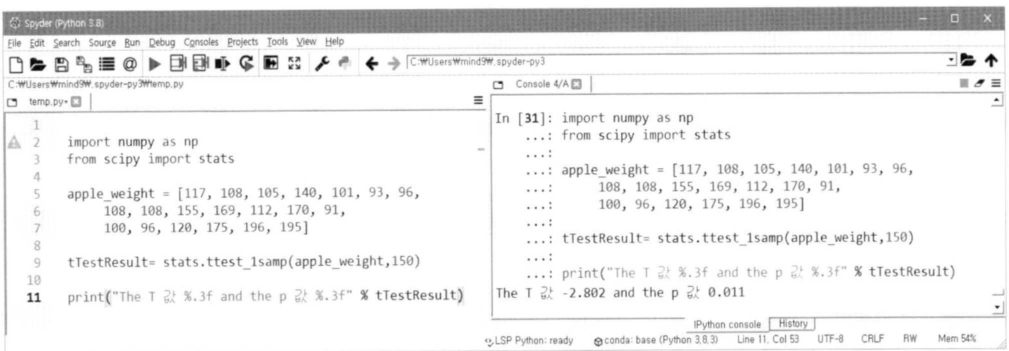

[t-검정 결과 해석]

- 귀무가설 : 사과 무게가 평균 150g이다.
- 대립가설 : 사과 무게가 평균 150g보다 크다.

- p-value 가 0.01로, 기각역을 p 〈 0.05로 설정했을 때 귀무 가설을 기각한다.
- 귀무 가설이 참일 때(사과 무게가 평균 150g일때) 위와 같은 표본을 얻을 확률이 0.01로, 사과 무게가 평균 150g보다 크다고 할 수 있다.

8.3. 독립표본 t-검정(independent sample t-test) 방법과 사례

- 두 개의 독립된 모집단의 평균을 비교하고자 할 때 사용하는 검정방법이다.
- 독립표본 t-검정은 검정 수행 과정 전에 등분산 검정을 먼저 수행해야 한다.
- 등분산성을 만족하는지의 여부에 따라 유의확률과 검정통계량의 값이 다르게 계산한다.

사례 1 서울, 부산(=두개의 독립된 모집단) 두 지역의 낮 최고기온에 차이가 있는지를 알아보기 위해 약 5일 동안 두 지역의 낮 최고기온을 측정한 데이터로 독립표본 t-검정을 수행한다.

① 패키지/모듈 불러오기

```
import numpy as np
from scipy import stats
```

② 평균, 분산, 표준편차, 자유도 계산

```
seoul = [12, 13, 13, 10, 15, 14, 15, 13, 14, 16]
busan = [15, 16, 16, 14, 19, 18, 18, 17, 17, 19]
print(f"seoul_mean: {np.mean(seoul)}")
print(f"busan_mean: {np.mean(busan)}")
print(f"seoul_var: {np.var(seoul, ddof=1)}")
print(f"busan_var: {np.var(busan, ddof=1)}")
print(f"seoul_std: {np.std(seoul, ddof=1)}")
print(f"busan_std: {np.std(busan, ddof=1)}")
df = len(seoul) + len(busan) - 2
print(f"자유도= {df}")
```

③ t-검정 계산

```
t, p = stats.ttest_ind(seoul, busan)
print("t_value = " + str(t))
print("p_value = " + str(p))
```

④ 결과

```
seoul_mean: 13.5
busan_mean: 16.9
seoul_var: 2.9444444444444446
busan_var: 2.766666666666667
seoul_std: 1.7159383568311668
busan_std: 1.66332999331662
자유도= 18
t_value = -4.499027132190553
p_value = 0.0002775944080051327
```

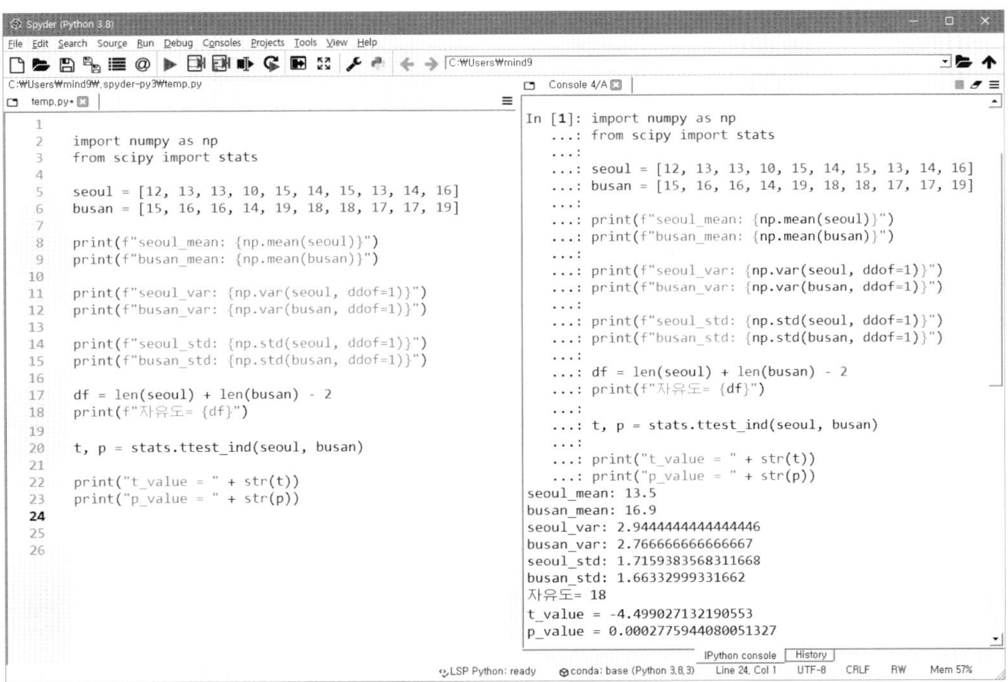

[t-검정 결과 해석]

■ 연구문제의 내용을 살펴보면, 두 지역(서울, 부산)의 낮 최고기온에 차이가 있는가를 검정하는 것이므로 연구가설과 영가설은 다음과 같다.

종속변수	독립변수	평균	표준편차	t값	유의수준
기온	서울	13.5	1.72	-4.50	0.00
	부산	16.9	1.66		

■ **연구가설** : 두 지역(서울, 부산)의 낮 최고기온에 차이가 있을 것이다.

■ **영가설** : 두 지역(서울, 부산)의 낮 최고기온에 차이가 없을 것이다.

- t-검정 결과는 t값과 유의수준을 통해 확인할 수 있다.
- 분석 결과에 의하면 t=-4.50, 자유도는 18, 유의수준은 .015로 나타났다.
- 이는 사회과학 연구의 일반적 유의수준인 .05보다 작은 것이다($p < .05$).
- 따라서 영가설은 기각되고, 연구가설이 지지된다. 이는 두 지역(서울, 부산)의 낮 최고기온에 차이가 있음을 보여준다.
- 기술통계 결과에 의하면 부산지역이 서울지역에 비해 낮 최고기온이 높은 것으로 나타났다
- t-검정 결과 부산(M=16.9, SD=1.66)이 서울(M=13.5, SD=1.72)에 비해 낮 최고기온이 높다는 결과는 통계적으로 유의미한 것으로 나타났다($t=-4.50$, $df=18$, $p < .05$).

사례 2 남성과 여성 간의 레저스포츠에 사용하는 비용에 차이가 있는지를 알아보기 위해서 조사를 한 결과 다음과 같은 데이터를 독립표본 t-검정으로 수행한다. 성별에 따라 레저스포츠에 사용하는 비용에 차이가 있는지 유의에서 검정하라.

- 연구문제의 내용을 살펴보면, 성별에 따라 비용에 차이가 있는가를 검정하는 것이므로 귀무가설과 연구가설(대립가설)은 다음과 같다.

- **귀무가설** : 성별에 따라 레저스포츠에 사용되는 비용에는 차이가 없을 것이다.
- **연구가설** : 성별에 따라 레저스포츠에 사용되는 비용에는 차이가 있을 것이다.

- 가설에 따른 변인구조는 cost=gender이다.
- 종속변수인 cost 변수는 비용으로서, 비율척도로 측정된 것이고 독립변수인 gender 변수는 1과 2로 표기하였으나 남녀를 지칭하는 것으로 사용되었으므로 이분형 명목척도이다.
- 따라서 변인구조는 t-검정을 수행하는 데 적당하다. 분석의 대상이 되는 집단은 남녀 집단으로 두 집단이고 각 집단은 대응되지 않으며 상호 간에 독립적으로 존재한다.
- 따라서 독립 t-검정을 수행한다. 위의 연구가설에 따라 차이검정을 하는 것이므로 양측검정을 수행한다.

```
gender = [1,1,1,1,1,1,1,1,1,1,2,2,2,2,2,2,2,2,2,2]
cost = [60,65,70,65,75,50,80,80,75,70,80,90,85,80,75,70,85,90,95,85]
```

① 패키지/모듈 불러오기

```
import numpy as np
from scipy import stats
```

② 독립 t-검정 분석결과: 집단통계량

	gender	N	평균	표준편차
cost	남자	10	69.00	9.369
	여자	10	83.50	7.472

③ 평균, 분산, 표준편차, 자유도 계산

```
cost1 = [60,65,70,65,75,50,80,80,75,70]
cost2 = [80,90,85,80,75,70,85,90,95,85]

print(f"cost1_mean: {np.mean(cost1)}")
print(f"cost2_mean: {np.mean(cost2)}")
print(f"cost1_var: {np.var(cost1, ddof=1)}")
print(f"cost2_var: {np.var(cost2, ddof=1)}")
print(f"cost1_std: {np.std(cost1, ddof=1)}")
print(f"cost2_std: {np.std(cost2, ddof=1)}")

df = len(cost1) + len(cost2) - 2
print(f"자유도= {df}")
```

④ t-검정 계산

```
t, p = stats.ttest_ind(cost1, cost2)
print("t_value = " + str(t))
print("p_value = " + str(p))
```

⑤ 결과

```
cost1_mean: 69.0
cost2_mean: 83.5
cost1_var: 87.77777777777777
cost2_var: 55.833333333333336
cost1_std: 9.368979548370131
cost2_std: 7.472170590486631
자유도= 18
t_value = -3.8262556250618194
p_value = 0.0012368614621256254
```

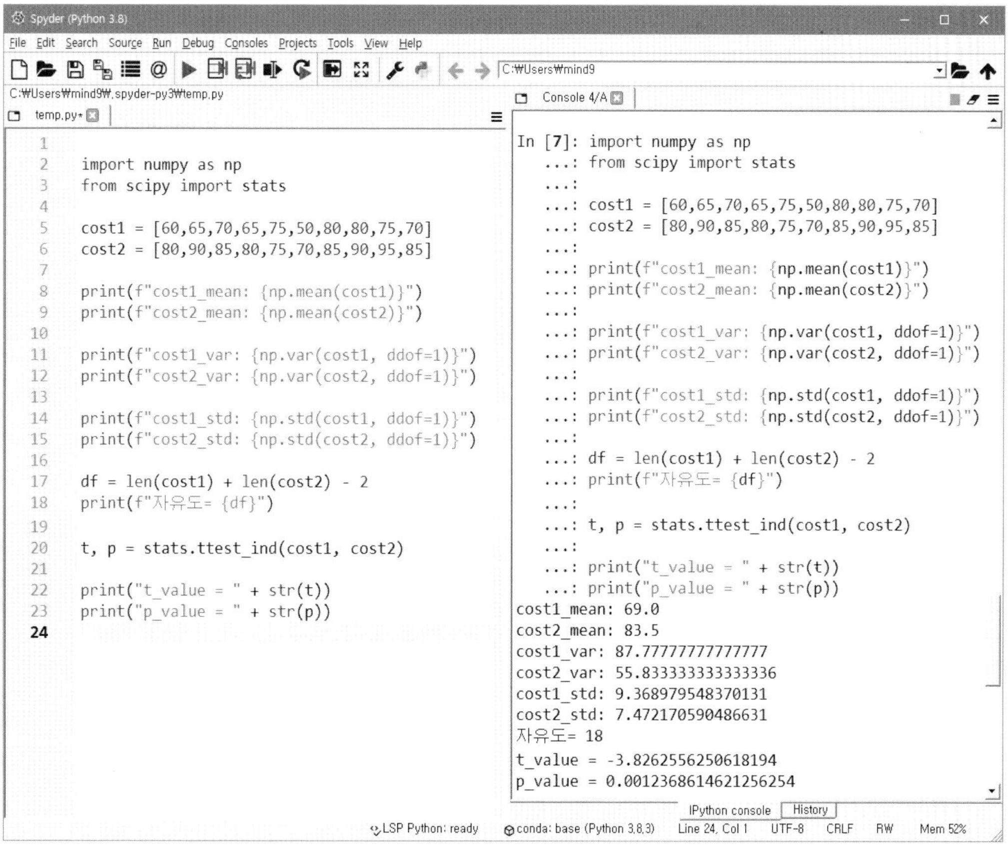

[t–검정 결과 해석]

- 『등분산이 가정됨』에 해당하는 행의 t-검정 결과를 보면 t=−3.826, 유의확률=.001로 유의수준=.05보다 작기 때문에 연구문제의 귀무가설은 기각되고 연구가설이 채택되어 "성별에 따라 레저 스포츠에 사용되는 비용에는 차이가 있다."라고 할 수 있다.
- 위의 분석결과에서 자유도(df: degree of freedom)는 각 집단별로 n-1 이므로 전체 자유도는 n-2가 되어 18이 된 것이다.

- 『등분산이 가정되지 않음』 행의 자유도는 17.151로 나타나 있는데 이는 등분산이 아닐 경우 자유도를 조정하여 등분산을 만드는 과정에서 나타난 결과이다.
- 『평균차』 항목은 집단 간의 평균값 차이로 [집단 통계량] 결과에서 평균값의 차이와 동일하다. 따라서 남자가 여자보다 14.5 적게 사용하고 있는 것이다.

■ 독립 t–검정 분석결과 보고 예 : cost에 대한 독립 t–검정 결과

종속변수	독립변수	평균	표준편차	t값	자유도	유의수준
비용	남자	69.0	9.369	-3.826	18	0.01
	여자	83.5	7.472			

■ t–검정 결과 해석은 다음과 같다.

- 사용되는 비용(cost)에 대한 독립 t-검정 결과 t(18)=−3.826, p=.001(two tailed)로 나타나 남성과 여성 간에 통계적 유의한 차이가 있는 것으로 분석된다.

8.4. 대응표본 t-검정(paired sample t-test) 방법과 사례

- 단일모집단에 대해 두 번의 처리를 가했을 때, 두 개의 처리에 따른 평균의 차이를 비교하고자 할 때 사용하는 검정이다.
- 두 집단의 자료를 쌍으로 묶어야 하기 때문에, 독립표본과는 달리 두 집단의 자료 갯수가 동일해야 한다.

사례 연구자가 개발한 트레이닝 방법에 따라 근력에 차이가 나타나는지를 검정하기 위해서 트레이닝 전과 후에 근력을 측정하였으며 그 내용은 아래와 같다. 트레이닝 전, 후에 근력의 차이가 있는지를 유의수준 α=.05 에서 검정하라.

No	premuscle	postmuscle	No	premuscle	postmuscle
1	853	926	6	608	1256
2	810	1503	7	830	1303
3	722	962	8	543	594
4	715	848	9	510	731
5	751	1267	10	496	530

- 연구문제에 따른 가설을 설정하면 다음과 같다.
  - 귀무가설 : 트레이닝 전 · 후의 근력에 차이는 없을 것이다.
  - 연구가설 : 트레이닝 전 · 후의 근력에 차이는 있을 것이다.

- 변인구조를 살펴보면, 종속변수의 경우 근력으로 양적 변수라 할 수 있다.
- 독립변수에는 집단을 구별하는 이분형 명목척도가 필요한데 현재의 상태로는 집단을 구별하는 변수가 존재하지 않는다.
- 그러나 근력을 전과 후에 측정하고 있으므로 전과 후를 집단으로 생각할 수 있다.
- 또한 동일 집단에 대해서 2번 측정하고 있으므로 대응 t-검정을 수행할 수 있다.
- 이렇게 한 집단에 대해서 시간적 차이를 두고 2번 측정하는 연구 설계를 pre－post 설계라 하며 대응 t-검정의 전형적인 대상이다.

① 패키지/모듈 불러오기

```
import numpy as np
from scipy import stats
```

② 평균, 분산, 표준편차, 자유도 계산

```
premuscle = [853,810,722,715,751,608,830,543,510,496]
postmuscle = [926,1503,962,848,1267,1256,1303,594,731,530]
print(f"premuscle_mean: {np.mean(premuscle)}")
print(f"postmuscle_mean: {np.mean(postmuscle)}")
print(f"premuscle_var: {np.var(premuscle, ddof=1)}")
print(f"postmuscle_var: {np.var(postmuscle, ddof=1)}")
print(f"premuscle_std: {np.std(premuscle, ddof=1)}")
print(f"postmuscle_std: {np.std(postmuscle, ddof=1)}")
df = len(premuscle) + len(postmuscle) - 2
print(f"자유도= {df}")
```

[대응표본 통계량]

		N	평균	표준편차
대응	premuscle	10	683.8	134.95
	postmuscle	10	992.0	328.14

③ t-검정 계산

```
t, p = stats.ttest_rel(premuscle, postmuscle)


print("t_statistic = " + str(t))
print("p_value = " + str(p))
```

④ 결과

```
premuscle_mean: 683.8
postmuscle_mean: 992.0
premuscle_var: 18213.733333333334
postmuscle_var: 107680.44444444444
premuscle_std: 134.95826515383686
postmuscle_std: 328.1469860358989
자유도= 9
t_value = -3.8609497111844098
p_value = 0.0038414900034802997
```

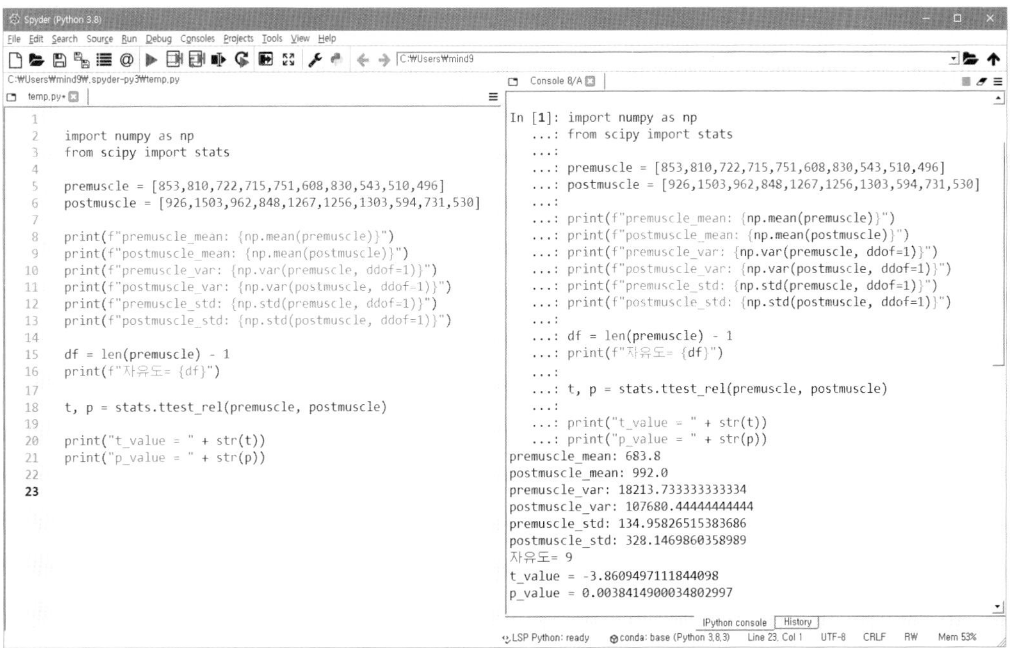

[t-검정 결과 해석]

■ 대응 t-검정 분석결과 : 대응표본 검정

	대응차		t값	자유도	유의수준
	평균	표준편차			
대응 1 premuscle-postmuscle	-308.200	252.429	-3.861	9	0.004

- [대응표본 검정] 부분이 대응 t-검정의 주요 부분이다.
- 『차이의 95% 신뢰구간』 항목과 『평균의 표준오차』 항목을 제거한 결과표이다.

■ 대응표본 t-검정 분석결과 보고 : premuscle-postmuscle에 대한 대응 t-검정 결과

group	N	평균	표준편차	t값	자유도	유의수준
premuscle	10	683.80	134.958	-3.861	9	0.004
postmuscle	10	992.00	328.147			

■ t-검정 결과 해석은 다음과 같다.

- 대응표본 t-검정 결과 t=-3.861, 유의확률=.004로 유의수준 α=.05 보다 작기 때문에 "트레이닝 전 · 후의 근력에 차이는 없을 것이다."라는 가설을 기각할 수 있다.
- 따라서, 트레이닝 도입 전 만족도와 도입 후 만족도에는 차이가 있다.

chapter

09

분산분석

9.1. 분산분석의 개념

9.2. 일원분산분석 방법과 사례

9.3. 이원분산분석 방법과 사례

학습개요

분산분석이란 명목척도로 측정된 독립변수와 등간 또는 비율척도로 측정된 종속변수 사이와 관계를 연구하는 통계기법이다. 분산분석은 둘 이상의 집단들간에 어떤 변수의 평균점수에 차이가 있는지를 검정하는 것으로 하나의 범주형 독립변수와 종속변수간 의 관계를 분석하는 일원분산분석과 둘 이상의 독립변수들을 함께 고려했을 때 이들이 종속변수에 미치는 효과를 분석하는 이원분산분석으로 분류할 수 있다.

이 장에서는 분산분석의 개념을 익히고, 이해할 수 있도록 제시한다. 그리고 Python을 이용하여 일원분산분석, 이원분산분석을 활용할 수 있도록 제시한다. 더불어 Python을 이용하여 다변량분산분석을 활용할 수 있도록 제시한다.

학습목표

- 분산분석에 대한 개념을 이해할 수 있다.
- Python을 이용하여 일원분산분석을 활용할 수 있다.
- Python을 이용하여 이원분산분석을 활용할 수 있다.
- Python을 이용하여 다변량분산분석을 활용할 수 있다.

9.1. 분산분석의 개념

1) 분산분석(ANalysis Of VAriance)의 정의

- 두 개 이상의 집단 간 비교를 수행하고자 할 때 집단 내의 분산, 총 평균과 각 집단의 평균 차이에 의해 생긴 집단 간 분산 비교로 얻은 F 분포를 이용하여 가설검정을 수행하는 방법이다. 이때, 검정 통계량인 F-검정 통계량 값은 집단 내 분산 대비 집단 간 분산이 몇 배 더 큰지를 나타내는 값으로 해석된다.
- 따라서 분산 분석은 복수의 집단을 비교할 때 분산을 계산함으로써 집단 간에 통계적인 차이가 있다고 할 수 있는지, 혹은 차이가 없다고 할 수 있는지를 판정하는 분석방법이다.
- 분산분석은 평균값을 비교한다는 점에서는 t-검정과 유사하나 단순히 평균값만을 비교하는 것이 아니라 집단 간 분산과 집단 내 분산을 비교한다는 점에서 차이가 난다.
- 또한 t-검정은 두 집단 간 평균값의 차이만을 분석할 수 있는 데 반해 분산분석은 2개 이상의 집단 간 차이를 분석할 수 있다는 점에서 t-검정보다 더 유연하다고 할 수 있다.
- t-검정도 2개 이상의 집단에 대해서 분석할 수는 있으나 유의수준을 조정해야 하는 번거로움이 있고 더욱이 분산분석이 존재하기 때문에 일반적으로 사용되지 않는다.
- 만약 t-검정으로 3개 집단에 대해서 유의수준 α=.05로 분석하고자 할 때는 전체적인 유의수준이 .05가 되도록 각 분석 시 유의수준을 낮게 설정해야 한다.

2) 분산분석의 기본 원리

- 변량분석(ANOVA)은 모집단의 변량이 모두 동일하고, 정상분포를 이루고 있어야 하며, 종속변인은 간격 또는 비율 척도이어야 한다.
- 또한 독립집단 설계의 경우 각 집단이 모집단으로부터 무선 표집되어야 한다.
- 변량분석을 하려면 첫째, 표본 평균 사이의 분산으로부터 모집단 분산의 첫 번째 추정치를 결정해야 하고, 둘째, 표본 내 분산으로부터 모집단 분산의 두 번째 추정치를 결정하고, 셋째, 두 추정치를 비교하며 유사한 값은 가지면 귀무가설이 채택된다.

❒ 분산 분석은 독립변수와 종속변수의 수에 따라서 일원분산 분석, 이원분산 분석, 다변량 분산 분석, 공분산 분석으로 나눌 수 있다.

- 일원분산 분석은 집단을 나누는 요인인 독립변수가 1개이고 종속변수도 1개인 경우로 독립변수에 의한 집단 사이의 종속변수 평균 차이를 비교하기 위한 분석이다.
- 이원분산 분석은 독립변수가 2개이고 종속변수가 1개일 경우에서의 집단 간 종속변수의 평균 차이를 분석하는 방법이다.
- 다변량 분석은 종속변수가 2개 이상인 경우에서 집단 간 종속변수의 평균 차이를 비교하는 방법이다.
- 마지막으로 공분산 분석은 연속형 외생변수가 종속변수에 미치는 영향을 제거한 후, 순수한 집단 간 종속변수의 평균 차이를 평가하는 방법이다

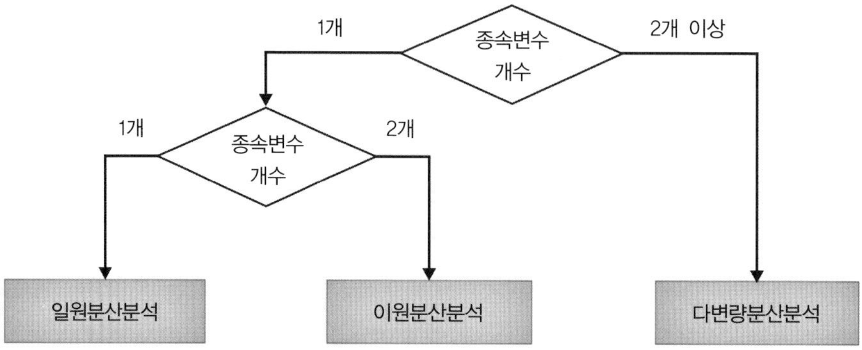

❒ 분산분석이 사용되는 전형적인 연구문제들은 다음과 같다.

① 성별에 따라 100m 달리기 기록에 차이가 있는가?

② 중학교 학생의 학년에 따라 체력에 차이가 있는가?

③ 성별과 소득에 따라 레저 참여 정도에는 차이가 있는가?

④ 다이어트 프로그램 참가자들의 기간(전, 2개월 후, 4개월 후)에 따라 효과에는 차이가 있는가?(동일 집단 반복 측정)

①번 연구문제의 경우 t-검정에서 본 내용과 동일한 것으로 가장 기본적인 형태이다. ②번 연구문제는 ①번과는 달리 독립변수가 되는 학년이 1학년, 2학년, 3학년으로 3개의 집단으로 구분된다.

①번과 ②번의 공통점은 독립변수가 하나인 점이다. 이렇게 독립변수가 하나인 구조를 분석할 때 사용되는 것을 일원분산분석(one-way ANOVA)이라 한다.

③번의 경우 독립변수가 성별과 소득으로 2개이다. 이렇게 독립변수가 2개인 구조를 분석할 때 사용되는 것을 이원분산분석(two-way ANOVA)이라 한다.

④번은 대응 t-검정 구조와 비슷하게 시간적 간격을 두고 반복 측정하고 있으나 반복 횟수가 3개인(2개 이상) 형태이다. 이러한 형태를 분석할 때 사용되는 것을 반복측정 분산분석(repeated ANOVA)이라 한다.

❒ 분산분석에는 다음과 같은 3가지의 조건이 필요해요.

- 정규성 : 각각의 그룹에서 변인은 정규분포
- 분산의 동질성 : Y의 모집단 분산은 각각의 모집단에서 동일
- 관찰의 독립성 : 각각의 모집단에서 크기가 각각인 표본들이 독립적으로 표집

3) 분산분석의 가설 및 가정

- 분산분석의 귀무가설은 "각 집단의 평균값이 동일하다."이며 대립가설(연구가설)은 "집단의 평균값이 적어도 어느 하나는 다르다."이다.
- 따라서 대립가설은 여러 개가 존재할 수 있다.

❐ 3개의 집단이 존재할 경우 귀무가설과 대립가설은 다음과 같이 된다

- 분산분석은 귀무가설에 대해서 검정을 수행하기 때문에 귀무가설이 기각되었을 경우 어떤 대립가설이 채택되는가를 분석해야 하며 그 분석을 사후분석(posthoc)이라 한다.
- 분산분석은 두 집단 이상을 비교하는 방법이므로 두 집단 비교를 확산시킨 것이라고 말할 수 있다.
- 따라서 분산분석을 할 때는 두 집단 비교를 위한 z-검정과 t-검정을 실시할 때와 동일한 가정을 한다. 분산분석을 위한 기본가정은 다음과 같다.

가정 1 : 각 집단에 해당되는 모집단의 분포는 정규분포여야 한다.
가정 2 : 각 집단에 해당되는 모집단의 분산이 같아야 한다.
가정 3 : 각 모집단 내에서의 오차나 모집단 간에 오차는 서로 독립적이다.

- 첫 번째, 정규분포에 대한 가정에서는 각 모집단이 정규분포에서 많이 벗어났다고 해도 각 집단의 표본 크기 n을 크게 하면 중심극한 정리에 의해 추론의 결과에 미치는 영향은 크지 않다.
- 따라서 모집단이 정규분포에서 많이 벗어났을 것이라고 예상된다면 표본의 크기를 증가시켜야 한다.

- 두 번째, 분산에 대한 가정에서는 만일 각 집단의 표본 크기 n이 같다면 이가정이 만족되지 않아도 결론에 심각한 영향을 미치지 않는다. 반면에 표본의 크기가 서로 다른 경우에는 각 모집단 분산이 같다는 가정이 만족되지 않으면 추정 결과에 심각한 영향을 초래할 수 있다.
- 따라서 각 집단의 모집단 분산이 동일하다는 가정을 할 수 없을 때는 가능한 한 각 집단의 표본 크기가 같도록 하는 것이 중요하다.

- 세 번째, 각 관찰치의 오차가 독립적이지 않을 때는 정규분포와 분산에 대한 가정이 충족되지 않으므로 오차가 독립적이라는 가정은 매우 중요하다.
- 그러므로 통계적 추론에서는 표본을 뽑을 때 확률분포의 방식을 사용하여 분석 자료가 독립 관찰치가 되도록 하는 것이 중요하다.
- 이 내용은 결국 분산분석 시 표본의 추출 방법이 매우 중요한 부분임을 의미한다.

- 만약 표본의 크기가 작고 정규분포와 분산에 대한 가정이 충족되지 않으면 비모수통계(non-parametric statistics)를 사용해야 한다.

9.2. 일원분산분석(One-Way ANOVA) 방법과 사례

- 일원분산분석은 하나의 독립변수가 여러 개의 수준으로 나누어져 있다.
- 각 수준에 해당되는 집단에는 여러 관찰치(데이터)들이 포함되어 있는 자료를 분석하는 것이다.

사례 스포츠 용품 회사에서 스키를 판매하고 있다. 지역에 따라 스키 판매량에 차이가 있는지 알아보기 위해서 A~D 지역의 판매량을 조사하였다. 지역에 따라 판매량에 차이가 있는지 검정함. 조사된 판매량은 아래와 같다.

	지역(Region)			
	A	B	C	D
판매량 (Sale)	54	45	32	29
	53	43	36	31
	50	41	28	30
	48	42	32	28

❒ 위의 연구문제에 따른 귀무가설과 대립가설은 다음과 같다.

- 귀무가설 : 지역에 따라 판매량에는 차이가 없을 것이다.
- 대립가설 : 지역에 따라 판매량에 차이가 나는 것이 적어도 하나는 있을 것이다.

❒ 자료가 입력된 모습을 보면 연구문제에서 제시한 표의 형태와 다르다.

- 독립변수가 지역(region)이므로 지역을 나타낼 수 있는 변수가 하나 필요하다.
- 여기서 변수를 region으로 하였다.
- 지역의 종류를 1~4로 대체하여 입력하였다.
- 만약 지역 종류를 입력할 시 표에서와 같이 A~D로 입력하면 분석이 수행되지 않는 문제점이 있다.
- 종속변수인 판매량을 입력하기 위한 변수이름은 sale로 하였다.
- 여기서 주의할 것은 지역을 나타내는 region 변수의 속성이다.
- 만약 코딩 시 이를 숫자가 아닌 문자형으로 입력하게 되면 차후 변수 선택하면 화면에서 나타나지 않는다.

① 일원분산분석 실행하기

```
import pandas as pd

df = pd.DataFrame({
"region" : [1,1,1,1,2,2,2,2,3,3,3,3,4,4,4,4],
"sale" : [54,53,50,48,45,43,41,42,32,36,28,32,29,31,30,28]})

from statsmodels.formula.api import ols
from statsmodels.stats.anova import anova_lm

model = ols('sale ~ C(region)', df).fit()
anova_lm(model)
```

[결과]

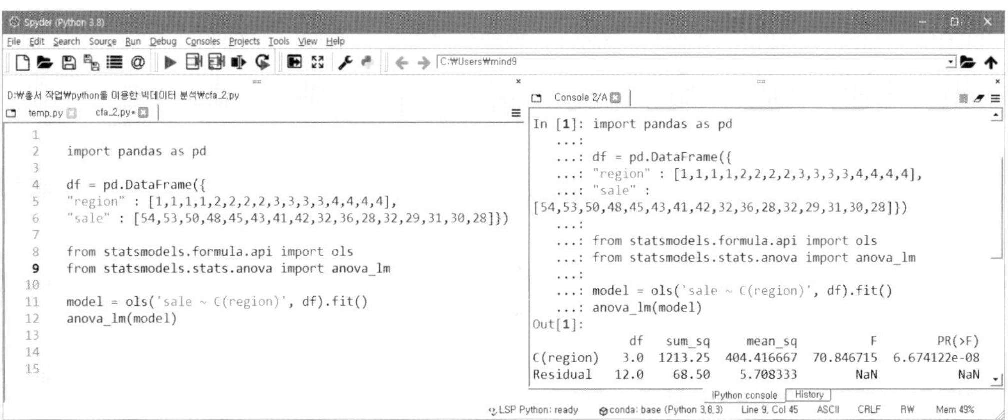

	df	sum_sq	mean_sq	F	PR(>F)
C(region)	3.0	1213.25	404.416667	70.846715	6.674122e-08
Residual	12.0	68.50	5.708333	NaN	NaN

[결과 해석]

	자유도	제곱합	평균제곱	F	유의확률
집단-간	3.0	1213.25	404.416667	70.846715	.000
집단-내	12.0	68.50	5.708333		

- 연구가설인 "지역에 따른 판매량에 차이가 있다."는 가설이 채택되었다.
- 이제는 구체적으로 어떻게 집단 간에 차이가 나타나는지 확인해야 한다.
- 이러한 확인을 사후검정(Post Hoc)이라고 한다.

② boxplot

```
df.boxplot(column=['sale'], by=['region'])
```

- boxplot를 통해 독립변인에 따른 종속변인의 분산이 등분산인지 확인할 수 있다.
- boxplot를 통해 보니 밑에 그래프는 등분산임을 확인할 수 있다.

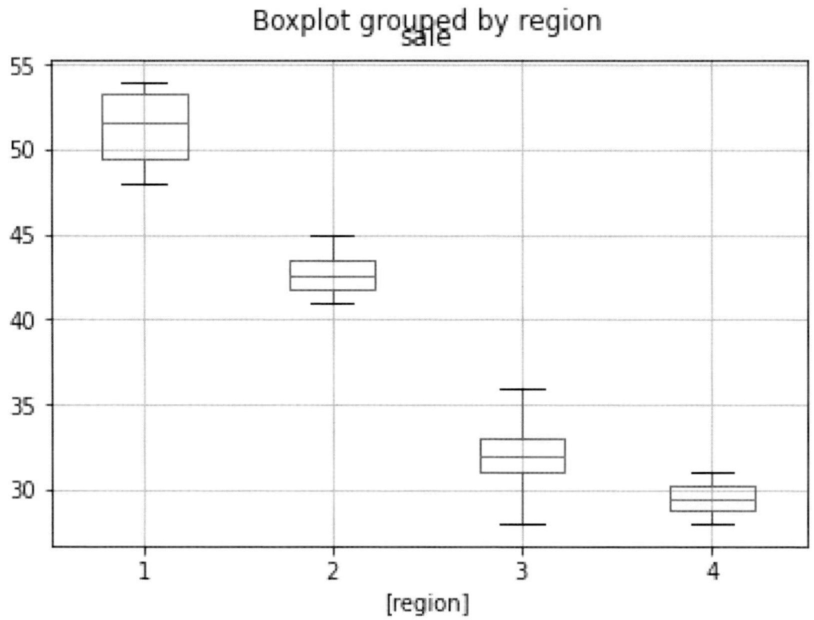

③ 사후검정

- 분산분석 후 어떤 집단이 유의미한 차이를 가지고 있는지 확인이 필요한데 이때 사용하는 분석을 사후 분석이라고 한다.
- 가장 널리 쓰이는 방법은 Tukey's Range Test 이다.
- 파이썬에서는 statsmodel 안에 있는 pairwise_tukeyhsd를 통해 수행할 수 있다.

```
import pandas as pd

df = pd.DataFrame({
"region" : [1,1,1,1,2,2,2,2,3,3,3,3,4,4,4,4],
"sale" : [54,53,50,48,45,43,41,42,32,36,28,32,29,31,30,28]})
import statsmodels.stats.multicomp as mc

comp = mc.MultiComparison(df['sale'], df['region'])
tukeyhsd = comp.tukeyhsd(alpha=0.05)          # 사후 검정을 수행한다.
tukeyhsd.summary()

print(tukeyhsd)
fig = tukeyhsd.plot_simultaneous()
```

[결과]

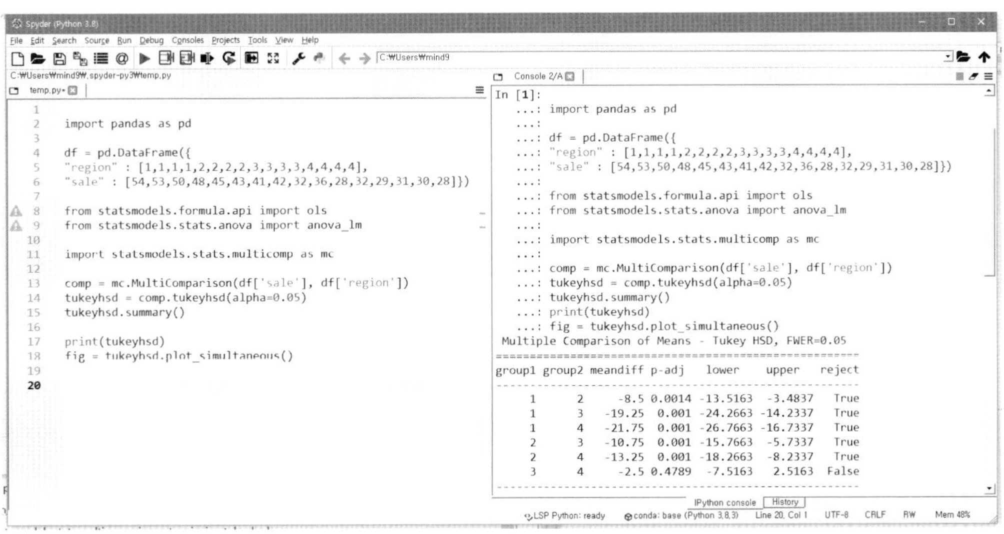

❒ Multiple Comparison of Means - Tukey HSD, FWER=0.05

```
==============================================================
group1 group2 meandiff p-adj   lower     upper   reject
--------------------------------------------------------------
     1      2     -8.5 0.0014 -13.5163  -3.4837   True
     1      3   -19.25  0.001 -24.2663 -14.2337   True
     1      4   -21.75  0.001 -26.7663 -16.7337   True
     2      3   -10.75  0.001 -15.7663  -5.7337   True
     2      4   -13.25  0.001 -18.2663  -8.2337   True
     3      4     -2.5 0.4789  -7.5163   2.5163  False
--------------------------------------------------------------
```

❒ 각 그룹간 비교를 한 결과 A 〉 B 〉 C 〉 D 순으로 4집단 모두 통계적으로 유의미한 차이를 보인다.

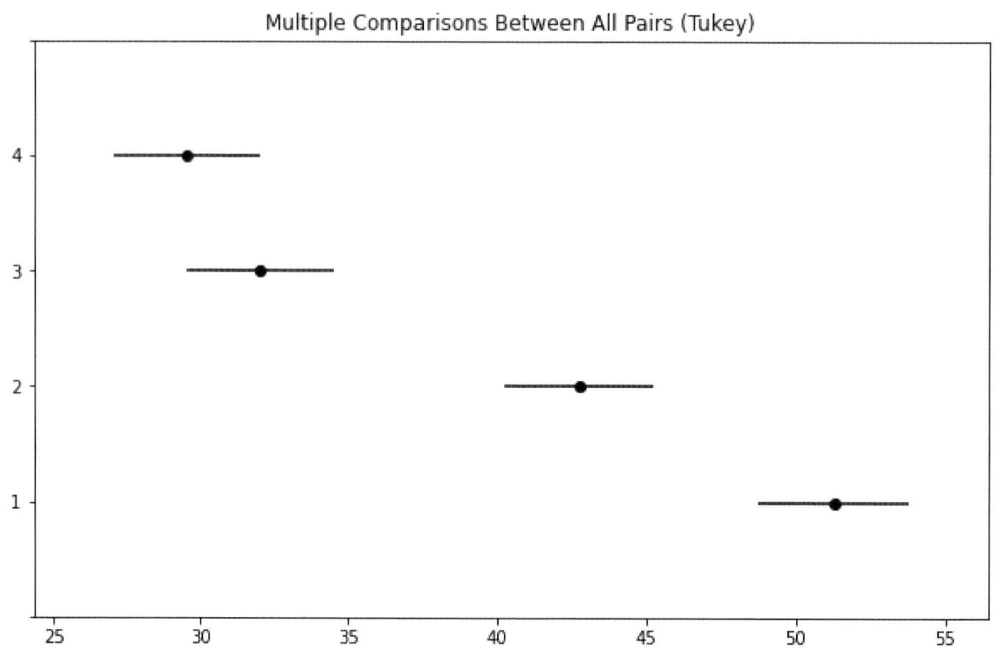

- 1, 2, 3, 4는 각 A, B, C, D 지역을 나타냄
- 일원분산분석의 결과 보고는 분산분석 테이블의 제공과 사후검정 결과를 제시하는 것으로 마무리된다.

❒ 연구가설인 "지역에 따른 판매량에 차이가 있다."는 가설이 채택되었으므로 이제는 구체적으로 어떻게 집단 간에 차이가 나타나는지 확인해야 한다.

- 이러한 확인을 사후검정(Post Hoc)이라고 한다.

❒ 분산분석 결과와 사후검정 결과를 다음과 같이 기술한다.

> 일원분산분석 결과 F= 70.847, γ= .000 으로 유의수준 α=.05 하에서 지역 간에 판매량의 차이가 있는 것으로 확인되었으며, 사후검정 결과 1지역과 2지역은 다른 모든 지역과 차이가 있는 것으로 나타났으며, 3지역과 4지역 간에는 차이가 없는 것으로 분석되었다.

9.3. 이원분산분석(Two-Way ANOVA) 방법과 사례

- 이원분산분석은 두 개의 독립변수가 있는 경우이다.
- 이 두 개의 독립변수는 또다시 몇 개의 수준으로 나누어진다.
- 이원분산분석은 두 개의 독립변수 중 어느 변수에 분산의 원인이 있는지를 밝히는 데 사용될 뿐만 아니라 두 변수의 상호작용 효과도 분석할 수 있다.
- 이원분산분석은 두 변수의 영향을 함께 분석할 수 있다는 편리함 외에도 일원분산분석으로는 검정할 수 없는 상호작용의 영향에 대한 가설도 검정할 수 있다.
- 두 독립변수의 효과를 알아보는 것을 주 효과(main effect) 분석이라고 하고, 두 개의 독립변수(주 효과) 간의 상호작용에 의한 효과를 알아보는 것을 상호작용 효과(interaction effect) 분석이라고 한다.

1) 데이터의 반복이 없는 이원분산분석 방법

사례 대학에서 각 학년의 학업성취도를 알아보기 위해서, 서로 다른 측정 방법을 사용하는 3개의 검사 기관에 의뢰를 하였다. 그 결과는 아래와 같다. 학생들의 학업성취도 결과가 검사 기관과 학년에 따라 차이가 나타나는지 분석하라.

		학년			
		1	2	3	4
검사 기관	1	72	81	90	85
	2	80	99	97	91
	3	85	88	96	85

- 종속변수는 학생의 학업성취도(level)이며, 독립변수는 검사 기관(institution), 학년(grade)이다.
- 학년(grade)은 4개의 수준으로 나누어져 있으며, 검사 기관(institution)은 3개의 수준으로 나누어져 있다.
- 각 처리마다 단일의 데이터가 존재하므로 데이터의 반복이 없는 이원분산분석에 해당한다.

❒ 귀무가설과 대립가설은 다음과 같다.

- 귀무가설1 : 학업성취도는 학년 간에 차이가 없다.
- 귀무가설2 : 학업성취도는 검사 기관 간에 차이가 없다.

- 대립가설1 : 학업성취도는 학년 간에 차이가 나는 것이 적어도 하나는 있을 것이다.
- 대립가설1 : 학업성취도는 검사 기관 간에 차이가 나는 것이 적어도 하나는 있을 것이다.

❒ 독립변수가 집단을 나타내는 질적 변수로서 2개가 존재하고, 독립변수는 양적 변수이므로 이원분산분석을 수행하면 된다.

① 균형설계자료 확인 : 모든 집단별 표본수가 동일하므로 균형설계자료이다.

```
import pandas as pd
df = pd.DataFrame({
"institution" : [1,1,1,1,2,2,2,2,3,3,3,3],
"grade" : [1,2,3,4,1,2,3,4,1,2,3,4],
"level" : [72,81,90,85,80,99,97,91,85,88,96,85]})
df.groupby(['institution','grade']).agg(len)
```

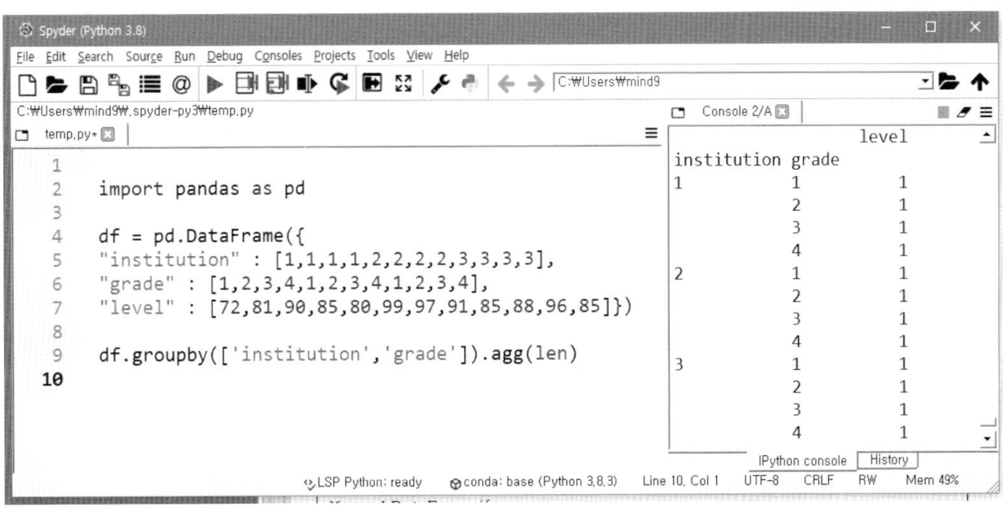

② 학업성취도와 학년간 boxplot

```
import pandas as pd

df = pd.DataFrame({
"institution" : [1,1,1,1,2,2,2,2,3,3,3,3],
"grade" : [1,2,3,4,1,2,3,4,1,2,3,4],
"level" : [72,81,90,85,80,99,97,91,85,88,96,85]})

df.boxplot(column = 'level', by='grade' , grid = False)
```

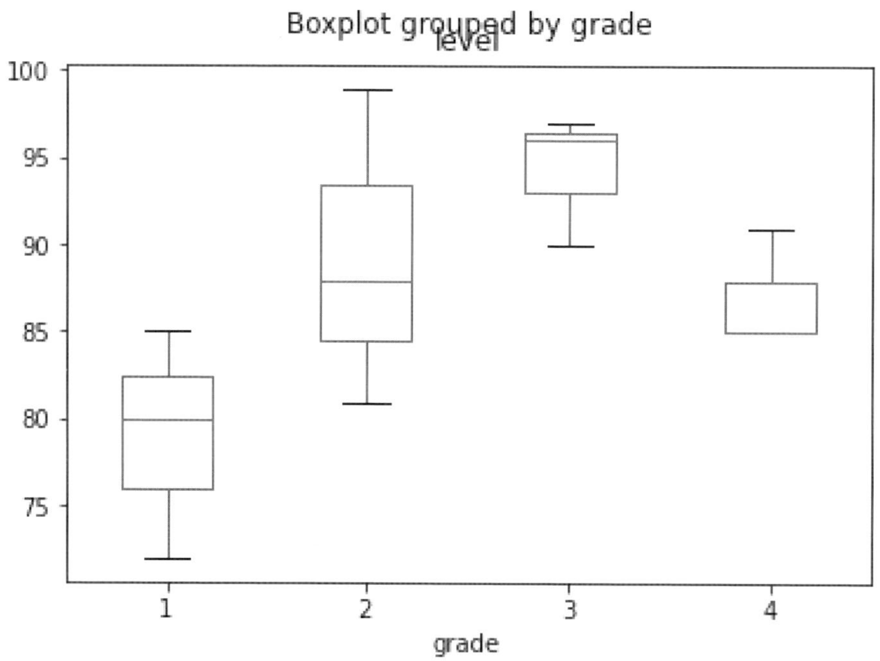

- boxplot를 통해 독립변인에 따른 종속변인의 분산이 등분산인지 확인할 수 있다.
- boxplot를 통해 보니 밑에 그래프는 등분산임을 확인할 수 있다.

③ 학업성취도와 검사 기관간 boxplot

```
import pandas as pd

df = pd.DataFrame({
"institution" : [1,1,1,1,2,2,2,2,3,3,3,3],
"grade" : [1,2,3,4,1,2,3,4,1,2,3,4],
"level" : [72,81,90,85,80,99,97,91,85,88,96,85]})

df.boxplot(column = 'level', by='institution' , grid = False)
```

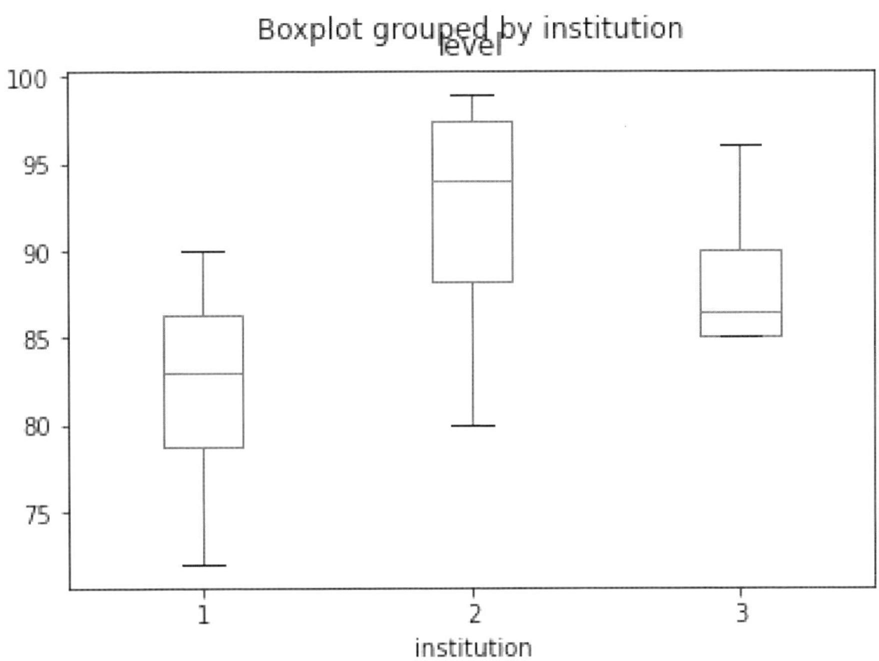

- boxplot를 통해 독립변인에 따른 종속변인의 분산이 등분산인지 확인할 수 있다.
- boxplot를 통해 보니 밑에 그래프는 등분산임을 확인할 수 있다.

④ 이원분산분석 실행

```
import pandas as pd
df = pd.DataFrame({
"institution" : [1,1,1,1,2,2,2,2,3,3,3,3],
"grade" : [1,2,3,4,1,2,3,4,1,2,3,4],
"level" : [72,81,90,85,80,99,97,91,85,88,96,85]})

from statsmodels.formula.api import ols
from statsmodels.stats.anova import anova_lm
formula = 'level ~ C(institution) + C(grade)'
model = ols(formula, df).fit()
anova_lm(model)
```

[결과]

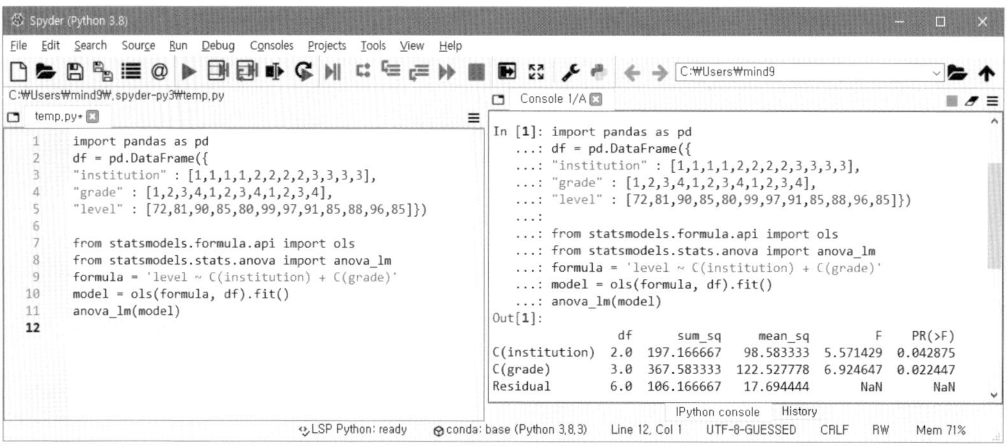

	df	sum_sq	mean_sq	F	PR(>F)
C(institution)	2.0	197.166667	98.583333	5.571429	0.042875
C(grade)	3.0	367.583333	122.527778	6.924647	0.022447
Residual	6.0	106.166667	17.694444	NaN	NaN

[결과 해석]

■ 위의 분석결과는 다음과 같다.

- 학업성취도에 대한 검사 기관 간 및 학년 간 이원분산분석 결과 검사 기관 간(F=5.571, p=.043)과 학년 간(F=6.925, p=.022) 모두에서 차이가 있는 것으로 나타났다.
- 사후검정 결과 검사 기관의 경우 1기관과 2기관 간에 차이가 있는 것으로 나타났으며, 학년의 경우에는 1학년과 3학년 간에 차이가 있는 것으로 나타났다.

chapter 10

회귀분석

학습개요

회귀분석(Regression Analysis)은 인과관계를 파악하는 방법으로 독립변수(설명변수)가 종속변수(반응변수)에 통계적으로 유의한 영향을 미치는지, 영향을 준다면 얼마나 주는지, 최종적인 회귀모형을 토대로 종속변수를 예측하기 위해서 사용하는 통계적 방법이다. 회귀분석은 독립변수의 수에 따라 독립변수 1개로 종속변수 1개를 설명하는 것을 단순회귀분석이라고 하고, 독립변수 k개로 종속변수 1개를 설명하는 것을 다중회귀분석이라고 한다.

이 장에서는 회귀분석의 개념을 익히고, 이해할 수 있도록 제시한다. 그리고 Python을 이용하여 단순회귀분석을 활용할 수 있도록 제시한다. 더불어 R을 이용하여 다중회귀분석을 활용할 수 있도록 제시한다.

학습목표

- 회귀분석에 대한 개념을 이해할 수 있다.
- Python을 이용하여 단순회귀분석을 활용할 수 있다.
- Python을 이용하여 다중회귀분석을 활용할 수 있다.

10.1. 회귀분석의 개념

1) 회귀분석의 정의

회귀분석이란 하나의 변수와 또 다른 변수들 간의 상관관계를 회귀모형으로 설정하여 하나의 함수식으로 표현함으로써 자료를 분석하는 기법이다.

통계학적으로 독립변수(independent variable)와 종속변수(dependent variable) 사이의 상관관계를 나타내는 선형 관계식을 구하는 기법 및 이렇게 얻은 모형의 적합도를 측정하는 분석 방법이다.

선형관계식에서 독립변수는 원인의 역할을 하는 변수이고 종속변수는 변화에 따른 결과로 관측되는 변수이다. 이를 통하여 독립변수의 영향력을 예측하는 것이 회귀분석의 일반적인 방법이다. 회귀분석은 시간에 따라 변화하는 데이터나 어떤 영향, 가설적 실험, 인과 관계의 모델링 등의 통계적 예측에 이용될 수 있다.

또한 회귀분석은 독립변수가 많을 때 종속변수를 설명할 수 있는 최적의 모형을 설정하는 데에도 사용된다. 많은 변수들이 복잡하게 연결되어 있을 경우에는 최적의 모형을 설정하는 것이 매우 중요한 연구가 된다.

회귀분석은 독립변수가 종속변수에 미치는 영향력의 크기를 측정하여 독립변수의 일정한 값에 대응되는 종속변수의 값을 예측하기 위한 방법이며, 상관분석은 변수들 간 관계의 강도, 즉 얼마나 밀접하게 관련되어 있는가를 분석하는 것이다.

회귀분석의 가장 간단한 형태 즉, 회귀분석모형 중 가장 간단한 것은 하나의 독립변수와 하나의 종속변수 사이의 관계를 분석하는 것인데, 이를 단순회귀분석(simple regression analysis)이라고 하고, 여러 독립변수와 하나의 종속변수 사이의 관계를 분석하는 것을 다중회귀분석(multiple regression analysis)이라고 한다.

2) 회귀분석의 목적

회귀분석의 주된 목적은 독립변수의 값을 지정 했을 때의 종속변수가 갖는 값의 정확한 추정에 있으며 회귀분석은 독립변수의 수에 따라 일반적으로 다음의 세가지로 구분한다.

회귀분석의 목적은 한 변수가 다른 변수에 영향을 미치는지의 여부와 그 영향력의 크기를 알아보고자 하는 데 있다. 즉, 회귀분석의 역할은 가설의 형태로 되어 있는 두 변수의 관계를 실제 현상에서 확인해 보고자 하는 것과, 한 변수를 기초로 하여 다른 변수를 예측하는 것으로 요약할 수 있다.

하나의 독립변수만을 고려하여 종속변수와의 관계를 분석하는 방법을 단순 회귀분석(simple regression analysis)라고 하고, 두 개 이상의 독립변수들을 고려하는 방법을 다중회귀분석(multiple regression analysis)이라고 한다. 또한 명목척도나 서열척도로 측정된 변수를 독립변수로 사용하고자 하는 경우에는 이항변수(binary variable)로 표시된 몇 개의 더미변수(dummy variable)를 이용하여 분석할 수 있는데, 이러한 회귀분석을 등간척도나 비율척도로 측정한 변수를 독립변수로 이용하는 일반회귀분석과 구분하여 더미변수를 이용한 회귀분석(dummy variable regression)이라 한다. 이외에도 독립변수와 종속변수 간의 관계에 따라 선형회귀분석과 비선형회귀분석으로 나누어진다.

일반적으로 회귀분석은 독립변수와 종속변수 간의 선형관계를 전제한다. 몸무게와 키의 관계처럼 독립변수의 값이 증가함에 따라 종속변수의 값도 일정한 폭으로 증가하거나 감소하는 선형관계에 있다고 말한다. 종속변수와 독립변수의 관계가 선형이 아닌 경우도 있다. 광고금액과 매출액 간의 관계와 같이, 광고금액을 아무리 많이 늘린다고 해도 광고비의 증가에 따라 같은 비율로 매출이 지속적으로 증가하지 않는다. 이를 비선형회귀 분석이라 한다. 본 논문에서는 선형 회귀분석을 사용하고자 한다.

상관성이 있는 독립변수와 종속변수의 관계를 나타내는 일차 함수식을 추정할 수 있는데 이를 단순 선형회귀 모형(simple linear regression model) 또는 회귀 방정식이라고 한다.

① 단순회귀분석(simple regression analysis)

독립변수 1개, 종속변수 1개로 이들 관계가 직선관계(1차함수)로 가정하는 경우이다.

종속변수 Y 와 독립변수 X 의 통계적 관계를 설명하는 수단으로 X 와 Y 사이에 선형관계가 있는 경우를 단순 선형회귀모형이라 한다.

선형회귀분석의 주된 목적은 독립변수와 종속변수 간의 관계를 설명하거나 새로운 사례에 대한 출력값을 예측하는 것이다.

전통적 통계 방법은 첫 번째 목적으로 많이 사용되었으나 일반적인 데이터 마이닝 방법론에서는 두 번째 목적인 새로운 관찰치를 예측하는 것에 초점을 둔다.

② 다중선형 회귀분석(multiple linear regression analysis)

회귀분석은 통계학에서 나타난 연속형 변수들에 대해 원인이 되는 독립변수와 결과가 되는 종속변수 사이에 단순히 밀접도만을 조사하는 상관분석과 다르게 독립변수와 종속변수들 간에 관련성이 있다.

관련이 있다면 어느 정도 인지를 정량적으로 나타내고, 타당성이 있는 선형적인 회귀식 즉, 연속형 변수들에 대한 분석 후 타당성이 있는 회귀모형이 만들어진다.

다중선형 회귀분석은 기본적인 개념은 단순선형 회귀분석과 같지만 독립변수가 2개 이상 사용된다는 점이 다르다. 여러 개의 독립변수를 사용함으로서 예측 능력을 높일 수 있다.

독립변수가 2개 이상이고 종속변수는 1개로 이들 사이에 일차함수를 가정하는 경우이다.

3) 최상의 변수군 선택(best subsets selection)

조정결정계수를 통하여 독립변수의 개수를 줄이는데 이는 종속변수와 관계가 낮은 독립변수들이 참여하게 됨으로써 다중선형 회귀분석 모형의 추정이 모호해지는 것을 방지하기 위함이다. 데이터 마이닝의 기술이 발달함에 따라 회귀분석 시 모든 변수를 사용하려는 경향이 있다. 그러나 이는 바람직하지 못하며 그 이유는 다음과 같다.

- 변수가 많아질수록 모형 추정의 비용 부담(시간, 노력)이 커지며 실행 불가능한 경우가 발생한다.
- 독립변수가 많아지면서 극단치가 많이 포함되어 오히려 적은 개수의 독립변수의 추정이 더 정확할 수 있다.
- 많은 변수를 가지는 모형에서 다중공선성(multicollinearity)의 문제로 회귀계수 추정이 불안해질 수 있다.
- 상관관계의 높고 낮음에 따라 예측의 분산성이 증가되거나 평균오차가 증가될 수 있다.

최상의 변수군 선택 방법으로 전역탐색(exhaustive search)이 있다. 모든 예측변수의 부분집합을 평가하는 것으로 일반적으로 조정결정계수를 기준으로 한다. 부분 집합별로 조정결정계수를 산정 후 그 계수의 증가 추이로 최상의 변수군을 선택하는 방법이다. 이와 같은 반복적인 탐색 알고리즘에는 전방향 선택(froward selection)과 후방향 제거(backward elimination) 및 단계적 선택(stepwise)이 있다.

전방향 선택은 처음에 독립변수가 없는 상황에서 하나씩 변수를 추가하는 방법이고 후방향 제거는 모든 예측변수를 모혈이 포함하여 출발해서 통계적 유의성이 떨어지는 것을 하나씩 제거해 나가는 법이다.

10.2. 단순 회귀분석 방법과 사례

- 선형 회귀 분석은 독립변수와 종속변수 사이에 직선적인 형태의 관계가 있다고 가정한다.
- 직선적인 형태란 독립변수가 일정하게 증가하면, 종속변수도 그에 비례해서 증가하거나 또는 감소하는 형태를 말한다.

사례 다음의 자료를 연령에 따른 생활문화센터 방문 횟수라고 한다. 연령이 생활문화센터 방문 횟수에 영향을 주는지를 검정한다.

번 호	1	2	3	4	5	6	7	8	9	10
연 령	10	15	17	20	23	30	46	53	48	59
방 문	15	26	28	30	32	50	86	109	95	130

- 연령이 생활문화센터 방문 횟수에 영향을 미치는지를 분석하는 것이다.
- 이는 연령으로 생활문화센터 방문 횟수를 예측할 수 있는가를 분석하는 것과 동일하다.
- 따라서 독립변수는 연령이 되고 종속변수는 생활문화센터 방문 횟수가 된다.

❒ 귀무가설과 연구가설을 설정하면 다음과 같다.

- **귀무가설1** : 연령은 생활문화센터 방문 횟수에 영향을 미치지 않는다.
- **귀무가설2** : 연령으로 생활문화센터 방문 횟수를 예측할 수 없다.

- **연구가설1** : 연령은 생활문화센터 방문 횟수에 영향을 미친다.
- **연구가설2** : 연령으로 생활문화센터 방문 횟수를 예측할 수 있다.

① Python package 로드 및 matplotlib 출력 옵션 설정

```
from sklearn import linear_model
import numpy as np
import pandas as pd
import matplotlib
import matplotlib.pyplot as plt
%matplotlib inline
matplotlib.style.use('ggplot')
```

② 데이터 생성

```
data = {'age' : [10,15,17,20,23,30,46,53,48,59],
          'visit' : [15,26,28,30,32,50,86,109,95,130]}
data = pd.DataFrame(data)
data
```

[실행 결과]

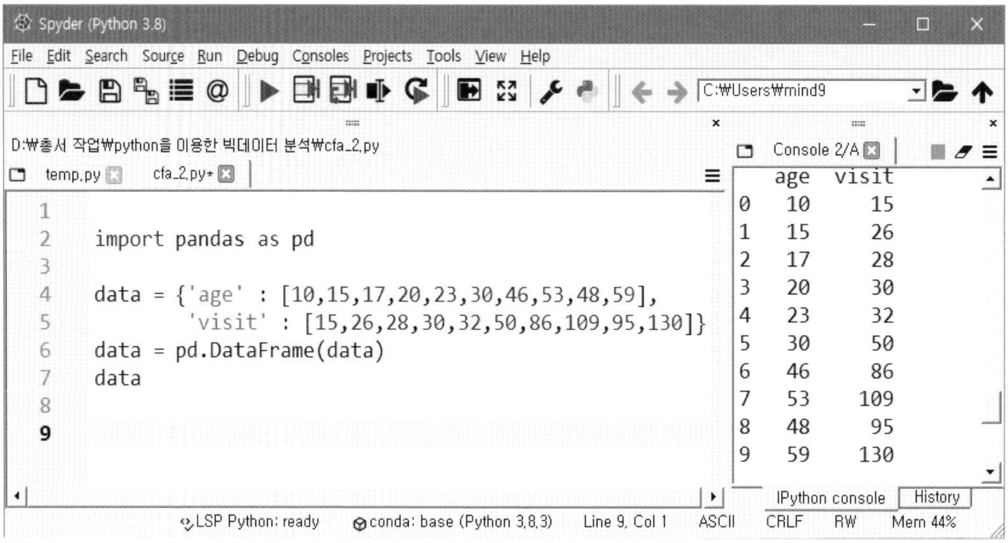

③ 산점도 표현

```
data.plot(kind = "scatter", x = 'x', y = 'y', figsize = (5,5), color = "black")
```

[실행 결과]

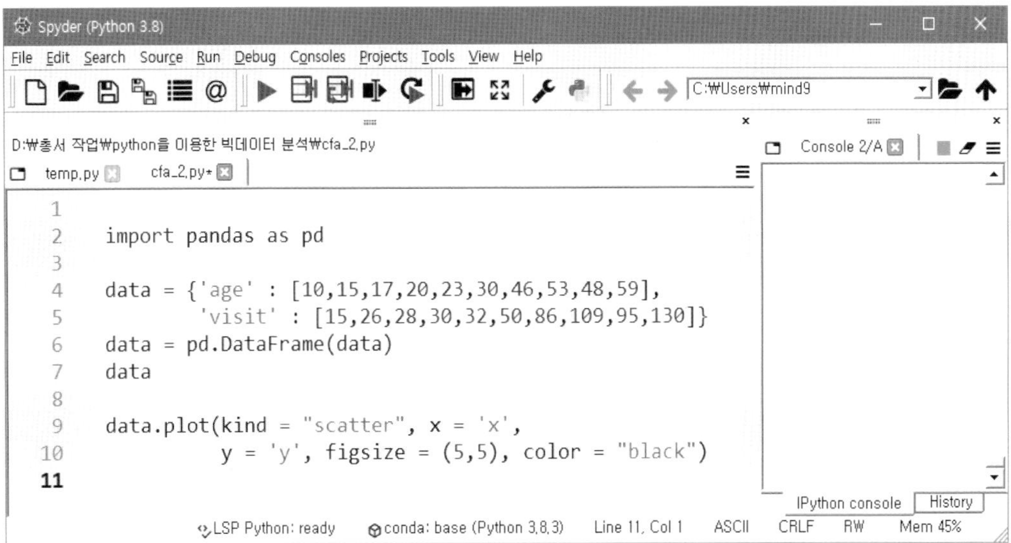

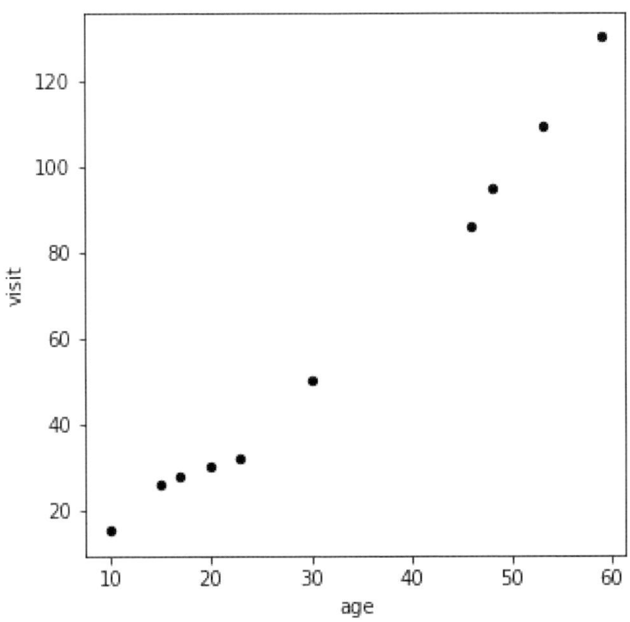

④ 사전작업

❐ 산점도에 추세선 넣기

```
import pandas as pd
import seaborn as sns

df = {'age' : [10,15,17,20,23,30,46,53,48,59],
          'visit' : [15,26,28,30,32,50,86,109,95,130]}
df = pd.DataFrame(df)
df
sns.regplot('age', 'visit', lowess=True, data = df)
```

[실행 결과]

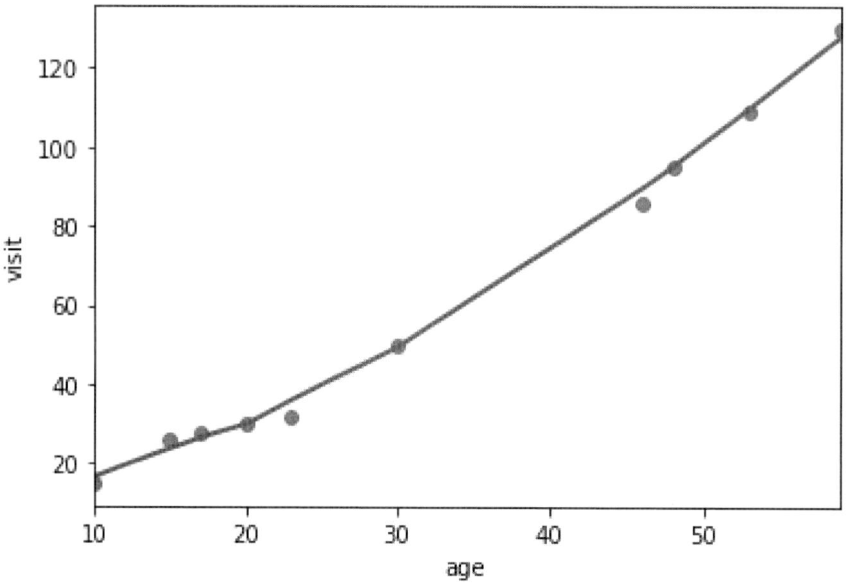

[해석]

• 산점도에 추세선을 넣어 데이터에 선형적인 패턴이 있는지 확인한다.

• 위와 같이 그려보면 대체로 age가 증가할 수록 visit도 증가하는 관계가 있는 것을 볼 수 있다.

❒ 상자 그림 그려서 극단값이 있는지 확인하기

```
import matplotlib.pyplot as plt

# 1행 2열 형태로 2개의 그래프를 그린다
fig, (ax1, ax2) = plt.subplots(1, 2)

# visit의 상자 그림을 첫번째(ax1)로 그린다. 방향은 수직(orient='v')
sns.boxplot('visit', data=df, ax=ax1, orient='v')
ax1.set_title('Visit')

# age의 상자 그림을 두번째(ax2)로 그린다.
sns.boxplot('age', data=df, ax=ax2, orient='v')
ax2.set_title('Age')
```

[실행 결과]

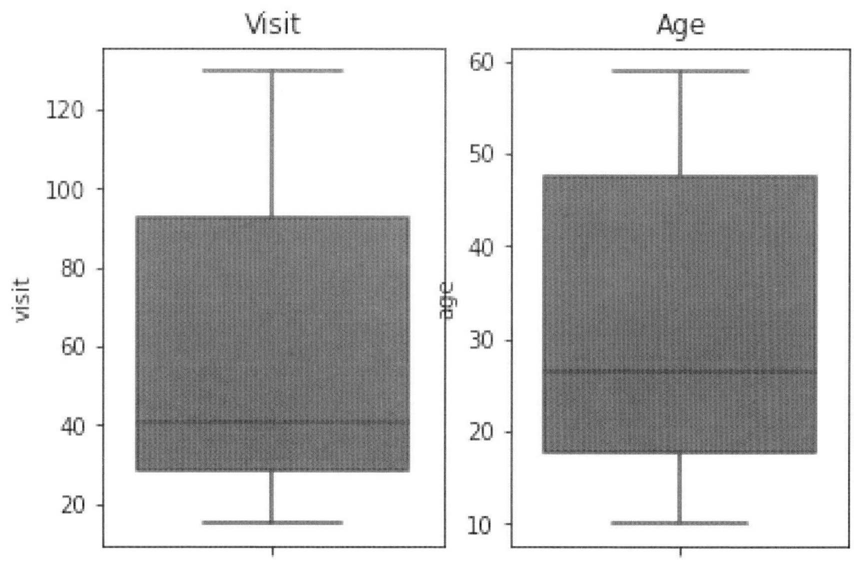

[해석]

- 극단값이 있을 경우 회귀분석의 결과가 왜곡될 수 있다.
- 상자 그림을 그려서 극단값이 있는지 확인해본다.

❐ 밀도 플롯(density plot)을 그려서 정규분포 확인

```
# 1행 2열 형태로 2개의 그래프를 그린다
fig, (ax1, ax2) = plt.subplots(1, 2)

# visit의 밀도 플롯
sns.kdeplot(df['visit'], ax=ax1)
ax1.set_title('Visit')

# age의 밀도 플롯
sns.kdeplot(df['age'], ax=ax2)
ax2.set_title('Age')
```

[실행 결과]

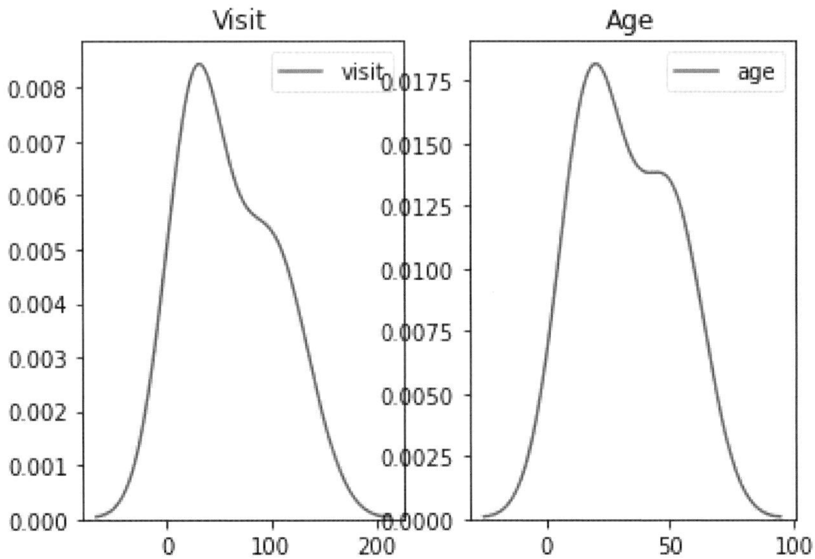

[해석]

- 대체로 중심부에 데이터가 몰려있고 좌우로 갈수록 줄어드는 정규분포와 비슷한 형태를 보인다.
- 앞에서 봤듯이 dist에 위로 치우친 값이 있기 하나 있기 때문에 밀도 플롯도 오른쪽으로 약간 늘어진 모습을 보인다.

❒ 왜도(skewness)

- 데이터가 치우친 정도를 나타내는 왜도(skewness)를 구해본다.

```
import scipy.stats
scipy.stats.skew(df['age'])
scipy.stats.skew(df['visit'])
```

[실행 결과]

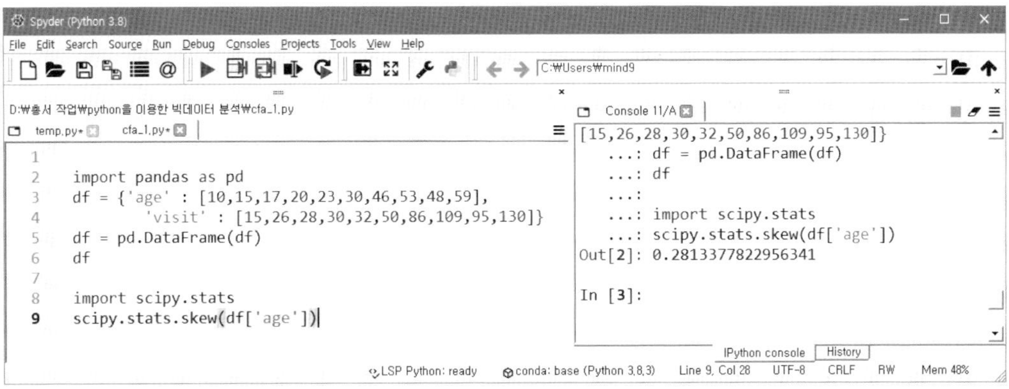

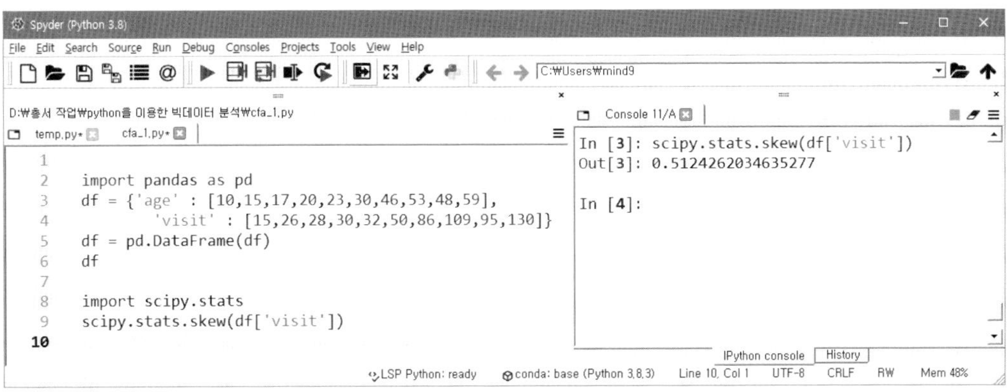

[해석]

- age는 왜도가 0.281이다. ->플러스 쪽으로 약간 치우쳤다는 것을 뜻한다.
- visit의 왜도는 0.512로 플러스 쪽으로 어느 정도 치우쳤다.
- 위에서 그래프로 본 것과 비슷한 결과이다.
- 문제가 심각해보이지는 않으므로 일단 분석을 실시한다.

⑤ 회귀분석 실시

```
import pandas as pd
df = {'age' : [10,15,17,20,23,30,46,53,48,59],
          'visit' : [15,26,28,30,32,50,86,109,95,130]}
df = pd.DataFrame(df)
df

from statsmodels.formula.api import ols
res = ols('visit ~ age', data=df).fit()
res.summary()
```

[실행 결과]

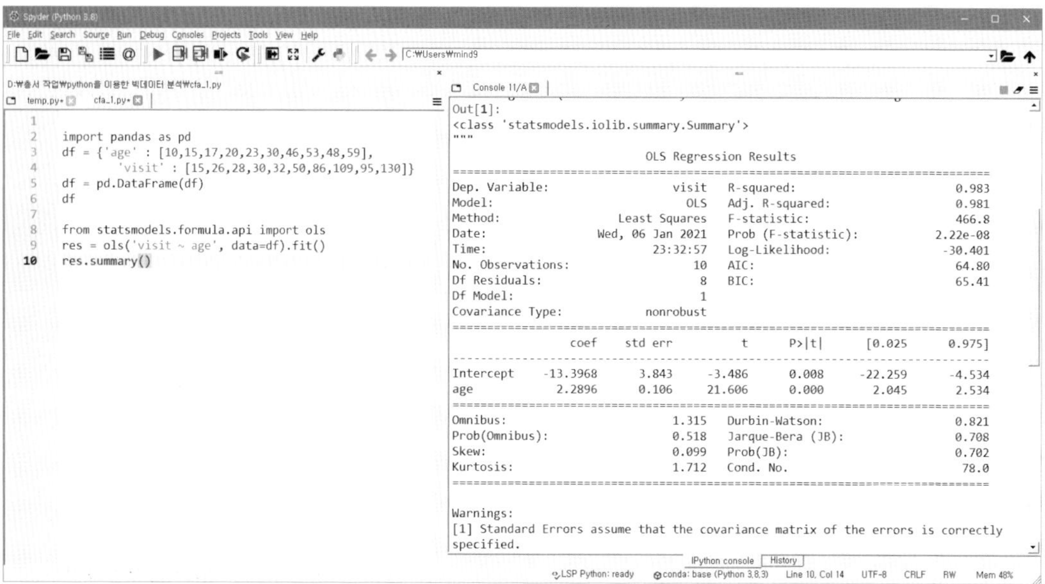

```
<class 'statsmodels.iolib.summary.Summary'>
"""
                            OLS Regression Results
==============================================================================
Dep. Variable:                  visit   R-squared:                       0.983
Model:                            OLS   Adj. R-squared:                  0.981
Method:                 Least Squares   F-statistic:                     466.8
Date:                Wed, 30 Dec 2020   Prob (F-statistic):           2.22e-08
Time:                        02:42:19   Log-Likelihood:                -30.401
No. Observations:                  10   AIC:                             64.80
Df Residuals:                       8   BIC:                             65.41
Df Model:                           1
Covariance Type:            nonrobust
==============================================================================
                 coef    std err          t      P>|t|      [0.025      0.975]
------------------------------------------------------------------------------
Intercept    -13.3968      3.843     -3.486      0.008     -22.259      -4.534
age            2.2896      0.106     21.606      0.000       2.045       2.534
==============================================================================
Omnibus:                        1.315   Durbin-Watson:                   0.821
Prob(Omnibus):                  0.518   Jarque-Bera (JB):                0.708
Skew:                           0.099   Prob(JB):                        0.702
Kurtosis:                       1.712   Cond. No.                         78.0
==============================================================================
```

⑥ 모형적합도

R-squared: 0.983

Adj. R-squared: 0.981

F-statistic: 466.8

Prob(F-statistic): 2.22e-08

Log-Likelihood: -30.401

AIC: 64.80

BIC: 65.41

❒ R-squared: 0.983

- R제곱
- 모형 적합도(혹은 설명력)
- dist의 분산을 speed가 약 65%를 설명한다.
- 각 사례마다 dist에 차이가 있다.

❒ Adj. R-squared: 0.981

- 독립변수가 여러 개인 다중회귀분석에서 사용
- 독립변수의 개수와 표본의 크기를 고려하여 R-squared를 보정
- 서로 다른 모형을 비교할 때는 이 지표가 높은 쪽은 선택한다.

❒ F-statistic: 89.57, Prob(F-statistic): 2.22e-08

- 회귀모형에 대한(통계적) 유의미성 검증 결과, 유의미함(p 〈 0.05)
- 이 모형은 주어진 표본 뿐 아니라 모집단에서도 의미있는 모형이라 할 수 있음

❒ 로그 우도 : 종속변수가 정규분포라 가정했을 때 그 우도

- 로그우도도 R제곱과 마찬가지로 독립변수가 많아지면 증가한다
- AIC, BIC: 로그우도를 독립변수의 수로 보정한 값(작을 수록 좋다)

⑦ 회귀계수(Coefficients)

```
Coefficients:
              Estimate                P(>|t|)
(Intercept)  -13.3968                0.008
age            2.2896                 0.000
```

Coef는 데이터로부터 얻은 계수의 추정치를 말한다.

절편(Intercept)의 추정치는 -13.3968 로, age가 0일 때 dist의 값이다.

age의 계수 추정치는 2.2896으로 age가 1 증가할 때마다 visit가 2.2896 증가한다는 것을 의미한다.

이를 수식으로 정리하면 아래와 같다.

$$visit = -13.3968 + 2.2896 \times age$$

추정치의 표 중간의 P(>|t|)는 모집단에서 계수가 0일 때, 현재와 같은 크기의 표본에서 이러한 계수가 추정될 확률인 p값을 나타낸다.

이 확률이 매우 작다는 것은, 모집단에서 age의 계수가 정확히 2.2896은 아니더라도 현재의 표본과 비슷하게 0보다 큰 어떤 범위에 있을 가능성이 높다는 것을 의미한다. 보통 5%와 같은 유의수준을 정하여 p값이 그보다 작으면($p < 0.05$), "통계적으로 유의미하다"라고 한다.

즉, age가 증가할 때 기대되는 visit의 변화는 유의수준 5%에서 통계적으로 유의미하다.

⑧ 결과해석

- visit에 대하여 age로 예측하는 회귀분석을 실시한 결과, 이 회귀모형은 통계적으로 유의미하였다($F(1,8) = 466.8$, $p < 0.05$).

- age의 회귀계수는 2.2896으로, visit에 대하여 유의미한 예측변인으로 나타났다($t(8) = 21.606$, $p < 0.05$).

10.3. 다중 회귀분석 방법과 사례

- 두개 이상의 설명 변수와 하나의 반응변수간의 관계
- 반응변수와 설명변수간의 관계식을 구하여 반응변수의 형태를 설명하거나 예측

사례 다음의 자료는 1개의 종속변수 Y와 3개의 독립변수 x1~x3으로 구성되어 있다. 독립변수들을 이용하여 종속변수를 예측할(설명할) 수 있는 회귀식을 구하라.

① Python package 로드 및 matplotlib 출력 옵션 설정

```
from sklearn import linear_model
import numpy as np
import pandas as pd
import matplotlib
import matplotlib.pyplot as plt
%matplotlib inline
matplotlib.style.use('ggplot')
```

- 사용할 패키지들을 불러와서 포함시키는 코드이다.
- python package들을 가져오는 것과 matplotlib 출력 옵션 설정에 대한 내용이다.

② 데이터 생성

```
df = {'x1' : [2.7,2.3,2.5,3.2,3.5,3.8,4.1,4.2,4.5,4.6,4.7,4.8],
      'x2' : [4.1,4.3,4.9,5.3,5.6,6.2,6.5,7.2,7.4,7.3,7.6,7.1],
      'x3' : [4.1,5.3,3.4,5.7,6.5,4.6,7.3,6.2,5.2,6.7,8.5,4.7],
      'y' : [4.1,4.2,5.0,5.2,5.6,6.4,6.7,7.3,7.5,7.4,7.5,7.6]}
```

- df 변수 안에 dictionary형태의 x1, x2, x3, y key 이름을 가진 데이터를 생성한다.

```
df = pd.DataFrame(df)
df
```

③ 회귀분석 수행

- 모든 변수를 넣고 회귀식을 만들어서 분석을 수행한다.
- 수행한 결과에 따라 변수들의 유의성과 모형의 유의성, 설명력등을 보고 변수들의 조절하여 최종적으로 모형을 완성한다.

```
import statsmodels.formula.api as sm
from statsmodels.sandbox.regression.predstd import wls_prediction_std

result = sm.ols(formula = 'y ~ x1 + x2 + x3', data = df).fit()
result.summary()
```

- result 변수는 smf의 ols(최소제곱법)을 사용하여 회귀모형을 만든다.
- Formula = '종속변수 ~ 독립변수' 형식에 맞춰 분석하고자 하는 종속변수(왼쪽)와 독립변수(오른쪽)를 넣으면 된다.
- data에는 사용하고자 하는 데이터를 넣어주면 된다.
- fit은 모형을 적합시킨다.

❒ R-squred, Adj.R-squred :

- 설명력이라고 말하는 값인데 주어진 데이터를 현재 모형이 얼마나 잘 설명하고 있는지를 나타내는 지수이다.
- R-squared는 독립변수가 추가될수록 증가하는 값이라 Adj.R-squared 값을 더 많이 본다.
- 분석자에 따라서 판단하는 기준이 다르나 0.9 이상의 값을 볼 수 있고 현실적으로 0.7 이상인 경우 설명력이 높다고 본다. 또는 0.6까지 기준을 낮추는 경우가 있다.

❒ Prob(F-statistics) :

- 모형에 대한 p-value로 통상 0.05이하인 경우 통계적으로 유의하다고 판단한다.

❒ P>[t] :

- 각 독립변수의 계수에 대한 p-value로 해당 독립변수가 유의미한지 판단한다.

- 다음과 같이 출력된다.

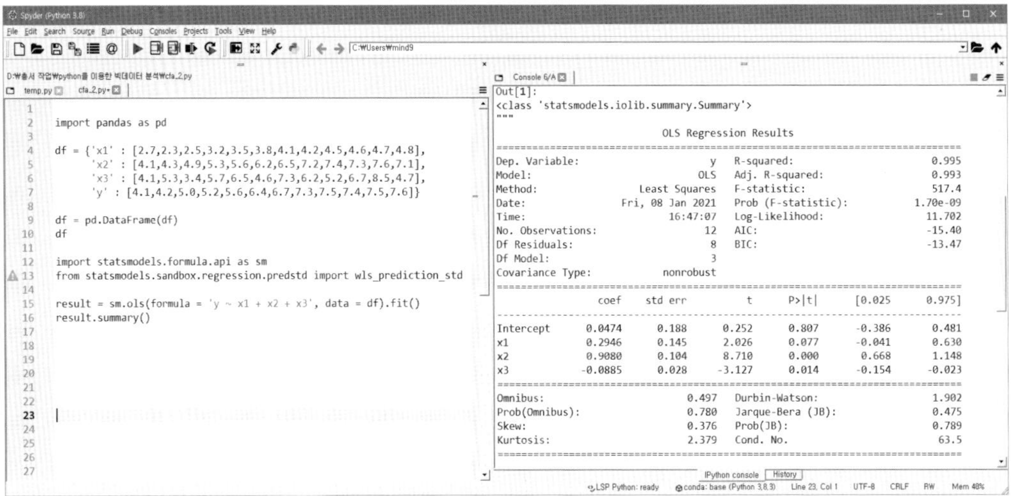


```
                            OLS Regression Results
==============================================================================
Dep. Variable:                      y   R-squared:                       0.995
Model:                            OLS   Adj. R-squared:                  0.993
Method:                 Least Squares   F-statistic:                     517.4
Date:                Fri, 08 Jan 2021   Prob (F-statistic):           1.70e-09
Time:                        16:47:07   Log-Likelihood:                 11.702
No. Observations:                  12   AIC:                            -15.40
Df Residuals:                       8   BIC:                            -13.47
Df Model:                           3
Covariance Type:            nonrobust
==============================================================================
                 coef    std err          t      P>|t|      [0.025      0.975]
------------------------------------------------------------------------------
Intercept      0.0474      0.188      0.252      0.807      -0.386       0.481
x1             0.2946      0.145      2.026      0.077      -0.041       0.630
x2             0.9080      0.104      8.710      0.000       0.668       1.148
x3            -0.0885      0.028     -3.127      0.014      -0.154      -0.023
==============================================================================
Omnibus:                        0.497   Durbin-Watson:                   1.902
Prob(Omnibus):                  0.780   Jarque-Bera (JB):                0.475
Skew:                           0.376   Prob(JB):                        0.789
Kurtosis:                       2.379   Cond. No.                         63.5
==============================================================================
```

[결과 해석]

- Adj.R-squared는 0.995, 모형의 P-value는 0.050이하로 통계적으로 유의미하다.
- 모든 변수가 P-value 0.05 이하로 유의미한 결과를 보여준다.
- 변수들 중 y가 1 증가할 때 x3의 값이 0.0885 감소하고 x1이 0.2946, x2는 0.9080 증가에 영향을 준다.

- 다중회귀분석에서 formula는 '종속변수 ~ 독립변수1 + 독립변수2 + 독립변수3'과 같이 형식에 맞춰 분석하고자 하는 종속변수(왼쪽)와 독립변수(오른쪽)를 넣으면 된다.
- 다중회귀분석에 대한 실행결과는 위와 같다.

- 일반적으로 다중회귀분석 결과를 해석할 때는 수정된 결정계수 확인 → 모형의 적합도 확인 → 회귀계수확인 후 해석 → 다중공선성 확인 순으로 해석을 진행한다.
- 다중회귀분석이기 때문에 R-squared값 대신 Adj. R-squared값을 본다.
- Adj. R-squared값이 0.995로 나와있는 것을 볼 수 있다. 이는 회귀모형의 설명력이 99.5%라는 뜻이다.
- F값이 1517.4, 유의확률(Pr〉F)은 0.000으로 통계적으로 유의한 모형인 것으로 나타났다.
- Intercept(절편)의 결과를 확인해 보면 t값은 0.252, P〉|t|값은 0.807로 신뢰수준 90%하에서 유의한 것으로 나타났으며 그 값은 0.0474로 나타났다.
- 다음으로 회귀계수를 살펴보면 x1의 계수는 0.2946, x2의 계수는 0.9080, x3의 계수는 -0.0885로 도출됐다. 하지만 x1의 경우, 유의확률이 기준치를 초과하여 해석에서는 제외한다.
- 따라서 이 회귀모형의 식은 다음과 같다.

$$y = 0.0474 + 0.9080 \times x2 - 0.0885 \times x3$$

y가 1 증가할 때 x3의 값이 0.0885 감소하고 x2는 0.9080 증가한다는 뜻이다.

마지막으로 다중공선성 존재여부를 확인하기 위해 VIF값을 구해보자.

④ VIF를 통해 다중공선성 파악하기

```
from patsy import dmatrices
y, X = dmatrices('y ~ x1 + x2 + x3', df, return_type = 'dataframe')

from statsmodels.stats.outliers_influence import variance_inflation_factor
vif = pd.DataFrame()
vif["VIF Factor"] = [variance_inflation_factor(X.values, i) for i in
range(X.shape[1])]
vif["features"] = X.columns
vif
```

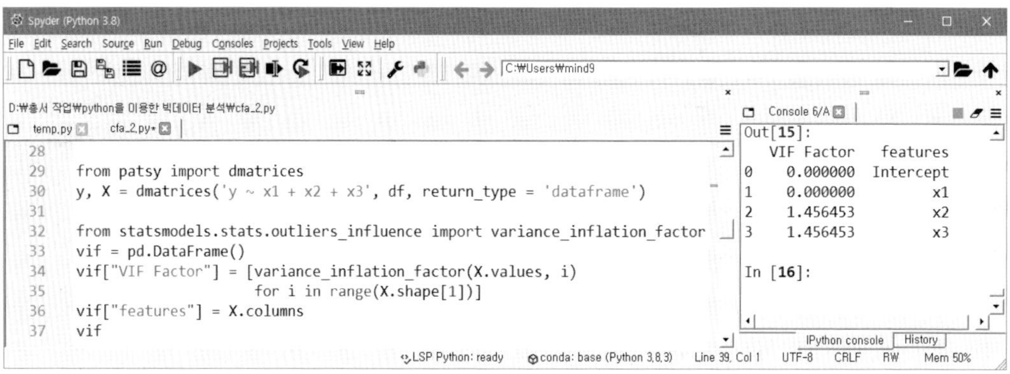

	VIF Factor	features
0	0.000000	Intercept
1	0.000000	x1
2	1.456453	x2
3	1.456453	x3

- 다중회귀분석을 하는데 사용한 독립변수들(x2, x3)의 VIF값이 모두 10 이하로 다중공선성에 문제는 없었다.
- 따라서, y값이 증가할 때, x2 값과 x3 값이 증가하는 것으로 나타났다.

chapter 11

교차분석

11.1. 교차분석의 개념

11.2. 교차분석 방법과 사례

학습개요

교차분석(또는 카이제곱검정)은 관찰된 빈도가 기대 빈도와 통계적으로 다른지를 판단하는 검증방법이다. 카이제곱 검정에는 독립성 검정, 동질성 검정 등이 있다. 독립성 검정과 동질성 검정은 분할표와 가설설정 부분만 다르며 검정 수행방법은 동일한 과정으로 진행된다. 독립성 검정은 하나의 모집단에서 표본추출하며 동질성 검정은 두 개 이상의 모집단에서 표본추출하여 분할표를 만든다.

이 장에서는 교차분석의 개념을 익히고, 이해할 수 있도록 제시한다. 그리고 Python을 이용하여 Pearson의 카이제곱검정을 활용할 수 있도록 제시한다. 더불어 Python을 이용하여 Fisher의 정확성 검정을 활용할 수 있도록 제시한다.

학습목표

- 교차분석에 대한 개념을 이해할 수 있다.
- Python을 이용하여 Pearson의 카이제곱 검성을 활용할 수 있다.
- Python을 이용하여 Fisher의 정확성 검정에 대해 학습한다.

11.1. 교차분석의 개념

1) 교차분석의 개념

- 하나의 집단을 두 개의 범주로 나누어 표의 형태로 나타낸 것을 교차표(cross table) 또는 분할표라 한다.
- 이렇게 구성된 교차표를 대상으로 분석을 수행하는 것을 교차분석이라 한다.
- 교차분석은 확률화(randomization) 및 비확률화(non-randomization) 비교 연구(comparative study)에 자주 사용하는 분석방법으로 주로 설문 조사에 대한 분석 시 많이 이용되고 있다.
- 특히 조사를 통해 얻어진 데이터가 질적 변수로서 빈도를 이용한 분석을 하고자 할 때 주로 사용된다.
- 카이제곱 검정(chi-squared test) 또는 χ^2검정은 카이제곱 분포에 기초한 통계적 방법으로, 관찰된 빈도가 기대 빈도와 통계적으로 다른지를 판단하는 검증방법이다.

2) 교차분석을 언제 사용?

- 범주형 자료(명목/서열 수준)인 두 변수간의 관계를 알아보기 위해 실시하는 분석기법
- 적합도 검정, 독립성 검정, 동일성 검정에 사용
- 교차표 이용
- 카이제곱(χ2) 검정 통계량 이용

① 적합도 검정

- 실험에서 얻어진 관측값들이 예상한 이론과 일치하는지 아닌지를 검정한다.
- 관측값들이 어떠한 이론적 분포를 따르고 있는지를 알아볼 수 있다.
- 즉, 모집단 분포에 대한 가정이 옳게 됐는지를 관측자료와 비교하여 검정한다.
- 두 분포가 일치하냐? vs 두 분포가 일치하지 않는다
- χ2통계량 값이 큰 경우 = 적합도 낮다 = p-value 작음 = 귀무가설 기각 ○
- χ2통계량 값이 작은 경우 = 적합도 크다 = p-value 크다 = 귀무가설 기각 ×

② 독립성 검정

- 모집단이 두 개의 변수 A, B에 의해 범주화 되었을때, 이 두 변수들 사이의 관계가 독립인지/아닌지를 검정한다.
- 검정 통계량 값을 계산할 때는 교차표를 활용한다.
- 두 변수 사이에는 연관이 없다 vs 두 변수 사이에는 연관이 있다
- $\chi 2$통계량 값이 큰 경우 = 두 변수 사이에는 연관이 있다 = p-value 작음
  = 귀무가설 기각 O
- $\chi 2$통계량 값이 작은 경우 = 두 변수 사이에는 연관이 없다 = p-value 크다
  = 귀무가설 기각 X

③ 동질성 검정

- 모집단이 임의의 변수에 따라 R개의 속성으로 범주화 되었을때, R개의 부분 모집단에서 추출한 각 표본인 C개의 범주화된 집단의 분포는 서로 동일한지 아닌지를 검정하는 것을 의미한다.
- 검정 통계량 값을 계산할 때는 교차표를 활용한다.
- 계산법과 검증법은 모두 독립성 검정과 같은 방법으로 진행한다.
- $\chi 2$통계량 값이 큰 경우 = 두 변수 사이에는 연관이 있다 = p-value 작음
  = 귀무가설 기각 O
- $\chi 2$통계량 값이 작은 경우 = 두 변수 사이에는 연관이 없다 = p-value 크다
  = 귀무가설 기각 X

3) 교차분석의 가설설정

독립변수		종속변수
성별	→	참여여부

- ○ 성별은 남성과 여성으로 분류되는 범주형 자료이다.
- ○ 참여여부도 참여와 비참여와 분류되는 범주형 자료이다.
- ○ 성별에 따른 참여여부에 차이가 있는지 알아보기 위해 교차분석을 실시한다.

참여여부 \ 성별	남 성	여 성	합 계
참 여	40	30	70
비참여	20	10	30
합 계	60	40	100

❐ 가설 : 독립변수(범주형)에 따른 종속변수(범주형)의 비율에는 유의한 차이가 있다.

☞ 독립변수와 종속변수는 서로 연관성이 있다.

❐ 기대값(Expected Value) : 귀무가설이 맞다고 예상할 수 있는 값을 말한다.

☞ 결혼식을 한다고할 때 100명쯤 올 것이다. 하는 것은 기대치이고, 결혼식 당일 220명이 왔다는 관찰치이다.

❐ 귀무가설 : 성별에 따라 참여 여부에는 유의한 차이가 없다.

☞ 성별과 참여 여부는 서로 연관성이 없다.

❐ 대립가설 : 성별에 따라 참여 여부에는 유의한 차이가 있다.

☞ 성별과 참여 여부는 서로 연관성이 있다.

4) 교차분석 설문지 데이터 코딩

설문지 문항의 구성 종류를 살펴보면 다음과 같은 종류들이 존재할 수 있다.

(문항종류 1) 귀하께서 가장 좋아하는 종목을 하나 선택하시오.
① 농구 ② 축구 ③ 야구 ④ 배구 ⑤ 탁구

(문항종류 2) 귀하께서 좋아하는 종목 2개를 선택하시오.
① 농구 ② 축구 ③ 야구 ④ 배구 ⑤ 탁구

(문항종류 3) 귀하께서 좋아하는 종목 모두를 선택하시오.
① 농구 ② 축구 ③ 야구 ④ 배구 ⑤ 탁구

(문항종류 4) 귀하께서 좋아하는 종목 순서대로 순위를 적어 주십시오(- - -).
① 농구 ② 축구 ③ 야구 ④ 배구 ⑤ 탁구

❐ (문항종류 1)은 가장 일반적인 형태로 단일응답 문항이라 하며, 일반적인 코딩을 수행하면 된다.

❐ (문항종류 2)~(문항종류 4)까지는 복수응답 문항이며, 특히 (문항종류 4)는 순위응답 문항이라 한다.

11.2. 교차분석 방법과 사례

1) 복수응답 문항의 코딩 및 분석

> 귀하께서 좋아하는 종목 2개를 선택하시오.
>
> ① 농구 ② 축구 ③ 야구 ④ 배구 ⑤ 탁구

❒ 위의 문항은 응답자가 2개의 항목만을 선택할 수 있다.

❒ 응답자가 3개의 종목을 좋아하더라도 2개만을 선택해야 한다.

❒ 따라서 필요한 변수는 2개가 된다.

❒ 위 문항에 대해서 10명의 응답자가 다음과 같이 응답하였다.

응답자	첫 번째 종목	두 번째 종목	응답자	첫 번째 종목	두 번째 종목
1	1	2	6	1	3
2	1	3	7	1	3
3	2	3	8	2	3
4	2	3	9	2	3
5	2	3	10	2	4

❒ 분석을 하다 보면 원본 데이터의 구조가 분석 기법에 맞지 않아서 행과 열의 위치를 바꾼다거나, 특정 요인에 따라 집계를 해서 구조를 바꿔주어야 한다.

❒ 재구조화(reshaping data)를 위해 사용할 수 있는 Python pandas의 함수들로 아래와 같이 다양한 함수가 있다.

- pivot(), pd.pivot_table()
- stack(), unstack()
- melt()
- wide_to_long()
- pd.crosstab()

❒ pd.crosstab() 함수 : 범주형 변수로 되어있는 요인(factors)별로 교차분석(cross tabu-lations) 해서, 행, 열 요인 기준 별로 빈도를 세어서 도수분포표(frequency table), 교차표(contingency table)를 만들어준다.

```
import pandas as pd
from pandas import DataFrame
data = DataFrame({'f_event': [1,1,2,2,2,1,1,2,2,2], 's_event': [2,3,3,3,3,3,3,3,3,4]})
data


Out :
   f_event  s_event
0        1        2
1        1        3
2        2        3
3        2        3
4        2        3
5        1        3
6        1        3
7        2        3
8        2        3
9        2        4
```

[실행 결과]

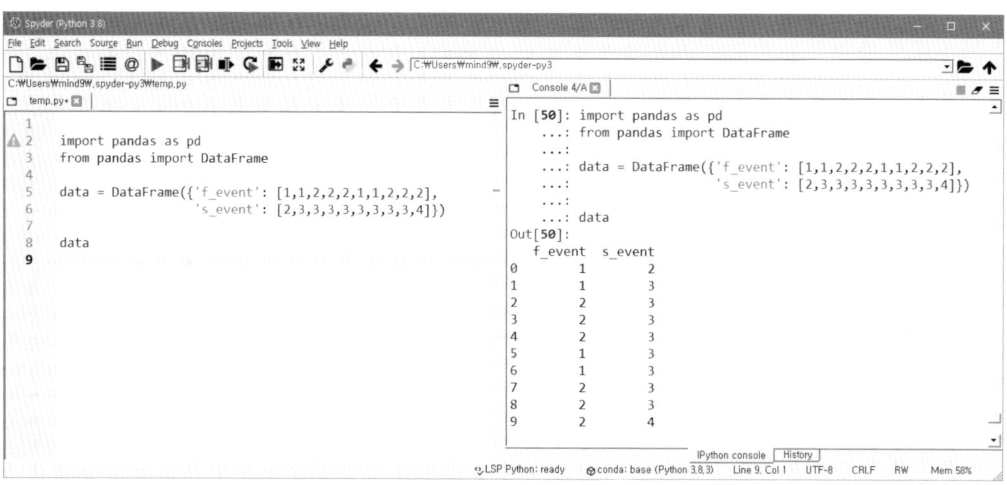

❒ 귀무가설 : 첫 번째 종목과 두 번째 종목간 서로 관련성이 없다.

❒ 대립가설 : 첫 번째 종목과 두 번째 종목간 서로 관련성이 있다.

❒ stats.chi2_contingency(observed = data)

```
(0.8145833333333331,
 0.9997590993156217,
 9,
 array([[1.04347826, 1.95652174],
        [1.39130435, 2.60869565],
        [1.73913043, 3.26086957],
        [1.73913043, 3.26086957],
        [1.73913043, 3.26086957],
        [1.39130435, 2.60869565],
        [1.39130435, 2.60869565],
        [1.73913043, 3.26086957],
        [1.73913043, 3.26086957],
        [2.08695652, 3.91304348]]))
```

[실행 결과]

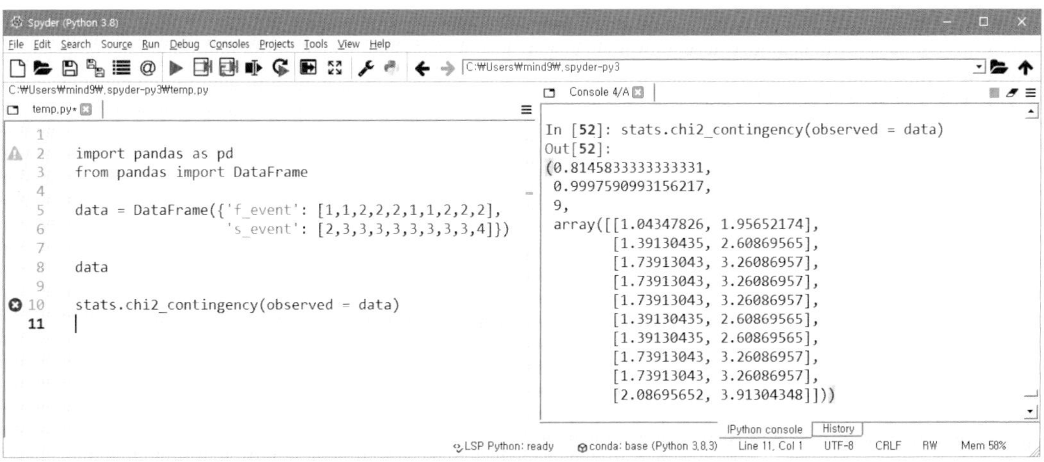

❒ scipy의 chi2_contingency로 수행

[실행 결과]

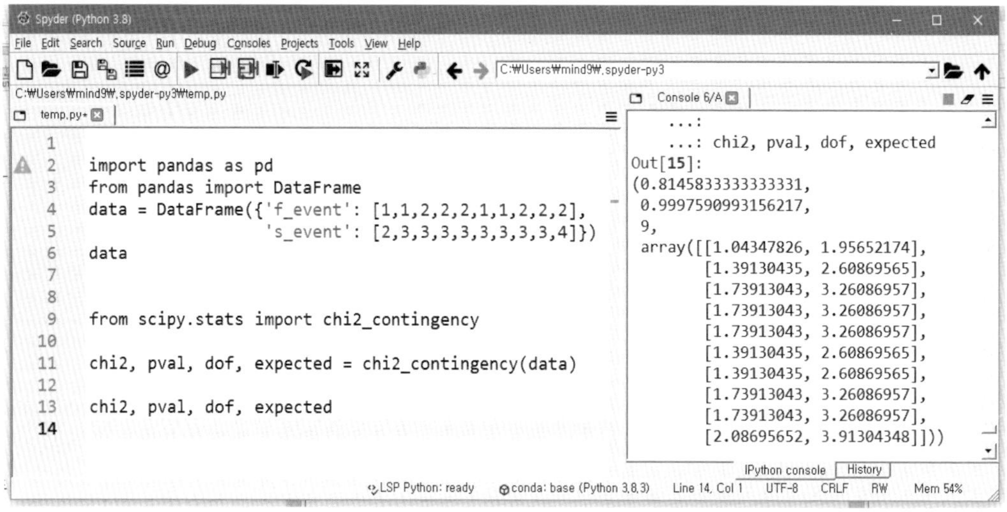

[결과 해석]

- 카이제곱(chi-squared test) : 0.8145833333333331
- p-value : 0.9997590993156217
- df(degree of freedom) : 9
- 기대치 : array

- 유의확률이 0.999 이므로 유의수준 0.05에서 첫 번째 종목과 두 번째 종목간에는 통계적으로 유의한 관련성이 없는 것으로 나타났다.

2) 순위응답 형태의 복수응답 문항의 코딩 및 분석

> 귀하께서 좋아하는 종목을 순서대로 순위를 적어 주십시오(- - -).
>
> ① 농구 ② 축구 ③ 야구 ④ 배구 ⑤ 탁구

- ❒ 위의 문항은 제시된 항목을 대상으로 순위를 설정하는 문항이다.
- ❒ 앞서 다루었던 문항들과는 순위를 설정한다는 점에서 차이가 난다.
- ❒ 주어진 항목들 모두를 사용한다는 점에서는 뒤에서 다루게 될 문항과 차별이 된다.
- ❒ 위 문항에 대해서 응답한 내용이 다음과 같다.

응답자 번호	응답	응답자 번호	응답
1	1-3-2-4-5	6	3-1-2-5-4
2	1-2-3-4-5	7	2-1-3-4-5
3	2-1-3-5-4	8	1-3-2-5-4
4	3-2-1-4-5	9	4-2-1-5-3
5	3-1-2-4-5	10	3-1-2-4-5

- ❒ scipy의 chi2_contingency로 수행

```
import pandas as pd
from pandas import DataFrame

data = {'x1' : [1,1,2,3,3,3,2,1,4,3],
        'x2' : [3,2,1,2,1,1,1,3,2,1],
        'x3' : [2,2,3,1,2,2,3,2,1,2],
        'x4' : [4,4,5,4,4,5,4,5,5,4],
        'x5' : [5,5,4,5,5,4,5,4,3,5]}
data = pd.DataFrame(data)
from scipy.stats import chi2_contingency
chi2, pval, dof, expected = chi2_contingency(data)
chi2, pval, dof, expected
```

[실행 결과]

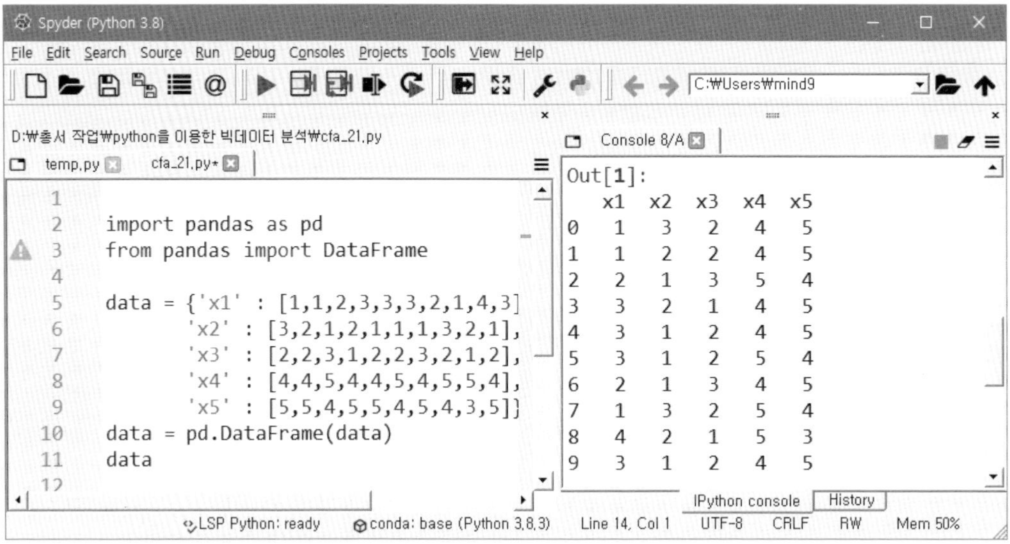

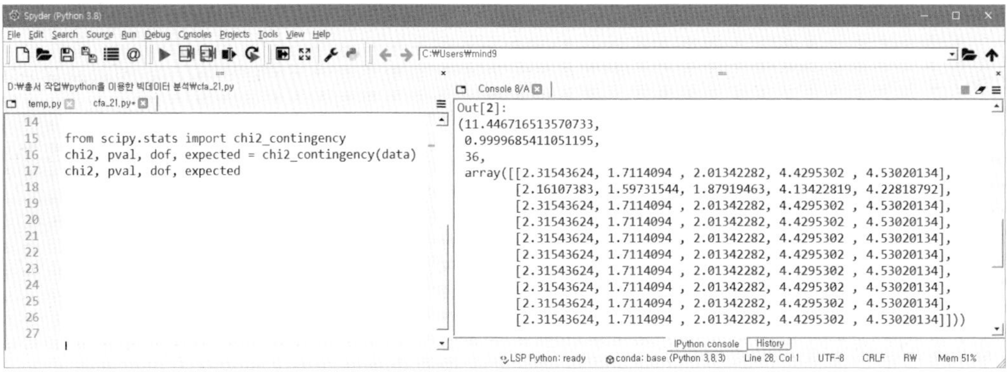

[결과 해석]

❐ 귀무가설 : 종목간 서로 관련성이 없다.

❐ 대립가설 : 종목간 서로 관련성이 있다.

■ 카이제곱(chi-squared test) : 11.446716513570733

■ p-value : 0.9999685411051195

■ df(degree of freedom) : 36

■ 기대치 : array

❐ 유의확률이 0.999 이므로 유의수준 0.05에서 종목간에는 통계적으로 유의한 관련성이 없는 것으로 나타났다.

참고문헌

강만모 · 김상락 · 박상무(2012). 빅데이터의 분석과 활용, **정보과학회지**, 30(6), 25-32.

기획재정부(2017). **시사경제용어사전**. 대한민국정부.

김기훈(2012). 데이터 명시화를 통한 사상체질 분류 시스템의 학습방법에 관한 연구. 부산대학교 대학원 석사학위 논문.

김낙원(2015). 빅데이터 분석방법을 활용한 관광기반시설과 지역관광수요 관계 연구. 한양대학교 대학원 석사학위 논문.

박영주(2014). 빅데이터 분석을 통해 본 '클래식 음악 : 연관 이미지, 인물 그리고 여론성향에 관한 연구. **음악교육공학**, 19, 127-144.

송민석(2013). 빅데이터를 활용한 마케팅 전략 실행의 실제에 관한 연구. 한국교통대학교 대학원 석사학위 논문.

우종필(2017). **빅데이터 분석대로 미래는 이루어진다**. 서울 : 매일 경제신문사.

유예림(2017). 빅데이터 분석 기법을 활용한 2015 개정 교육과정 정책에 대한 언론보도 분석. 서울대학교 박사학위 논문.

이길량(2017). 소셜 빅데이터 분석을 통한 전기요금 정책관련 국민 인식 변화 연구-전기요금 누진제를 중심으로, 연세대학교 석사학위 논문.

이승진(2015). 빅데이터와 문학 : 연구지평의 확장. **인문연구**, 75, 1-36.

이영재 · 이성수(2011). 텍스트 마이닝 기반의 인적재난사고사례 신뢰도 측정 연구. **정보시스템연구**, 20(3), 63-79.

이영환(2015). 빅데이터를 활용한 자동차판매량 예측방안 연구. 호서대학교 벤처전문 대학원 석사학위 논문.

정용찬(2013). **빅데이터**. 서울 : 커뮤니케이션북스.

정한신(2015). 빅데이터 환경에서 개인정보 보호에 관한 헌법적 연구, 부산대학교 박사학위논문.

조준동(2015). **창의융합 프로젝트 아이디어북**, 서울 : 한빛아카데미.

중소기업 전략기술로드맵(2019-2021). 빅데이터, 중소벤처기업부.

클라우드 슈밥(2016). 송경진 옮김, **제4차산업혁명**, 새로운 현재.

함유근 · 채승병(2013). **빅데이터 경영을 바꾸다**. 서울 : 삼성 경제연구소.

황승구 · 최완 · 장명길 · 이미영 · 허성진(2013). **빅데이터 플랫폼 전략 : 빅데이터가 바꾸는 미래 비즈니스 플랫폼 혁명**, 전자신문사.

Witten, I. A. (2005). Text Mining. In M. P. Singh (Ed.), The Practical Handbook of Internet Computing, pp.1-23. F.L. : Chapman & Hall/CRC Press.

Jusoh, S. & Alfawareh, H. M. (2012). Techniques, Applications and Challenging Issue in Text Mining. *International Journal of Computer Science Issues*, 9(6), 431-436.

https://blog.naver.com/leejuyoun333/220938857399 2021. 1. 5. 검색
https://no17.tistory.com/195 2020. 12. 20. 검색
https://mindscale.kr/course/basic-stat-python/9 2021. 1. 2. 검색
https://jfun.tistory.com/31?category=828812 2021. 1. 2. 검색
https://joyfuls.tistory.com/49 2021. 1. 2. 검색
https://codetorial.net/python/index.html 2020. 12. 20. 검색
https://jfun.tistory.com/50?category=832516 2020. 12. 20. 검색
http://hleecaster.com/python-factor-analysis/ 2020. 12. 20. 검색
http://rasbt.github.io/mlxtend/installation/ 2020. 12. 20. 검색
https://m.blog.naver.com/eqfq1/221444712369 2020. 12. 20. 검색
https://hamait.tistory.com/743 2020. 12. 20. 검색
https://gomguard.tistory.com/173 2020. 12. 20. 검색
https://sno-machinelearning.tistory.com/68 2020. 12. 20. 검색
https://m.blog.naver.com/parksehoon1971/221575542220 2020. 12. 20. 검색
https://tjansry354.tistory.com/9 2020. 12. 20. 검색
https://wikidocs.net/78784 2021. 1. 2. 검색
https://rfriend.tistory.com/405 2021. 1. 2. 검색
https://prjmin.tistory.com/44 2021. 1. 2. 검색
https://kecmok.tistory.com/5 2021. 1. 2. 검색
https://partrita.github.io/posts/ANOVA-python/ 2021. 1. 2. 검색
https://mindscale.kr/course/basic-stat-python/20 2021. 1. 2. 검색
http://blog.daum.net/geoscience/1454 2021. 1. 2. 검색
https://direction-f.tistory.com/36?category=911492 2021. 1. 2. 검색
https://frhyme.github.io/python-libs/scipy_stats_ttest/ 2021. 1. 2. 검색
https://programtalk.com/python-examples/scipy.stats.ttest_ind/ 2021. 1. 2. 검색
https://mindscale.kr/course/basic-stat-python/9 2021. 1. 2. 검색
https://jfun.tistory.com/31?category=828812 2021. 1. 2. 검색

저/자/약/력

■ 백현기(원광대학교 마음인문학연구소 HK교수)

전북대학교에서 교육공학으로 박사학위를 취득하였고, 현재 원광대학교 마음인문학연구소 HK교수로 재직 중이다. 빅데이터, 인공지능, 블록체인, 어포던스, 사회연결망 분석, 창업, 마인드풀니스 명상과 마음치유의 원리와 방법론 등에 관심을 기울이고 있다. 저서로는 『색채, 마음을 치유하다』(2015), 『공감, 마음을 이해하다』(2017), 『새로운 희망, 마을기업 만들기』(단독, 2018), 『청년 창업가, 인성교육 길잡이』(단독, 2018), 『어포던스, 모바일 안전교육시스템』(단독, 2019) 등이 있다.

Python을 이용한 빅데이터 분석 기초

|저자| 백현기

|1판 1쇄| 발행 2021년 1월 30일

|발행인| 김동훈

|발행처| 공동체

|주소| 경기도 고양시 일산동구 호수로 358-39, 동문타워 I 905호(백석동)
|전화| 031) 920-8305(대표)
|팩스| 031) 920-8308
|홈페이지| www.compub.co.kr
|전자우편| compub@naver.com
|출판등록| 2005년 10월 6일
|등록번호| 제396-2005-36호

|ISBN| 979-11-6105-961-7
정가 17,000원